INSIEM
NUOVA EDIZIONE

together いっしょに ensemble INSIEME INSI

La Nuova Italia

La Nuova Italia, Scandicci (Firenze)
© 2000 Rcs Scuola spa, Milano

1ª edizione: marzo 2000

Fotocomposizione, realizzazione grafica e riproduzioni fotolitiche: C.D.&V., Firenze
Stampa: Cartoedit, Città di Castello (Perugia)

Coordinamento editoriale: Valeria Marchionne
Redazione: Francesca Magazzini
Progetto grafico e copertina: Marco Capaccioli, C.D.&V., Firenze
Disegni: C.D.&V., Firenze

Il materiale illustrativo proviene dall'archivio iconografico de La Nuova Italia.
L'editore è a disposizione degli eventuali aventi causa.

ISBN 88-221-3381-1

www.lanuovaitalia.it

GRAZIELLA FAVARO
GILBERTO BETTINELLI
ERNESTINA PICCARDI

E.ME

insieme

NUOVA EDIZIONE

¡juntos

zusammen

جميعا

함께

CORSO DI ITALIANO
PER STRANIERI

Le foto delle pagine 251 e 349
sono di Michele D'Ottavio.

Presentazione

INSIEME è un testo di italiano seconda lingua, di livello iniziale e intermedio, destinato ad adulti e a ragazzi stranieri che si trovano a vivere in Italia per ragioni diverse: lavoro, immigrazione, motivi familiari o di rifugio politico, e altri ancora.

È quindi uno strumento per l'accoglienza, che accompagna e sostiene l'inserimento di chi viene da lontano e deve entrare nel nuovo mondo, usare la sua lingua per muoversi, lavorare, incontrarsi, studiare, esprimere i bisogni legati alla vita quotidiana, raccontare, informarsi, esprimere il proprio vissuto.

L'italiano viene presentato in contesti comunicativi autentici e in situazioni ricorrenti, attraverso gli usi reali, ripercorrendo in qualche modo le «tappe» e il cammino dell'inserimento e dell'integrazione.

Il testo contiene le funzioni linguistiche e le nozioni principali dell'italiano; propone i contenuti grammaticali in una sequenza e progressione legate all'uso. Non vuole quindi essere esaustivo dal punto di vista grammaticale, ma proporre un percorso di riflessione (e di eventuale auto-correzione) sulle strutture che vengono apprese anche in situazioni di acquisizione spontanea.

Sollecita un lavoro sistematico sulle quattro abilità (ascoltare, parlare, leggere, scrivere) e presenta informazioni, notizie e documenti autentici sulla realtà di immigrazione.

Il testo è strutturato in unità didattiche.

Ogni unità si articola in sei momenti:

- viene presentato il testo di apertura che può essere costituito da un dialogo, un'immagine, un documento informativo, una breve narrazione;

- sono poi proposti il lessico e i modi di dire relativi al tema/contenuto e numerosi stimoli/esercitazioni per invitare l'allievo a prendere la parola e a esprimersi oralmente;

- vengono presentate le strutture grammaticali principali e le esercitazioni per la riflessione linguistica;

- seguono le proposte per la lettura e la scrittura di carattere funzionale (comprendere e compilare moduli, leggere e rispondere ad annunci, scrivere una lettera o un messaggio per occasioni diverse, fare un elenco o una lista ecc.), ma anche testi di poesie, canzoni, filastrocche;

- ogni unità contiene pagine di contenuto informativo sulla realtà italiana e sui servizi nelle quali sono proposti articoli di attualità, documenti autentici, immagini e fotografie che descrivono aspetti significativi della società e un testo che vuole sollecitare confronti tra culture, per una didattica interculturale attenta a scoprire analogie e differenze;

- alla fine di ogni capitolo sono presentate le tabelle di riepilogo dei contenuti grammaticali, utili per memorizzare le principali strutture e regole.

Il testo è il risultato di una esperienza decennale di insegnamento di italiano seconda lingua agli stranieri immigrati in Italia.

Ci auguriamo che possa essere uno strumento utile per l'accoglienza e l'integrazione dei nuovi cittadini e che contribuisca a promuovere il loro diritto alla lingua e alla comunicazione, non solo negli ambienti del lavoro e delle necessità quotidiane, ma anche al fine di poter esprimere, attraverso le parole italiane, i loro riferimenti culturali, le storie e i progetti.

Graziella Favaro

		FUNZIONI LINGUISTICHE E COMUNICATIVE	LESSICO	CONTENUTI GRAMMATICALI	INFORMAZIONI SULL'ITALIA E SUI SERVIZI	CONFRONTO INTERCULTURALE	LETTURE
UNITÀ 1	Chi sei? Di dove sei?	Presentarsi Salutare Indicare la nazionalità e la provenienza Fornire generalità e dati anagrafici Dire il proprio indirizzo e numero di telefono Porre domande relative alle generalità Compilare un modulo anagrafico	Nazionalità Numeri fino a 100 Termini di tipo anagrafico Saluti	Pronomi personali soggetto; l'uso di "tu" e "lei" I verbi: essere, avere, stare Chiamarsi al tempo presente indicativo Le preposizioni semplici: in, a, di Frasi affermative, interrogative, negative	Dati sulla popolazione Italiana Carta d'identità dell'Italia I documenti		I nomi dei mesi Capodanno Filastrocca pazza
UNITÀ 2	Scusi, per andare...?	Chiedere un'informazione Comprendere espressioni e indicazioni di luogo, direzione e percorso Comprendere e indicare orari Chiedere un biglietto	Espressioni che indicano luogo e posizioni nello spazio Edifici e servizi per la strada Mezzi di trasporto Numeri ordinali	Il presente indicativo dei verbi regolari Usi di c'è – ci sono I verbi: andare, venire, partire, prendere, arrivare al tempo presente indicativo Le preposizioni semplici	I mezzi di trasporto Biglietti e abbonamenti La metro-politana Orientarsi La patente		Com'è bella la città
UNITÀ 3	Che lavoro fai?	Dire la propria attività, indicare professioni e luoghi di lavoro Indicare azioni ripetute e di "routine" Leggere e comprendere un semplice annuncio di lavoro Rispondere ad un annuncio	Professioni, luoghi di lavoro, materiali e azioni ripetute	Articoli determinativi e indeterminativi Articoli e nomi singolari e plurali; maschili e femminili Le concordanze I verbi: fare e finire al tempo presente	Dati sull'oc-cupazione in Italia Il lavoro degli stranieri Il libretto di lavoro		Il vigile urbano L'omino della gru
UNITÀ 4	In famiglia	Indicare i rapporti familiari e di parentela Presentare il proprio stato civile e la situazione familiare Indicare il possesso	La famiglia e i rapporti di parentela Eventi della storia familiare	Uso degli aggettivi possessivi in generale e con i nomi di parentela Suoni e scrittura: "gli"	La famiglia in Italia L'uomo casalingo Ricongiun-gere la famiglia	È nato Amir: la nascita in paesi diversi	La famiglia Filastrocca pazza
UNITÀ 5	Prendi qualcosa al bar?	Invitare qualcuno, rispondere ad un invito, accettando o rifiutando Fare un'ordinazione; esprimere gusti e preferenze	Al bar I prezzi, i soldi, il conto	I verbi: bere e piacere Uso di vorrei I pronomi personali indiretti Ripresa delle concordanze Suoni e scritture: l'apostrofo	Gli italiani e il bar In banca	Cacao, tè, caffè	Filastrocca pazza Andiamo al pub

FUNZIONI LINGUISTICHE E COMUNICATIVE	LESSICO	CONTENUTI GRAMMATICALI	INFORMAZIONI SULL'ITALIA E SUI SERVIZI	CONFRONTO INTERCULTURALE	LETTURE
Fare un'ordinazione, esprimere gusti, declinare un invito Leggere e comprendere una ricetta Decodificare segnali e cartelli	I pasti, i cibi, gli alimenti e i prodotti alimentari I negozi Pesi, misure e contenitori Prezzi, conto	Il verbo <u>dare</u> Il presente indicativo dei verbi modali Uso del <u>si</u> impersonale <u>Suoni e scrittura</u>: "c" e "ch", "g" e "gh"	Gli italiani a tavola: specialità regionali e nuovi gusti I pasti Fare la spesa	Divieti alimentari	La pizza Filastrocca pazza
Indicare un oggetto e le sue caratteristiche Esprimere un parere Chiedere il permesso Chiedere il prezzo	Abbigliamento e accessori Colori e altre caratteristiche Negozi	Uso di <u>questo</u>, <u>quello</u>, <u>bello</u> Gli aggettivi I pronomi diretti <u>lo/la/li/le</u> Ripresa delle concordanze <u>Suoni e scrittura</u>: "cu", "qu" e "cqu"	Tempo di saldi Le vie degli acquisti Che bei vestiti	Vestiti tradizionali	Nel blu dipinto di blu
Indicare e descrivere azioni ripetute Indicare orari e ordine cronologico delle azioni di «routine» Indicare la durata e la frequenza delle azioni	Azioni e fatti di una giornata di lavoro, della vita in città	I verbi riflessivi al tempo presente indicativo Il verbo <u>sapere</u> Alcuni avverbi di tempo Le preposizioni articolate <u>a/di/da/con</u>	Le 24 ore degli italiani Il diario di una giornata/tipo L'ora solare L'ora legale L'orario dei negozi		Promemoria Filastrocca
Indicare e descrivere le persone: caratteristiche fisiche (oggettive) e impressioni soggettive Fare confronti Indicare azioni in corso di svolgimento	Caratteristiche fisiche delle persone Alcune caratteristiche soggettive	Uso di <u>stare</u> con il gerundio <u>Mi sembra/mi sembrano</u> I gradi degli aggettivi <u>Suoni e scrittura</u>: le doppie	L'Italia: caratteristiche fisiche Gli italiani: caratteristiche e luoghi comuni Buone maniere	L'Italia vista dagli stranieri	Descrizioni di persone
Descrivere la propria abitazione Leggere e comprendere un annuncio di affitto o di vendita Scrivere un annuncio di ricerca di un alloggio Stabilire un appuntamento attraverso il telefono	La casa: aspetto e parti esterne Stanze e locali I mobili	I verbi: <u>cercare</u> e <u>pagare</u> al tempo presente indicativo Le preposizioni articolate I pronomi diretti con l'espressione <u>ecco</u> (eccolo / eccola/ eccoli / eccole) <u>Suoni e scrittura</u>: "gn"	La casa: alcuni dati. I prezzi delle case Le bollette	Benvenuto all'ospite	La gatta

	FUNZIONI LINGUISTICHE E COMUNICATIVE	LESSICO	CONTENUTI GRAMMATICALI	INFORMAZIONI SULL'ITALIA E SUI SERVIZI	TRA PAESI E INTERCULTURALE	LETTURE
Che cosa avete fatto domenica scorsa?	Riferire fatti personali al passato Collocare un'azione nel tempo Esprimere gusti e opinioni Comprendere annunci di offerte culturali	Divertimenti, svaghi, sport e passatempi Il tempo libero	L'indicativo passato prossimo con l'ausiliare <u>essere</u> e <u>avere</u> I participi passati regolari, e alcuni participi passati irregolari Il verbo <u>piacere</u> al tempo passato prossimo Ripresa dei pronomi personali indiretti <u>Suoni e scrittura</u>: l'accento	Sportivi o tifosi? Il tempo libero degli italiani Attività di volontariato	Danza e musica	Azzurro
Racconto la mia storia.	Riferire fatti ed eventi importanti della propria storia Collocare azioni ed eventi nel tempo Comprendere e scrivere messaggi riferiti a eventi e «tappe» della vita Scrivere un biglietto di auguri	Le «tappe» della vita Note autobiografiche Auguri e ricorrenze Viaggio ed emigrazione	Uso dei pronomi diretti con il verbo passato prossimo Il pronome <u>ne</u> Uso di espressioni <u>già</u> / <u>appena</u> / <u>non ancora</u> con il passato prossimo Qualcuno, qualcosa, nessuno, niente	L'emigrazione italiana all'estero La carta di soggiorno		Racconti di immigrati
Quand'ero piccolo...	Narrare azioni e fatti ricorrenti nel passato Descrivere persone e situazioni al passato Esprimere contemporaneità fra azioni capitate nel passato	Fatti ricorrenti della propria storia personale Caratteristiche di persone e situazioni	Il verbo indicativo imperfetto: verbi regolari e alcuni verbi irregolari <u>C'era</u> / <u>C'erano</u> Uso di <u>mentre</u> con il verbo indicativo imperfetto <u>Suoni e scrittura</u>: "sci" "sce"	La scuola in Italia Bambini stranieri a scuola La scuola dei più piccoli	La scuola in Cina	Una scuola grande come il mondo
Che tempo fa?	Descrivere situazioni meteorologiche Stabilire confronti, esprimere punti di vista diversi su uno stesso fenomeno Esprimere cause e conseguenze, situazioni e avvenimenti	Il clima Diversi ambienti	Usi dei verbi imperfetto e passato prossimo indicativi I nomi alterati e i suffissi <u>ino</u> - <u>etto</u> - <u>one</u> - <u>accio</u> Gli avverbi in -<u>mente</u>	Il clima in Italia Proverbi e modi di dire sul tempo Che tempo fa?		Dopo la pioggia Tempo d'autunno
Dove andrai in vacanza?	Fare progetti per il futuro Fare delle ipotesi Prenotare un albergo	Le vacanze I luoghi di villeggiatura L'albergo	Il verbo futuro semplice regolare Alcuni verbi irregolari	L'Italia in vacanza I parchi nazionali Viaggio nel paese d'origine		Lettera dalle vacanze

8

FUNZIONI LINGUISTICHE E COMUNICATIVE	LESSICO	CONTENUTI GRAMMATICALI	INFORMAZIONI SULL'ITALIA E SUI SERVIZI	TRA PAESI E INTERCULTURALE	LETTURE	
Esprimere stati d'animo e sentimenti Indicarne le cause Esprimere un parere Indicare le condizioni per realizzare un'azione	Gli stati d'animo I sentimenti e l'amore	Revisione dei pronomi diretti e indiretti I pronomi diretti e indiretti con i verbi modali Revisione dei verbi presentati finora La subordinata causale Uso di <u>se</u> con l'indicativo presente e futuro semplice	Sposarsi in Italia Di che segno sei?	L'oroscopo cinese	Il cielo in una stanza	Di che umore sei? UNITÀ 16
Indicare sintomi, cause di malessere e condizioni fisiche Comprendere e dare consigli e suggerimenti Comprendere indicazioni, prescrizioni, istruzioni per l'uso	Il corpo umano Le malattie I farmaci I medici specialisti	Usi del verbo imperativo formale e informale (tu/Lei) nella forma affermativa e negativa I pronomi personali diretti (lo / la / li / le) con i verbi all'imperativo	Gli italiani e la salute Cosa faccio se mi ammalo? La tessera sanitaria		La malattia	E la salute, come va? UNITÀ 17
Esprimere idee e opinioni personali Individuare gli interlocutori di una conversazione e i diversi punti di vista Proporre delle definizioni Riferire idee e opinioni espresse da altri	I giornali La televisione L'informazione	Usi del pronome relativo <u>che</u> <u>Penso</u>, <u>credo</u>, <u>mi pare</u> + <u>che</u> + il verbo al congiuntivo presente <u>Penso</u>, <u>credo</u>… + <u>di</u> + infinito Discorso diretto e discorso indiretto Il congiuntivo presente dei verbi regolari e di alcuni irregolari	Gli italiani e la televisione In posta		La pubblicità	Farsi un'opinione UNITÀ 18
Esprimere speranze, desideri e possibilità Esprimere condizioni e ipotesi Fare confronti Esprimere accordo e disaccordo Argomentare	I progetti e i desideri Fortuna e sfortuna Giochi, lotterie, schedine	Usi del verbo condizionale presente Ripresa di <u>spero</u>, <u>sogno</u>, <u>credo</u>… + <u>di</u> e infinito; + <u>che</u> e congiuntivo presente Usi del verbo congiuntivo imperfetto Cenni al tempo passato remoto	Gratta e vinci Il Lotto Diventare cittadini italiani	Giochi dal mondo	Fraternità e amicizia	Vorrei… Non vorrei… UNITÀ 19

1 Chi sei? Di dove sei?

❶ L'alfabeto italiano

A B C D E F G H I L M N O P Q R S T U V Z

a b c d e f g h i l m n o p q r s t u v z

a, bi, ci, di, e, effe, gi, acca, i, elle, emme, enne, o, pi, qu, erre, esse, ti, u, vu/vi, zeta

LE VOCALI

a A ntonio
e E lena
i I rene
o O lga
u U go

LETTERE STRANIERE

J j   i lunga
K k   cappa
W w   doppia vu
X x   ics
Y y   ipsilon, i greca

LE CONSONANTI

B – P	b – p	**b** ar	– **p** ane
D – T	d – t	**d** omani	– **t** elefono
F – V	f – v	**f** oto	– **v** ia
L – R	l – r	**l** atte	– **r** istorante
M – N	m – n	**m** are	– **n** otte
S – Z	s – z	**s** ole	– **z** ucchero

C **c**asa	**G** **g**as		
CH **ch**iesa	**GH** **gh**iaccio	**CI** **ci**ao	**GI** **gi**orno
CH ban**ch**e	**GH** spa**gh**etti	**CE** **ce**na	**Ge** **ge**nte
QU **qu**estura			
H **h**otel	**h**o **h**ai	**h**a	**h**anno
GLI fami**gli**a	**GN** si**gn**ore	**SCE** pe**sce**	**SCI** u**sci**ta

❷ Come si scrive?

A   come   **A**ncona
B   come   **B**ologna

Como, **D**omodossola, **E**mpoli, **F**irenze, **G**enova,

Hotel, **I**mola, **J**ersey, **K**ursaal, **L**ivorno,

Milano, **N**apoli, **O**tranto, **P**adova, **Q**uarto,

Roma, **S**avona, **T**aranto, **U**dine, **V**enezia,

Washington, **X**eres, **Y**ork, **Z**ara.

❸ Come ti chiami? Come si chiama?

tu

A SCUOLA

> Come ti chiami?

> Mi chiamo Zheng Li Li

– Il tuo cognome, scusa?
– Lettera per lettera?

• Zheng.
• Zeta, acca, e, enne, gi.

Lei

CORSI DI ITALIANO PER STRANIERI

> Come si chiama?

> Ahmed Khaidar.

– Come si scrive il Suo nome?

• Ancona, Hotel, Milano, Empoli, Domodossola.

– Il cognome, scusi?

• Kursaal, Hotel, Ancona, Imola, Domodossola, Ancona, Roma.

a) Pronuncia il tuo nome e cognome lettera per lettera.
b) Lavora in coppia. Chiedi a un tuo compagno di dire il suo nome e cognome lettera per lettera. Poi scambiatevi i ruoli.

4 Presentarsi

AMICHEVOLE	FORMALE

– Sei tu Giacomo Mori?	– È Lei la signora Maria Rossi?
• Sì, sono io.	• Sì, sono io.
– Piacere, Silvia Daneri.	– Molto lieto, Guido Sala.
• Piacere.	• Piacere.

– Siete voi Carla e Luisa?	– Sono Loro i signori Ricci?
• Sì, siamo noi.	• Sì, siamo noi.
	DON'T REALLY USE!!

Sei tu... ?	È Lei il signor... ?
Sì, sono io.	È Lei la signora... ?
Siete voi... ?	Sono Loro i signori... ?
Sì, siamo noi.	Sono Loro le signore... ?

Piacere – Piacere
Molto lieto – Molto lieta

– Buon giorno, signor Bianchi.
Come sta?
• Bene, grazie, e Lei?
– Abbastanza bene, grazie.

– Buona sera, signori Merati.
Come va?
• Non c'è male, grazie, e Lei?
– Così così.

– Ciao, Marta. Come stai?
• Abbastanza bene, e tu?
– Bene. Ci vediamo.
• A presto. Arrivederci.

– Allora, ci salutiamo.
Buona notte.
• A domani.
– Buona notte.

Buon giorno. Buona sera.
Buona notte.
Ciao. Ci vediamo. A presto.
A domani. Arrivederci.

Come sta? Come stai? Come va?
Bene. Abbastanza bene.
Non c'è male. Così così.

❻ Chi è?   Chi sono?
Di dov'è?   Di dove sono?

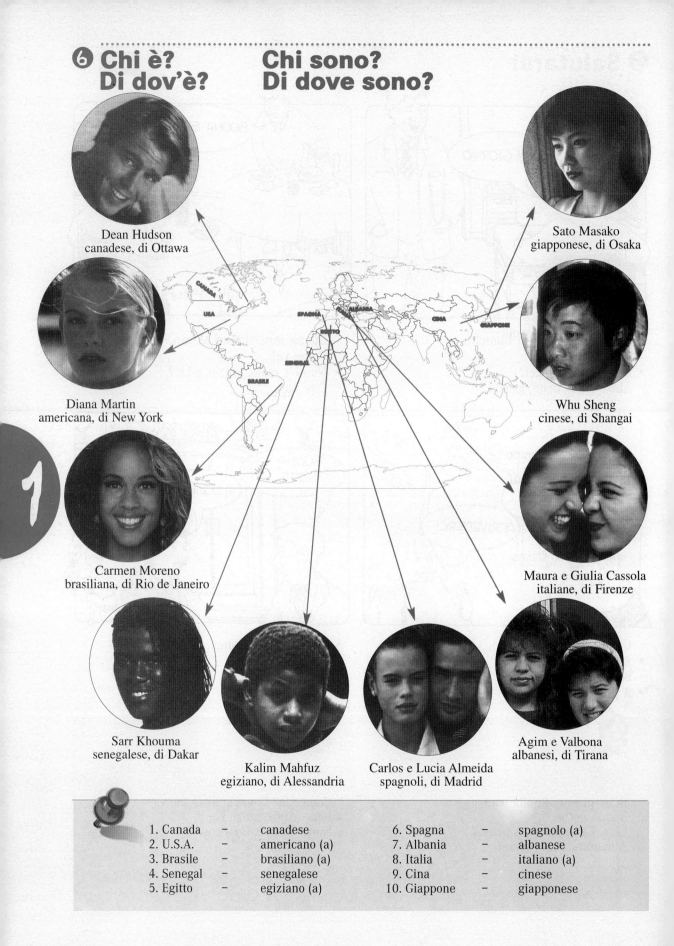

Dean Hudson
canadese, di Ottawa

Sato Masako
giapponese, di Osaka

Diana Martin
americana, di New York

Whu Sheng
cinese, di Shangai

Carmen Moreno
brasiliana, di Rio de Janeiro

Maura e Giulia Cassola
italiane, di Firenze

Sarr Khouma
senegalese, di Dakar

Agim e Valbona
albanesi, di Tirana

Kalim Mahfuz
egiziano, di Alessandria

Carlos e Lucia Almeida
spagnoli, di Madrid

1. Canada	–	canadese	6. Spagna	–	spagnolo (a)
2. U.S.A.	–	americano (a)	7. Albania	–	albanese
3. Brasile	–	brasiliano (a)	8. Italia	–	italiano (a)
4. Senegal	–	senegalese	9. Cina	–	cinese
5. Egitto	–	egiziano (a)	10. Giappone	–	giapponese

a) Guarda l'illustrazione e continua come nell'esempio.

CHI È?   È Dean Hudson.
DI DOV'È?   È canadese, di Ottawa.

1. Diana Martin. _____
2. Carmen Moreno. _____
3. Sarr Khouma. _____
4. Kalim Mahfuz. _____
5. Whu Sheng. _____
6. Sato Masako. _____

CHI SONO?   Sono Carlos e Lucia Almeida.
DI DOVE SONO?   Sono spagnoli, di Madrid.

1. Agim e Valbona. _____
2. Maura e Giulia Cassola. _____

b) Rispondi alle domande.   Forma **AFFERMATIVA**

1. Dean Hudson è canadese?   Sì, (lui) è canadese.
2. Sato Masako è giapponese?   Sì, (lei) _____ .
3. Kalim Mahafuz è egiziano?   _____ .
4. Carlos e Lucia Almeida sono spagnoli?   Sì, (loro) sono spagnoli.
5. Agim e Valbona sono albanesi?   _____ .
6. Maura e Giulia Cassola sono italiane?   _____ .

c) Rispondi alle domande.   Forma **NEGATIVA**

1. Whu Sheng è giapponese?   No, (lui) non è giapponese, è cinese.
2. Carmen Moreno è spagnola?   No, (lei) _____ .
3. Diana Martin è inglese?   _____ .
4. Carlos e Lucia Almeida sono brasiliani?   _____ .
5. Tu sei italiano (a)?   No, non sono _____ .
   CHI SEI?   Mi chiamo (sono) _____ .
   DI DOVE SEI?   Sono _____ , di
                                    _____ .
6. Siete italiani?   No, non siamo italiani.
   CHI SIETE? DI DOVE SIETE?   Siamo stranieri, di tante nazionalità.

Cognome SCOTTI

Nome ANNA

nato il 10/12/1972

(atto n. (3762R4P1A) *P.* S.)

a MILANO

Cittadinanza ITALIANA

Residenza MILANO

Via C.so GENOVA N. 5

Stato civile

Professione INSEGNANTE

CONNOTATI E CONTRASSEGNI SALIENTI

Statura 1,62

Capelli castani

Occhi castani

Segni particolari

Firma del titolare *Anna Scotti*

Milano *li* 7 / 2 /2000

IL SINDACO

Impronta del dito indice sinistro

Mi chiamo Anna Scotti.
Ho .... anni.
Sono nata a Milano il 10.12.1972. Abito a Milano in corso Genova, 5. Lavoro a Milano. Sono insegnante. Insegno l'italiano agli stranieri.

a) Rispondi alle domande.

1. Quanti anni ha Anna Scotti? _____

2. Dove è nata? _____

3. Dove abita? _____

4. Dove lavora? _____

5. Che lavoro fa? È _____ , insegna _____

6. Qual è la sua cittadinanza? _____

       (nazionalità)

a) Completa con i dati della tua carta d'identità e scrivi poi la tua presentazione:

MI PRESENTO

Cognome _____ Nome _____ nato (a) il _____ a _____ Cittadinanza _____ Residenza _____ Via _____ Stato civile (1) _____ Professione (2) _____	Mi chiamo _____ _____ Ho _____ anni. Sono _____ , di _____ Abito a _____ in via _____ n. _____ Sono _____ Sono _____

(1) celibe – nubile
coniugato – coniugata
libero (a) di stato

(2) studente – studentessa
disoccupato (a)
operaio (a)
impiegato (a)
cameriere (a)

FORMA INTERROGATIVA		I GIORNI DELLA SETTIMANA	I MESI DELL'ANNO
tu	**Lei**		
Come ti chiami?	Come si chiama?	lunedì	1 – gennaio
Quanti anni hai?	Quanti anni ha?	martedì	2 – febbraio
Quando sei nato (a)?	Quando è nato (a)?	mercoledì	3 – marzo
Dove sei nato (a)?	Dove è nato (a)?	giovedì	4 – aprile
Dove abiti?	Dove abita?	venerdì	5 – maggio
Sei sposato (a)?	È sposato (a)?	sabato	6 – giugno
Che lavoro fai?	Che lavoro fa?	domenica	7 – luglio
Di dove sei?	Di dov'è?		8 – agosto
			9 – settembre
			10 – ottobre
			11 – novembre
			12 – dicembre

b) Lavora in coppia. Chiedi al compagno quanti anni ha (l'età), di dove è, dove abita, lo stato civile, la professione. Poi scambiatevi i ruoli.

c) Ora presentalo agli altri compagni.

8 **a)** Cerca i giorni della settimana, come nell'esempio (mercoledì ↘).

A	C	B	L	U	N	E	D	I	D	O
M	V	R	S	A	B	A	T	O	L	U
A	**E**	S	A	G	I	O	V	E	D	S
R	N	**R**	D	O	M	E	N	I	C	A
T	E	L	**C**	P	N	N	M	V	E	N
E	R	I	D	**O**	M	E	T	S	O	G
D	D	O	M	E	**L**	U	N	E	G	I
I	I	Y	M	A	R	**E**	D	I	Z	O
S	D	M	E	R	C	O	**D**	L	V	V
A	O	G	I	O	V	E	D	**I**	E	M
B	M	S	A	B	A	Z	L	U	N	E

Orizzontale →
verticale ↓

→ lunedì
giovedì
sabato
domenica

↓ martedì
venerdì

Tu Qual è il tuo indirizzo?
Qual è il tuo numero di telefono?

Lei Qual è il Suo indirizzo?
Qual è il Suo numero di telefono?

Il mio indirizzo è:
via Cellini, 7 - Firenze.
Il mio numero di telefono è:
055 - 382106.

I NUMERI

0	zero	21	vent**uno**
1	uno	22	ventidue
2	due	23	ventitre
3	tre	24	ventiquattro
4	quattro	25	venticinque
5	cinque	26	ventisei
6	sei	27	ventisette
7	sette	28	vent**otto**
8	otto	29	ventinove
9	nove	30	trenta
10	dieci	31	trent**uno**
11	undici	38	trent**otto**
12	dodici	40	quaranta
13	tredici	50	cinquanta
14	quattordici	60	sessanta
15	quindici	70	settanta
16	sedici	80	ottanta
17	diciassette	90	novanta
18	diciotto	98	novant**otto**
19	diciannove	100	cento
20	venti	101	centouno

b) Chiedi ai compagni l'indirizzo, scrivi e rileggi poi il nome e il numero della via.

Esempio: Pedro Hernandez, via Dante, 8 – otto.

c) Chiedi ai compagni il numero di telefono, scrivi e poi rileggi i numeri.

Esempio: Pedro Hernandez tel. 06-336721 – zero, sei, tre, tre, sei, sette, due, uno.

9

Prefissi telefonici	
011	Torino
010	Genova
02	Milano
041	Venezia
06	Roma
051	Bologna

a) Rispondi come nell'esempio.

Qual è il numero dei taxi?   Quattro, quattro, otto, zero.

    dei vigili?

    della polizia?   Centotredici.

    della Croce Rossa?

    della scuola?

b) Continua (con i prefissi telefonici) come nell'esempio.

1. Qual è il prefisso di Torino?   Zero undici.

2.

3.

4.

5.

6.

c) Qual è il prefisso per telefonare al tuo paese?

Scrivilo e leggilo:

a) Completa con i pronomi personali:

io, tu, lui, lei, Lei – noi, voi, loro, Loro

1. Sei _____ Aziz Kadel?   Sì, sono _____
2. È _____ il signor Parisi?   No, non sono _____
3. E _____ di dove siete?   _____ siamo americani di New York.
4. È _____ Paolo Moroni?   Sì, è _____
5. _____ siamo italiani e   _____ di dove siete?
6. Chi è _____ ?   È Li Li, la mia compagna di scuola.
7. Sono _____ i signori Neri?   Sì, siamo _____

b) Completa con il verbo «essere»:

1. Di dove _____ (tu)?

   _____ somalo, di Mogadiscio.

2. _____ loro i signori Neri?

   No, loro _____ i signori Zucchi.

3. _____ Lei il sig. Ricci?

   No, io _____ il sig. Monti.

4. Di dove _____ voi?

   _____ cinesi, di Pechino.

io **sono**	noi **siamo**
tu **sei**	voi **siete**
lui, lei, Lei **è**	loro, Loro **sono**

CHI SEI? DOVE ABITI?

c) Continua come nell'esempio.

(Sergio Sarti, Torino, corso Umberto 10) –
Sono Sergio Sarti, abito a Torino, in corso
Umberto 10.

1. Luigi Villa, Verona, via Adige 38.
2. Renata Cattaneo, Milano, corso Sempione 15.
3. Ali Hammad, Modena, piazza Bruni 41.
4. Liang Ye, Milano, via Canonica 7.
5. Maria Lindara, Roma, via Frattina 68.
6. Carlo Costa, Genova, via Mazzini 19.

DI DOVE SEI?

d) Continua come nell'esempio.

(Italia, Pisa) – Sono italiano, di Pisa.

1. America, Las Vegas.
2. Brasile, San Paolo.
3. Albania, Valona.
4. Cina, Taipei.
5. Giappone, Tokyo.
6. Spagna, Barcellona.

COME STAI? COME VA?

e) Continua come nell'esempio.

(io, bene) – Io sto bene.

1. tu, abbastanza bene.
2. Carmen, benissimo.
3. io, così così.
4. tu e Marco, molto bene.
5. Kelly e Jack, male.
6. tu e io, bene.

io **sto**	noi **stiamo**
tu **stai**	voi **state**
lui, lei, Lei **sta**	loro, Loro **stanno**

⑪ Quanti anni hai?

tu   **QUANTI ANNI HAI?**   **Che età hai?**

Lei   **QUANTI ANNI HA ?**   **Che età ha ?**

Quanti anni **avete**?

Ho 20 anni, sono giovane!

Ho 9 anni, sono un bambino

E i signori Rossi, quanti anni **hanno**?

Mi scusi, ma Lei, quanti anni **ha**?

Noi **abbiamo** 18 anni, la stessa età!

Sono anziani, **hanno** 80 anni!

a) Completa con il verbo «avere».

1. Quanti anni _____ (tu)? Io _____ 23 anni.
2. E Lei, quanti anni _____ ? Io _____ 40 anni.
3. Dino e Lea _____ la stessa età, e voi quanti anni _____ ?
4. Noi _____ 30 anni.

b) Continua come nell'esempio.

    (lui) Dario, 20 anni – È Dario, ha 20 anni.

1. (lui) il signor Pagani, 40 anni.
2. (loro) i signori Rossi, 50 anni.
3. (noi) Isa e Leo, la stessa età.
4. (io) un bambino, 7 anni.
5. (voi) sposati, 28 anni.
6. (lei) giovane, 18 anni.

c) Completa con i verbi «avere» e «essere».

1. Marta _____ 10 anni, _____ una bambina.
2. Luca _____ giovane, _____ 20 anni.
3. Chi _____ (tu)? Quanti anni _____ ?
4. (io) _____ Karol, _____ 15 anni.
5. Che età _____ i signori Caselli? _____ quasi 70 anni, _____ anziani.
6. E voi _____ la stessa età? No, io _____ 18 anni, lei 19.

bambino (a)

giovane

anziano (a)

a) Completa la tabella con le domande, come nell'esempio.

TU	LEI	
Come ti chiami?	Come si chiama?	Manuel Rivas
		Peruviano, di Lima
		Ho 26 anni
		Sì, sono sposato
		Sono operaio
		In viale Po, Ferrara
		0532 / 415789

b) Leggi la presentazione e compila i dati

Mi chiamo Carla Pasi.
Sono nata a Vignola il 25.11.1965.
Abito a Bologna, in via Mazzini, 3.
Lavoro come segretaria.

Nome ....

Cognome ....

Luogo di nascita ....

Data di nascita ....

Indirizzo ....

....

Professione ....

c) Leggi i dati e scrivi la presentazione

Nome e cognome: Dong Hua.
Luogo e data di nascita:
Zhejiang, il 3.8.1970.
Residenza: Milano, via Canonica, 28.
Occupazione: cameriere.

a) Ascolta la registrazione e poi completa il dialogo fra i due giovani.

PAOLO ....

SAID No, non sono italiano.

PAOLO ....

SAID Sono algerino, di Algeri.

PAOLO ....

SAID Mi chiamo Said Hassanein.

PAOLO ....

SAID Ho venti anni.

PAOLO Come mai sei in Italia?

SAID .... qui per lavoro e per imparare l'italiano.

b) Leggi la cartolina. Poi scrivi tu una cartolina ad un amico.

Padova, 3.7.2000

Caro Peter,
come va? Io sto bene
e tu come stai? Sono
in Italia da due mesi e
ho già degli amici.
Ecco il mio indirizzo:

Via Manin, 7 – PADOVA
Tel. 049 – 802150

Tanti cari saluti
Margaret

AL TELEFONO

Amichevole

Gianni forma il numero.

Sono Gianni. Ciao !

C'è Anna, per favore?

Sei tu, Anna?

Pronto, chi parla?

Ciao!

Un momento...

Pronto!

Sì, sono io. Ciao, Gianni. Come va ?

Formale

Il sig. Vanzella forma il numero.

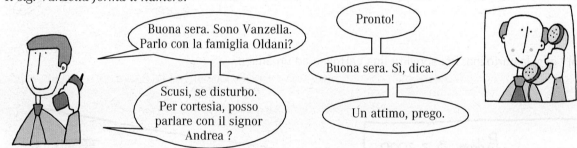

Buona sera. Sono Vanzella. Parlo con la famiglia Oldani?

Scusi, se disturbo. Per cortesia, posso parlare con il signor Andrea ?

Pronto!

Buona sera. Sì, dica.

Un attimo, prego.

a) Lavora in coppia. Immagina di telefonare al tuo compagno. Tu chiami, lui risponde. Poi scambiate-vi i ruoli. Ripeti poi l'esercizio usando il Lei formale.

La segreteria telefonica

Qui è la segreteria telefonica del numero 06-3315788.
Siamo assenti.
Se volete lasciare un mes-saggio, parlate dopo il bip.

Ciao Antonio. Sono Monica.
Sono a Roma.
Chiamami al numero: 06-4913785

Conoscere l'Italia

CARTA D'IDENTITÀ DELL'ITALIA

ordinamento dello Stato	Repubblica parlamentare
numero di abitanti	57.612.616
capitale	Roma
superficie	circa 300 mila km^2
lingua	italiana
religione	cattolica
moneta	lira

(dati ISTAT 1998)

ABITANTI: 57.612.616

Maschi 27.967.671
Femmine 29.644.945

Calano le nascite

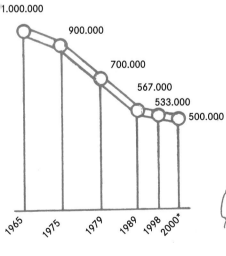

1.000.000
900.000
700.000
567.000
533.000
500.000

1965 1975 1979 1989 1998 2000*

(* Previsioni)

Aumentano gli anziani
oltre gli 80 anni

4 milioni

1,6 milioni

1991   2030*

Come... dove... usare i servizi

I documenti

Karim, Carlos e Wang devono fare o rinnovare i loro documenti: il passaporto, il permesso di soggiorno, la carta d'identità ...
Dove vanno?

Documenti	Uffici
Il certificato di residenza	→ Ufficio Anagrafe del Comune
La carta d'identità	→ Ufficio Anagrafe del Comune
Il passaporto	→ Consolato o Ambasciata
Il permesso di soggiorno	→ Questura
Il codice fiscale	→ Ufficio delle Imposte dirette

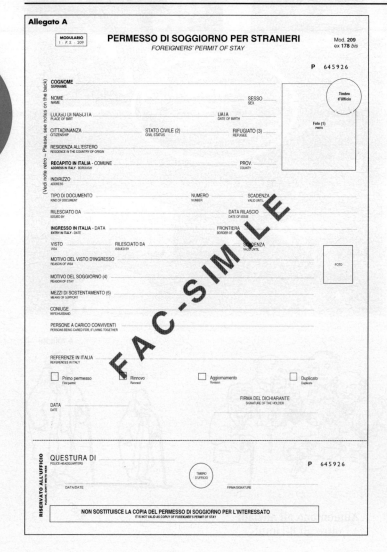

Allegato A

PERMESSO DI SOGGIORNO PER STRANIERI
FOREIGNERS' PERMIT OF STAY

FAC-SIMILE

Dice la legge

- Il permesso di soggiorno deve essere richiesto alla Questura entro otto giorni dall'ingresso dello straniero in Italia.
- Il rinnovo del permesso di soggiorno deve essere richiesto almeno 30 giorni prima della scadenza.

Le parole dei documenti

- marca da bollo   - è scaduto il ...
- timbro   - scade il ...
- firma
- foto/fotografia
- fotocopia
- domanda
- modulo
- sportello
- data

Per leggere

I nomi dei mesi

GENNAIO	LUGLIO
FEBBRAIO	AGOSTO
MARZO	SETTEMBRE
APRILE	OTTOBRE
MAGGIO	NOVEMBRE
GIUGNO	DICEMBRE

*Trenta giorni
ha novembre
con aprile
giugno e settembre,
di ventotto
ce n'è uno
tutti gli altri
ne han trentuno*

a) Scrivi i nomi dei mesi di:

31 giorni ....

30 giorni ....

28 giorni ....

b) In quale mese sei nato? Sono nato in ....

In che mese siamo?   Siamo in ....

Capodanno

*Filastrocca di Capodanno
fammi gli auguri per tutto l'anno
voglio un gennaio col sole d'aprile,
un luglio fresco, un marzo gentile,
voglio un giorno senza sera,
voglio un mare senza bufera ...*

G. Rodari

c) Sottolinea nella filastrocca i nomi dei mesi.

Filastrocca pazza

*Buongiorno per tutto il giorno,
buon dì per tutto il dì.
Salve! Ciao! Arrivederci!
A domani, ci vediamo!
Come state? Come va?
Grazie, bene e Lei che fa?
Son studente, non sposato
in Egitto sono nato.
In Italia , eccomi qui
al lavoro tutto il dì.*

Presente indicativo dei verbi ESSERE, AVERE, STARE

ESSERE

io	sono
tu	sei
lui	
lei	è
Lei	
noi	siamo
voi	siete
loro	
Loro	sono

AVERE

io	ho
tu	hai
lui	
lei	ha
Lei	
noi	abbiamo
voi	avete
loro	
Loro	hanno

STARE

sto
stai
sta
stiamo
state
stanno

CHIAMARSI

mi	chiamo
ti	chiami
si	chiama
ci	chiamiamo
vi	chiamate
si	chiamano

Pronomi soggetto:
io   tu   lui   lei Lei
noi   voi   loro   Loro

Forme interrogative

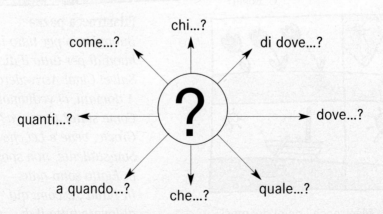

chi...?

come...?   di dove...?

quanti...?   **?**   dove...?

a quando...?   quale...?
che...?

2 Scusi, per andare...?

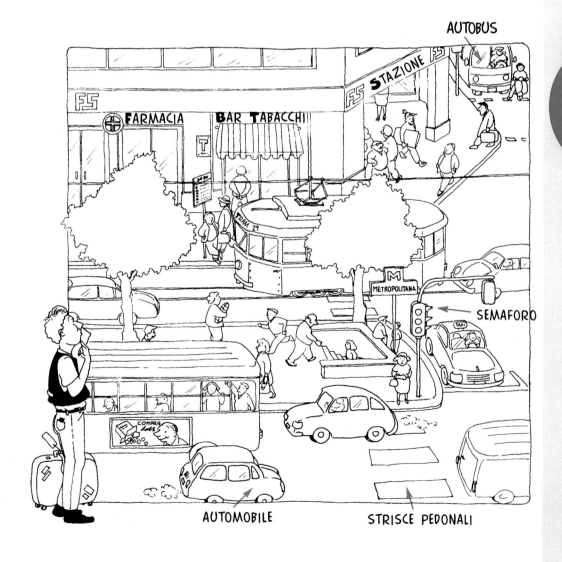

AUTOBUS

STAZIONE FS

FARMACIA BAR TABACCHI

TRAM 29

METROPOLITANA

SEMAFORO

TAXI

COMPRA lotto

AUTOMOBILE STRISCE PEDONALI

❶ Scusi, c'è un supermercato qui vicino?

Una signora cerca un supermercato e chiede informazioni a un passante.

SIGNORA   Scusi, c'è un supermercato qui vicino?

PASSANTE   Sì, in via Verdi, la seconda strada a sinistra.
               Deve andare diritto fino al semaforo, poi a sinistra.

SIGNORA   E... dove posso trovare una cabina telefonica?

PASSANTE   Proprio di fianco al supermercato.

SIGNORA   Tante grazie!

a) Completa.

La signora deve andare al _____ .
Va _____ fino al semaforo, poi a _____ in via Verdi.
La cabina telefonica è _____ al supermercato.

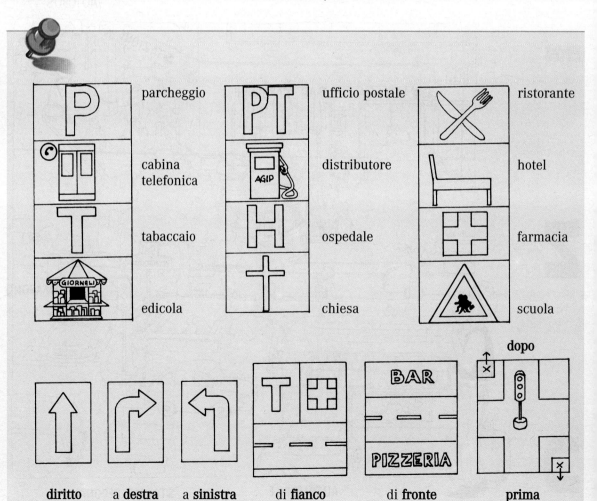

P — parcheggio	PT — ufficio postale	🍴 ristorante
cabina telefonica	distributore AGIP	hotel
T — tabaccaio	H — ospedale	farmacia
edicola GIORNALI	† chiesa	scuola

dopo

diritto   a destra   a sinistra   di fianco   di fronte   prima

b) Guarda l'illustrazione e inventa domande e risposte, come nell'esempio.

Scusi, c'è un bar qui vicino? Sì, in via Nievo, la prima a destra.

Scusi c'è   un garage qui vicino? Sì, in via...
                      un parcheggio
                      un tabaccaio
                      un ufficio postale
                      una banca
                      una farmacia

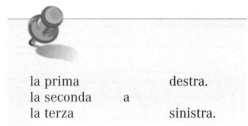

la prima		destra.
la seconda	a	
la terza		sinistra.

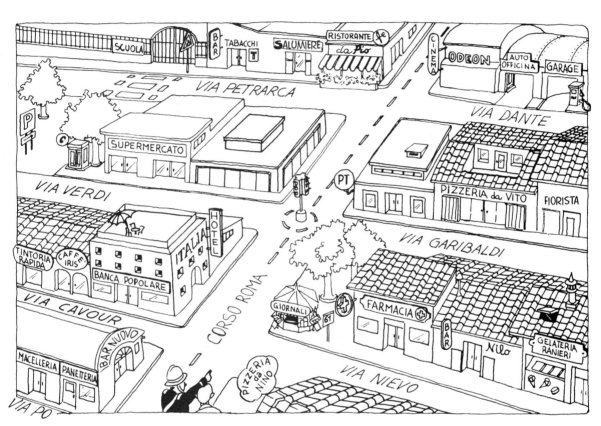

c) Completa e poi inventa domande e risposte.

Scusi, dov'è l'Hotel Italia?   In corso Roma, di fronte all'edicola.

        il bar Nuovo?   In _____, _____ alla _____

        l'edicola?   _____, _____ all'_____

        un distributore?   In via Dante, di fianco al garage.

        la pizzeria da Vito?   _____, _____ all'ufficio postale.

        la tintoria Rapida?   _____, _____ al caffè Iris.

Scusi, l'edicola è prima del
        semaforo o dopo
        il semaforo?   _____

❷ Che mezzo prendete per andare... alla stazione, in centro ...?

a) Leggi e ripeti.

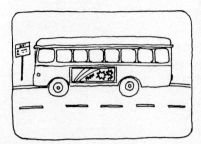

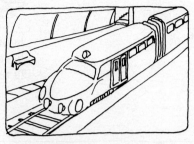

Io **prendo** l'autobus.

Noi **prendiamo** la metropolitana.

Il signor Berti **prende** un taxi.

Voi **prendete** il tram.

Nagib e Ali **prendono** il tram e l'autobus.

Tu non **prendi** i mezzi, vai a piedi.

CON CHE MEZZO ANDATE	al lavoro?	In	autobus (con l').
	a scuola?		macchina (con la).
	al ristorante?		tram (con il).
	al cinema?		metropolitana (con la).

b) Completa.

Io ci **vado** in autobus, Isa e Toni ci **vanno** _____ .

Tu e Fen Fen ci **andate** _____ . Il signor Riva ci **va**

 _____ . Tu ci **vai** _____ 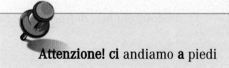 Noi ci **andiamo** a piedi.

Attenzione! ci andiamo **a** piedi

c) Completa le frasi con il verbo «andare».

1. Dove _____ (tu)? _____ in centro in macchina.

2. Noi _____ al cinema, e voi dove _____ ?

3. L'autobus 75 non _____ in centro, gli autobus 60 e 61 _____ in centro.

❸ Scusi c'è un mezzo che va in centro? Dov'è la fermata?

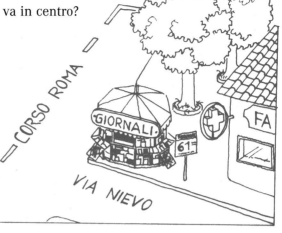

SIGNORE   Mi scusi, per favore, c'è un mezzo che va in centro?

VIGILE   Sì, c'è l'autobus 61.

SIGNORE   Sa dov'è la fermata?

VIGILE   In via Nievo, la prima strada a destra.

SIGNORE   Dove posso comprare un biglietto?

VIGILE   All'edicola, di fianco alla fermata.

❹ Posso avere un biglietto per l'autobus?

PASSANTE   Posso avere un biglietto per l'autobus?

EDICOLANTE   Ecco a lei.

PASSANTE   Quanto costa?

EDICOLANTE   1.500 lire.

❺ Per piazza... a quale fermata devo scendere?

PRIMO PASSEGGERO   Mi scusi, per piazza del Popolo, a quale fermata devo scendere?

SECONDO PASSEGGERO   Alla quarta... no, anzi, alla quinta fermata.

	prima fermata
	seconda
	terza
alla	quarta
	quinta
	sesta
	settima

a) Completa.

Un signore deve prendere l'_____ per andare _____ .

Deve comprare il_____all'_____ che c'è

_____ alla_____ dell'autobus. Per piazza del Popolo deve scendere

alla _____fermata.

tu (amichevole)	**Lei** (formale)
Senti, scusa, per andare... in piazza Navona?	Senta, scusi, per andare... a Trinità dei Monti?
Mi puoi dire, per piacere, dov'è la fermata dell'autobus?	Mi può dire, per cortesia, dov'è un ufficio postale?
Scusa, sai dov'è...?	Mi scusi, sa dov'è...?

b) Sei per strada e devi chiedere informazioni per muoverti in città.
Inventa un dialogo con i compagni, facendo a turno i personaggi del passante, del vigile, dell'edicolante e del passeggero.

c) Cerca i contrari.

1. vicino   – lì, là
2. qui, qua   – dietro
3. a destra   _5_ alle spalle
4. davanti   – alla fine
5. di fronte   – a sinistra
6. all'inizio   – lontano
7. in alto   – giù
8. fuori   – sotto
9. sopra   – dentro
10. su   – in basso

d) Abbina la domanda alla risposta.

LE PAROLE PER CHIEDERE

1. Dov'è la fermata dell'autobus?
2. È vicino il bar Lux?
3. C'è una farmacia da queste parti?
4. Che mezzo devo prendere per andare in centro?
5. A quale fermata devo scendere?
6. Scusi, dove posso parcheggiare?
7. Sa dov'è un distributore?

LE PAROLE PER RISPONDERE

– Vicino al garage.
– Sì, nella prima via a destra.
– L'autobus numero 23.
– Alla quarta fermata.
– _1_ Di fianco all'edicola.
– Sì, è vicino, non è lontano.
– Più avanti c'è un parcheggio.

❻ Con quale mezzo venite a scuola?

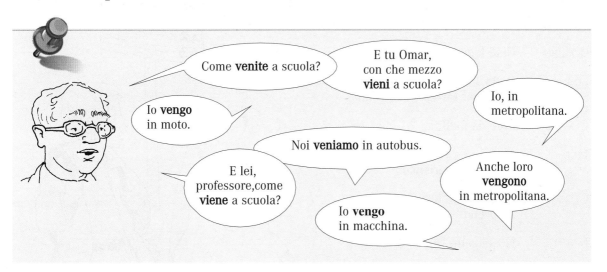

a) Chiedi ai tuoi compagni con che mezzo vengono a scuola.

b) Continua come nell'esempio:

(Io, venire, tram) – Io vengo a scuola in tram.

1. Robert, bicicletta.
2. Omar e Alem, autobus.
3. Tu e Klaus, moto.
4. Io e Miriam, metropolitana.
5. Wen Li, piedi.
6. Tu, in macchina.

c) Completa con il verbo «prendere».

1. Io .... la metropolitana.

2. Il signor Conti .... un taxi.

3. Tu e io .... l'autobus.

4. Tu e lui .... il treno.

5. Tu .... il tram.

6. Gli studenti .... i mezzi pubblici.

d) Chiedi ai tuoi compagni che mezzo prendono per andare al lavoro.

❼ Alla fermata dell'autobus

Jane incontra Claudio alla fermata dell'autobus.

CLAUDIO	Ciao Jane, dove vai?
JANE	Vado alla stazione. Parto per Firenze con Diana.
CLAUDIO	Stai via molto?
JANE	No, vado e vengo in giornata. Breve giro turistico!
CLAUDIO	Arriva l'autobus. Lo prendi anche tu?
JANE	No, aspetto Diana. Ciao!
CLAUDIO	Arrivederci! Buon viaggio!

❽ Alla stazione

Jane e Diana guardano gli orari.

JANE	Allora... a che ora parte il treno?
DIANA	Parte alle 9 e 48 e arriva a Firenze dopo un'ora.
JANE	Bene, arriviamo presto a Firenze, così abbiamo il tempo di fare un giro in città. Ma... da quale binario parte il treno?
DIANA	Guarda... l'Intercity per Roma, dal terzo binario.

PARTENZE			
DESTINAZIONE	**CAT**	**ORARIO**	**BIN**
Roma	IC	9.48	3
Genova	EXP	9.50	7
Venezia	D	10.05	2
Torino	EXP	10.07	8
Napoli	IC	10.12	4
Milano	IC	10.35	1

❾ Allo sportello

Jane e Diana fanno il biglietto.

JANE   Per favore, un biglietto per Firenze, andata e ritorno, seconda classe.

BIGLIETTAIO   Se prende l'Intercity, deve fare il supplemento.

JANE   Va bene.

BIGLIETTAIO   Paga 30.000 lire.

a) Indica la risposta corretta.

	Vero	Falso
1. Jane e Diana partono in treno per Firenze	☐	☐
2. Prendono i biglietti alla stazione di Bologna	☐	☐
3. Arrivano a Firenze dopo due ore	☐	☐
4. Vanno a Firenze per visitare la città	☐	☐
5. Non ritornano a casa la sera	☐	☐

b) Sei alla stazione e devi comprare un biglietto; chiedi a che ora parte il treno e da quale binario. Inventa il dialogo con i compagni. Fate a turno il passeggero, il bigliettaio e un amico che dà le informazioni.

Partire				**Arrivare**		
parto	da	Bologna		**arrivo**	a	Firenze
parti	da	Torino		**arrivi**	a	Genova
parte	dalla	stazione di...	e	**arriva**	alla	stazione di...
partiamo	alle	9,48		**arriviamo**	fra	un'ora
partite	al	mattino		**arrivate**	alla	sera
partono	dall'	Italia		**arrivano**	al	loro paese

c) Completa con i verbi «partire» e «arrivare».

Parti e _____ in giornata? Sì, io _____ stamattina e _____

stasera. Jane e Diana _____ da Bologna e _____ a Firenze.

Mauro invece _____ da Verona e _____ a Modena.

Noi _____ da Roma e _____ a Palermo, tu e Mohamed

_____ in aereo per il Marocco e _____ a Rabat fra 2 ore.

Andare Venire	**a**	casa, scuola, lavorare Roma, Bari, Pechino (città) piedi	**in**	Italia, Cina, Egitto America, Germania, ... (stati)
	da	Roma Milano		treno, aereo, nave (mezzi di trasporto)
Partire	**da**	Parigi	**per**	Algeri, Berlino
	fra	un'ora, venti minuti, un giorno, una settimana		

a) Completa con le preposizioni (da, a, per, in, con).

Questa mattina Jane parte _____ Firenze _____ Diana.

Parte _____ Bologna e va _____ treno _____ Firenze, _____

visitare la città.

Arriva _____ Firenze e va _____ centro _____ autobus, ma

poi gira la città _____ piedi.

La sera parte _____ Firenze _____ treno e torna _____ Bologna.

È tardi e va _____ casa _____ taxi.

b) Trasforma ora alla prima persona singolare e alla terza persona plurale.

Questa mattina parto...
Questa mattina Jane e Diana partono per...

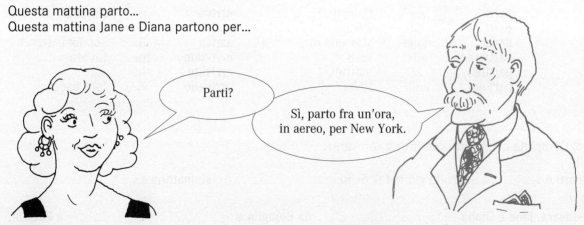

Parti?

Sì, parto fra un'ora, in aereo, per New York.

c) Scrivi le frasi come nell'esempio:
(Io, un'ora, aereo, New York) – Parto fra un'ora, in aereo, per New York.

1. io, poco, macchina, Verona.
2. tu, mezz'ora, aereo, Algeri.
3. voi, 40 minuti, nave, Tangeri.
4. noi, due ore, moto, Cortina.
5. loro, un'ora, treno, Perugia.
6. lui, 5 minuti, pullman, Positano.

C'è l'autobus!

Ci sono i mezzi pubblici

a) Completa con «c'è» e «ci sono».

1. Ciao, _____ l'autobus in arrivo! Ciao, vado _____ il tram.

2. _____ l'autobus e il tram in arrivo!

3. _____ la fermata dell'autobus qui vicino? No, non _____ .

4. In questa via _____ il cinema Odeon e l'hotel Italia.

5. Oggi _____ sciopero, non _____ i mezzi pubblici.

6. Pronto, _____ Gigi? No, non _____ .

Dov'è la fermata?

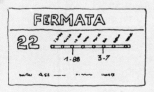

Dove sono i taxi?

b) Completa con «dov'è» e «dove sono».

1. _____ la questura? _____ i moduli?

2. _____ i miei documenti? _____ il mio biglietto?

3. _____ Omar e Aziz? _____ Li Peng?

4. _____ l'insegnante? E gli studenti _____ ?

5. _____ il consolato americano? Mi dispiace, non lo so.

6. _____ il mio portafoglio? _____ i miei soldi?

c) Completa le frasi come nell'esempio:

1. Maria deve andare alla stazione
2. Aldo e Isa prendono l'autobus
3. Io vado a scuola a piedi
4. Noi partiamo da Bologna
5. Voi siete in ritardo
6. Tu vai al lavoro in autobus

– torni a casa in autobus.
– arriviamo a Firenze.
– prendete un taxi.
– torno a casa in tram.
– vanno in centro.
– *1* prende la metropolitana.

e

Sei in piazza Cavour

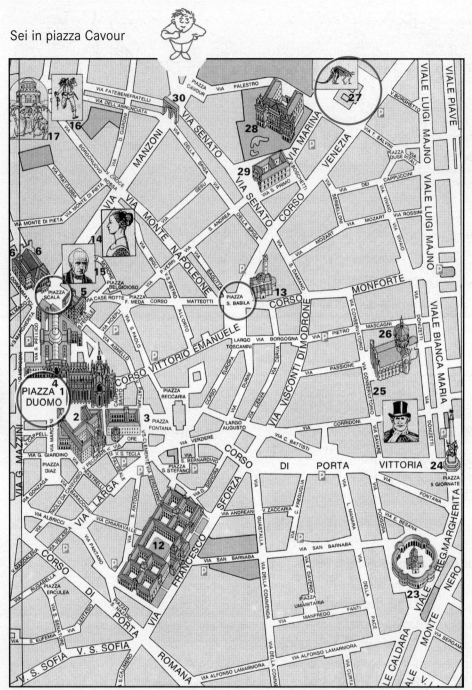

- diritto
- sempre diritto
- a destra
- a sinistra
- ancora a destra
- ancora a sinistra
- poi...
- subito dopo
- fino a...
- fino all'incrocio
- fino alla piazza

a) Ascolta la registrazione e segui sulla cartina i percorsi.
Poi prova a ripetere gli itinerari per andare:

- in piazza della Scala
- in piazza S. Babila
- in piazza Duomo
- al museo di Storia Naturale.

⑬ Che linea della metropolitana devo prendere per...

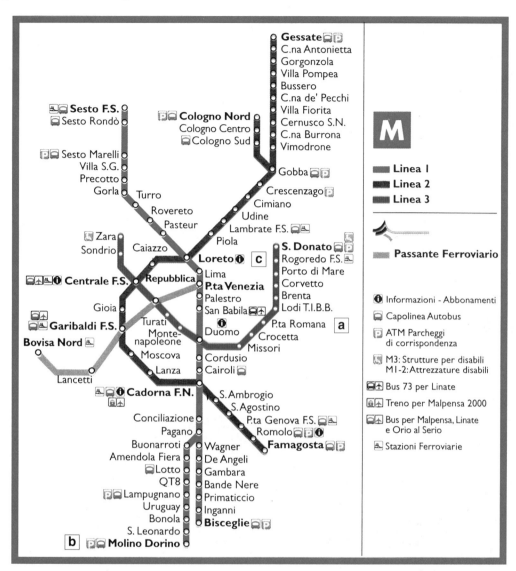

a) Sei a Porta Romana e devi andare in metropolitana alla stazione Centrale.

D – Scusi, che linea devo prendere per la stazione Centrale?
R – La linea 3, direzione Zara.
D – A quale fermata devo scendere?
R – Un momento... alla settima fermata.

b) Sei a Molino Dorino e devi andare in piazzale Lotto. Continua tu con un compagno.

D ....
R ....
D ....
R ....

c) Sei a Loreto e devi andare in piazza Duomo. Continua tu.

D ....
R ....
D ....
R ....

⑭ Quali mezzi di trasporto usi?

a) Sottolinea i mezzi che tu usi:

autobus

bicicletta

moto

automobile

treno

tram

metropolitana

b) Completa il cruciverba e scopri la parola in verticale

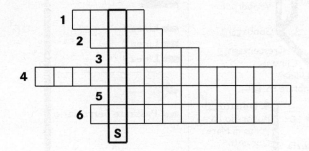

1. va in città sulle rotaie
2. al posto di macchina
3. si prende alla stazione
4. va sotto terra
5.
6.

c) Osserva l'illustrazione e ricopia sotto i nomi delle parti dell'automobile

3. *tergicristallo*
4. *tetto*
5. *specchietto retrovisore*
2. *parabrezza*
6. *finestrini*
1. *cofano*
10. *faro*
9. *parafango*
7. *ruota*
8. *portiera*

1. *cofano*
2. ....
3. ....
4. ....
5. ....

6. ....
7. ....
8. ....
9. ....
10. ....

I mezzi di trasporto di studenti e lavoratori

In Italia ogni giorno escono di casa e si spostano circa undici milioni di studenti e scolari e venti milioni di lavoratori. I mezzi pubblici vengono usati dal 12,3% (per cento) degli studenti e solo dal 4,9% dei lavoratori.

Il mezzo di trasporto più usato è l'automobile: dal 30,2% degli studenti e scolari e dal 66,1% dei lavoratori.

L'automobile resta ancora il mezzo di trasporto preferito dagli italiani.

Così nelle città, soprattutto nelle ore di punta, il traffico è sempre più intenso e l'inquinamento aumenta. Inoltre è sempre più difficile trovare un posteggio!

In questi ultimi anni c'è chi si sposta in bicicletta anche in città.

Fare l'abbonamento

Maria deve fare l'abbonamento dell'autobus con la tariffa speciale per i lavoratori.

Che cosa fa?
Va all'ufficio Abbonamenti dell'azienda dei trasporti

– porta: → 2 fotografie
    → la dichiarazione del datore di lavoro

– compila il modulo

Dove si trova piazza Fontana?

Paolo deve andare in piazza Fontana:

– cerca il nome sull'elenco alfabetico delle vie e delle piazze della città: tavola n° 21 casella B1.

– osserva la tavola n° 21 e incrocia la lettera B con il numero1. Nella casella B1 si trova piazza Fontana.

Prova a cercare una via o una piazza sullo stradario della tua città.

MILANO - Tavola 21

Vuoi prendere la patente?

Puoi andare:

– all'ufficio della Motorizzazione civile
– a una sede ACI (Automobil Club Italiano)
– a una scuola guida

I documenti necessari:

– certificato di residenza
– 4 foto
– certificato medico
– marca da bollo

Per leggere

Com'è bella la città

Com'è bella la città !
Com'è grande la città !
Com'è viva la città !
Com'è allegra la città !

Piena di strade e di negozi
e di vetrine piene di luce;
con tanta gente che lavora,
con tanta gente che produce;
con le reclames* sempre più grandi;
coi magazzini, le scale mobili;
coi grattacieli sempre più alti
e tante macchine, sempre di più.

Com'è bella la città !
Com'è grande la città !
Com'è viva la città !
Com'è allegra la città !

G. Gaber

* cartelloni della pubblicità

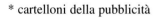

a) Completa.

1. Nella canzone si parla della ....

2. La città è ...., ... animata e ....

3. Nella città ci sono: ....
....
....

4. Nella città vive tanta .... che ....

Presente indicativo dei verbi regolari delle tre coniugazioni

prima con (are)   seconda con (ere)   terza con (ire)

ARRIVARE	PRENDERE	PARTIRE
arriv**o**	prend**o**	part**o**
arriv**i**	prend**i**	part**i**
arriv**a**	prend**e**	part**e**
arriv**iamo**	prend**iamo**	part**iamo**
arriv**ate**	prend**ete**	part**ite**
arriv**ano**	prend**ono**	part**ono**

Presente indicativo dei verbi irregolari ANDARE e VENIRE

ANDARE	VENIRE
vado	vengo
vai	vieni
va	viene
andiamo	veniamo
andate	venite
vanno	vengono

C'è	Ci sono
Dov'è?	Dove sono?

Preposizioni semplici:

di   a   da   in   con   su   per   tra   fra

Numeri ordinali

primo (a)	I		sesto (a)	VI
secondo (a)	II		settimo (a)	VII
terzo (a)	III		ottavo (a)	VIII
quarto (a)	IV		nono (a)	IX
quinto (a)	V		decimo (a)	X

3 Che lavoro fai?

➊ Che lavoro fai?

Qual è il tuo orario di lavoro?
Quanto guadagni?

Marina Loi

Angelo Rea

Natalia Sisti

Faccio la commessa in un negozio di abbigliamento. L'orario di lavoro è pesante e guadagno poco.

Sono un falegname. Comincio presto e finisco tardi, ma preferisco lavorare in proprio.

Sono una giornalista. Faccio un lavoro interessante, viaggio spesso e non ho orari. Guadagno bene.

CHE LAVORO FANNO?

a) Osserva e leggi.

rappresentante

cameriere

architetto

meccanico

segretaria

insegnante

vigile

muratore

❷ Che lavoro fa?

Qual è il suo orario di lavoro?
Quanto guadagna?

Guido Viali

Sono medico a tempo pieno
in ospedale. Curo i malati e
ho molte responsabilità, ma
il mio lavoro mi piace.

Gina Rota

Sono una casalinga.
Pulisco, lavo, stiro e cucino.
Comincio a lavorare al mat-
tino e finisco la sera.

Vanni Nozza

Sono un ragioniere impiegato in banca. Ho un lavoro
sicuro e un orario fisso, dal
lunedì al venerdì.

ARTICOLI DETERMINATIVI

maschile singolare		femminile singolare		maschile plurale		femminile plurale	
il	commess**o** professor**e** giornalist**a**	**la**	commess**a** professor**essa** giornalist**a**	**i**	commess**i** professor**i** giornalist**i**	**le**	commess**e** professor**esse** giornalist**e**
l'	impiegat**o** operai**o** insegnant**e**	**l'**	impiegat**a** operai**a** insegnant**e**	**gli**	impiegat**i** operai insegnant**i**	**le**	impiegat**e** operai**e** insegnant**i**
lo	scienziat**o** scrittor**e** zoolog**o**	**la**	scienziat**a** scritt**rice** zoolog**a**	**gli**	scienziat**i** scrittor**i** zoolog**i**	**le**	scienziat**e** scritt**rici** zoolog**he**

ARTICOLI INDERMINATIVI

	un	maestro regista	**una**	maestra regista	
Io sono		attore operaio	**un'**	attrice operaia	
	uno	studente zoologo	**una**	studentessa zoologa	

Attenzione!	Io sono **un** maestro.	Io sono **il** maestro Bucci.
	Io sono **una** maestra.	Io sono **la** maestra Ferrario.
	Io sono **un** regista.	Io sono **il** regista Moretti.
	Io sono **un'**attrice.	Io sono **l'**attrice Ornella Muti.

a) Collega le frasi.

1. Guido Viali è un medico   – lavora in proprio.
2. Marina Loi è una commessa   – lavora in banca.
3. Vanni Nozza è un ragioniere   **e**   – lavora in casa.
4. Gina Rota è una casalinga   – viaggia molto per lavoro.
5. Natalia Sisti è una giornalista   *1*– lavora in ospedale.
6. Angelo Rea è un falegname   – lavora in un negozio.

b) Abbina il nome delle professioni ai luoghi di lavoro.

Dove LAVORA?

1. Il muratore   – in farmacia.
2. L'insegnante   – in fabbrica.
3. Il contadino   **lavora**   – in officina.
4. L'operaio   – in ufficio.
5. Il meccanico   *1*– in cantiere.
6. L'impiegato   – nei campi.
7. Il barista   – a scuola.
8. Il farmacista   – nel bar.

c) Continua al plurale per le altre professioni, come nell'esempio.

Dove LAVORANO?   I muratori lavorano in cantiere.

d) Abbina il lavoratore all'attività corrispondente.

CHE ATTIVITÀ FA?

1. Il vigile   – incassa i soldi.
2. La cassiera   – fa il pane.
3. Il macchinista   – serve ai tavoli.
4. Il fornaio   – conduce il treno
5. Il cameriere   *1*– regola il traffico.

❸ Che professione fa?

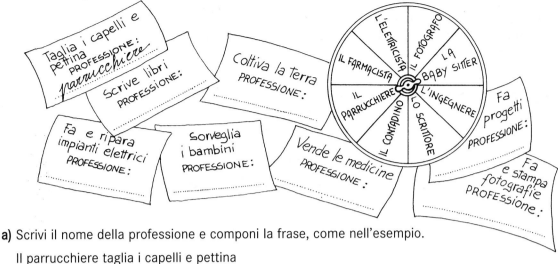

a) Scrivi il nome della professione e componi la frase, come nell'esempio.

Il parrucchiere taglia i capelli e pettina

b) Continua al plurale per le altre professioni.

CHE ATTIVITÀ FANNO?   I parrucchieri tagliano i capelli e pettinano.

❹ Quali strumenti usa per il lavoro?

la lavagna
il gesso
il libro

il telefono
il personal computer

la chiave inglese
il cacciavite

il calcolatore

il trattore

il secchio   la carriola
la cazzuola

la sega
la pialla

le forbici
il pettine
il phon

a) Abbina al lavoratore gli strumenti di lavoro corrispondenti.

1. Il programmatore   usa   _il calcolatore_

2. Il meccanico   ....

3. L'insegnante   ....

4. Il parrucchiere   ....

5. La segretaria   ....

6. Il muratore   ....

7. Il falegname   ....

8. Il contadino   ....

➎ In cerca di lavoro

Sono disoccupato, non ho un lavoro.
Cerco lavoro all'ufficio di collocamento, chiedo aiuto agli amici e ai conoscenti, leggo le offerte di lavoro sui giornali. Ma non è facile trovare lavoro.

a) Leggi l'annuncio e rispondi alle domande.

CERCASI

PROGRAMMATORE

Età: 30-35 anni
Diploma: ragioneria
Conoscenza lingua inglese
Esperienza nel settore

Inviare curriculum a:
Corriere 479 - AD - 20100 Milano

---

1. Che lavoratore cerca la società? ....

2. Quanti anni deve avere il lavoratore? ....

3. Quale titolo di studio deve possedere? ....

4. Che cosa deve conoscere? ....

5. Quale esperienza deve avere? ....

6. Il lavoratore deve telefonare o scrivere? ....

7. Che cosa deve inviare? ....

❻ Gli annunci economici

Gli annunci economici sono spesso difficili da capire, perché sono molto brevi e scritti con parole ed espressioni tecniche. Ti elenchiamo alcune espressioni ricorrenti.

a) Abbina le espressioni con le definizioni corrispondenti.

1. curriculum

2. esperienza nel settore

3. esperto

4. con referenze (referenziato/a)

– che ha persone che possono dare informazioni su di lui.

– pratico e capace.

– descrizione breve e precisa delle proprie esperienze di studio e di lavoro.

<u>2</u> più anni di lavoro nello stesso settore.

b) Con l'aiuto dell'insegnante cerca di spiegare il significato dei seguenti annunci, come nell'esempio.

Impresa Edile Roma
cerca muratori
esperti

tel. 06 / 3451798

→

Un'impresa edile di Roma cerca muratori con esperienza.
Per avere informazioni si deve telefonare al numero:
06 / 3451798

CASA EDITRICE ricerca segretaria ottimo inglese esperienza.
Telefonare 02-26.30.03.30 - ore 15-17.30.

BARISTA cercasi subito. Presentarsi piazza Virgilio 3, Milano.

NEGOZIO DI OREFICERIA CERCA 2 COMMESSE. ORE 10,30. TEL. 02 / 29.40.13.58. 0337 / 35.94.53.

PER assunzione immediata si cercano esperti cuochi e pizzaioli. Telefonare 02-72.01.00.68.

BABY Sitter referenziata cercasi da metà agosto per bimba di anni 7. Dopo h 20.
Tel. 031 / 88.01.34.

c) Ascolta le telefonate e rispondi alle domande.

Che lavoro vogliono fare le persone? Vanno bene per quel lavoro?

❼ Che lavoro fai?

Che lavoro **fate**?

E Lei che lavoro **fa**?

Sono insegnante

Facciamo i camerieri in un ristorante.

E, Loro, signori, che lavoro **fanno**?

Faccio la cassiera in un bar.

Facciamo gli imprenditori.

a) Continua come nell'esempio.

(Io, farmacista, farmacia) - Io faccio il farmacista, lavoro in farmacia.

1. Io, meccanico, officina.
2. Tu, segretaria, ufficio.
3. Mohamed, muratore, cantiere.
4. Voi, operai, fabbrica.
5. Noi, imprenditori, azienda.
6. Samia e Jasmine, infermiere, ospedale.

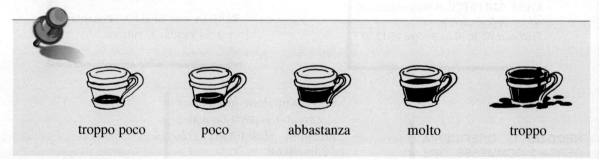

troppo poco   poco   abbastanza   molto   troppo

QUANTO GUADAGNI?

b) Continua come nell'esempio.

(Io, poco) - Io guadagno poco.

1. Tu, abbastanza.
2. Il medico, molto.
3. Tu e Ali, poco.
4. Io e Rosita, troppo poco.
5. I giocatori di calcio, troppo.
6. Io, abbastanza per vivere.

❽ Quando cominci e finisci il lavoro?

Quando cominci e finisci il lavoro?

Quando cominciate e finite il lavoro?

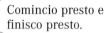

Comincio presto e finisco presto.

Cominciamo presto e finiamo tardi.

Attenzione!

FINIRE Finisco, finisci, finisce finiamo, finite, finiscono

a) Completa e trasforma poi al plurale.

1. Il dirigente non ha orari, non sa quando comincia e quando .... il lavoro.

2. Tu quando .... e .... il lavoro?

3. Io .... la mattina e .... la sera.

4. I dirigenti .... non sanno ....

5. Voi .... ?

6. Noi ....

b) Chiedi ai tuoi compagni quando cominciano e finiscono il lavoro.

c) Completa la tabella, come nell'esempio.

NOME	M	F	IL	LO	LA	L'	AL SINGOLARE
cameriere	☒	☐	☒	☐	☐	☐	il cameriere
domestica	☐	☐	☐	☐	☐	☐	
ingegnere	☐	☐	☐	☐	☐	☐	
spazzino	☐	☐	☐	☐	☐	☐	
scrittore	☐	☐	☐	☐	☐	☐	
impiegato	☐	☐	☐	☐	☐	☐	
dottoressa	☐	☐	☐	☐	☐	☐	

NOME	M	F	I	GLI	LE	LE	AL PLURALE
taxisti	☒	☐	☒	☐	☐	☐	i taxisti
attori	☐	☐	☐	☐	☐	☐	
infermieri	☐	☐	☐	☐	☐	☐	
muratori	☐	☐	☐	☐	☐	☐	
segretarie	☐	☐	☐	☐	☐	☐	
studenti	☐	☐	☐	☐	☐	☐	

d) Completa con gli articoli indeterminativi (un, uno, una, un').

La ditta assume .... impiegato, ... impiegata, ... segretaria esperta e .... studente appena diplomato.

❾ Com'è il tuo lavoro?

a) Indica con una crocetta le caratteristiche del tuo lavoro.

☐ pesante (faticoso)   ☐ leggero
☐ interessante   ☐ noioso
☐ sicuro   o   ☐ precario
☐ facile   ☐ difficile
☐ dipendente   ☐ autonomo
☐ a tempo pieno   ☐ a mezzo tempo (part-time)

b) Leggi le domande del questionario e rispondi con una frase, prima oralmente poi per iscritto.

QUESTIONARIO

1. Che lavoro fai?
_____

2. Dove lavori?
_____

3. Con che mezzo vai al lavoro?
_____

4. Quando cominci e finisci il tuo lavoro? (presto, tardi)
_____

5. Com'è il tuo lavoro?
_____

6. Ti piace il tuo lavoro? (mi piace, non mi piace)
_____

7. Quanto guadagni? (poco, abbastanza, molto...)
_____

c) Rivolgi ai tuoi compagni le domande del questionario.

d) Prova a indovinare.

Un compagno esce dall'aula: i compagni rimasti scelgono una professione; il compagno che ritorna in classe deve fare domande e indovinare la professione dalle risposte dei compagni.
Esempio:

Non ha un orario fisso,
lavora sempre fuori,
viaggia molto,
vende polizze assicurative

È l'assicuratore!

a) Completa la domanda di lavoro di Fabio Bini.

Generalità e requisiti:

Nome e cognome	*Fabio Bini*
Data di nascita	*13.2.1974*
Luogo di nascita	*Cremona*
Indirizzo	*via Po, 2 - Cremona*
Telefono	*0372 - 23508*
Titolo di studio	*ragioniere*
Lingue conosciute	*inglese*
Professione attuale	*programmatore*
Altre esperienze di lavoro	*programmatore alla Digital per 7 anni*

b) Compila ora un tuo breve curriculum.

Nome e cognome	
Data di nascita	
Luogo di nascita	
Indirizzo	
Telefono	
Titolo di studio	
Lingue conosciute	
Professione attuale	
Altre esperienze di lavoro	

Cremona 26.9.2000

Spett. Società
rispondo al Vostro annuncio
del 23.9.2000
Io sottoscritto ....
nato il .... a ....
abitante a ....
in via ...., ...
Tel. ....
sono disponibile per il lavoro
di programmatore.
Sono .... e conosco
bene l'inglese. Ho lavorato come
.... per .... anni
presso la Società DIGITAL.

Distinti saluti
Fabio Bini

L'Italia oggi

Fuga dalle fabbriche, tutti in ufficio

Già dagli anni '80 avviene questo cambiamento e dati ISTAT recenti confermano questa tendenza: si svuotano le fabbriche, aumentano gli addetti ai servizi.

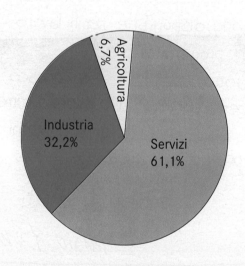

occupati / disoccupati

— OPERAI   + IMPIEGATI NEI SERVIZI
(banche, commercio, ospedali, scuole, poste ecc.)

In Italia alla fine del 1998 gli occupati erano 19.941.000, i disoccupati erano 2.782.000, il 12,2% dell'intera forza lavoro.

Conoscere l'Italia

Il lavoro degli stranieri in Italia

Attualmente in Italia ci sono molti lavoratori stranieri, soprattutto nelle grandi città.
Gli stranieri lavorano:

– nei servizi (33,9%)   come camerieri e cuochi nei ristoranti, domestici nelle case private, addetti alla cura degli anziani, commercianti e ambulanti, liberi professionisti;

– nell'industria (43,5%)   come operai nelle fabbriche;

– nell'agricoltura (22,6%)   soprattutto nell'Italia centrale e meridionale.

Il libretto di lavoro

Mamadou deve fare il libretto di lavoro.

Che cosa fa?

Va all'Ufficio provinciale del lavoro con:
- la domanda (su modulo)
- il permesso di soggiorno
- il documento di identità

• Cerca sull'elenco telefonico l'indirizzo dell'Ufficio provinciale del lavoro della tua città.

Le parole dei documenti

- il contratto di lavoro
- l'orario di lavoro
- lo stipendio
- le ferie
- l'orario straordinario
- il lavoro autonomo

- il datore di lavoro
- la busta paga
- il luogo di lavoro
- i colleghi
- il lavoro dipendente

Dice la legge

– Il lavoratore straniero può richiedere il permesso di soggiorno per:
– lavoro subordinato o dipendente
– lavoro stagionale
– lavoro autonomo

Per leggere

Il vigile urbano

Chi è più forte del vigile urbano?
Ferma i tram con una mano;

con un dito, calmo e sereno
tiene indietro un autotreno;

cento motori scalpitano* impazienti
li mette a cuccia* alzando i guanti

Sempre in croce in mezzo al baccano
Chi è più paziente del vigile urbano?

G. Rodari

L'omino della gru

Filastrocca di sotto in su
per l'omino della gru.
Sotto terra va il minatore
dov'è buio a tutte l'ore;
lo spazzino va nel tombino,
sulla terra sta il contadino,
in cima ai pali l'elettricista
gode già una bella vista,
il muratore va sui tetti
e vede tutti piccoletti...
ma più in alto, lassù lassù,
c'è l'omino della gru:
cielo a sinistra,
cielo a destra,
e non gli gira mai la testa

G. Rodari

* sono impazienti di partire
* li tiene fermi

a) Completa.

1. Nella prima filastrocca si parla del ....

2. Con i movimenti delle braccia il vigile può fermare:

....

....

....

3. Nella seconda filastrocca si parla dei luoghi dove lavorano alcuni operai.

Il minatore lavora ...., il contadino ...., il muratore

...., l'elettricista ...., lo spazzino ....,

ma l'uomo della gru sta su nel ....

Nomi e articoli al singolare e al plurale

Articoli determinativi: **il, lo, la, i, gli, le**

maschile singolare	femminile singolare	maschile plurale	femminile plurale
il commesso	la commessa	i commessi	le commesse
maestro	maestra	maestri	maestre
cameriere	cameriera	camerieri	cameriere
l' operaio	l' operaia	gli operai	le operaie
lo scienziato	la scienziata	gli scienziati	le scienziate
zoologo	zoologa	zoologi	zoologhe

Articoli indeterminativi: **un, uno, una, un'**

maschile singolare	femminile singolare	maschile plurale	femminile plurale
un maestro	una maestra	(dei) maestri	(delle) maestre
opeaio	un' operaia	(degli) operai	(delle) operaie
uno scienziato	una scienziata	(degli) scienziati	(delle) scienziate
zoologo	zoologa	zoologi	zoologhe

Presente indicativo del verbo irregolare FARE

faccio
fai
fa
facciamo
fate
fanno

Presente indicativo dei verbi irregolari finire, preferire, capire, pulire ecc.

finisco	preferisco	capisco	pulisco
finisci	preferisci	capisci	pulisci
finisce	preferisce	capisce	pulisce
finiamo	preferiamo	capiamo	puliamo
finite	preferite	capite	pulite
finiscono	preferiscono	capiscono	puliscono

Avverbi di quantità	:	poco, abbastanza, molto, troppo...
Avverbi di tempo	:	presto, tardi...
Interrogativi	:	Quanto... ?
Aggettivi qualitificativi	:	pesante, leggero, sicuro, precario...

4 In famiglia

① La famiglia di Veronica

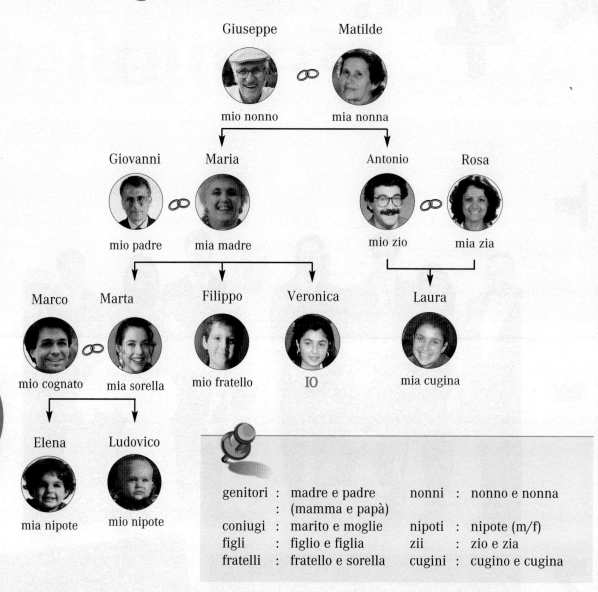

genitori : madre e padre : (mamma e papà)	nonni : nonno e nonna
coniugi : marito e moglie	nipoti : nipote (m/f)
figli : figlio e figlia	zii : zio e zia
fratelli : fratello e sorella	cugini : cugino e cugina

a) Completa con i nomi di parentela.

1. Veronica è _____ di Giovanni e Maria.
2. Giovanni e Maria sono i _____ di Veronica, Giovanni è il _____ e Maria è la _____.
3. Veronica è _____ di Marta e Filippo. Filippo è _____ di Marta e Veronica.
4. Marta e Filippo sono i _____ di Veronica e i _____ di Laura.
5. Antonio è lo _____ di Veronica e Rosa è la _____.
6. Antonio e Rosa sono gli _____ di Veronica e i _____ di Laura.
7. Giuseppe e Matilde sono i _____ di Veronica.
8. Marta è la _____ di Giuseppe e Matilde, la _____ di Marco e la _____ di Elena e Ludovico.

b) Continua tu con altri esempi.

c) Ascolta la registrazione e completa con gli aggettivi possessivi e i nomi di parentela.

In famiglia siamo cinque. Io sono Veronica. I miei fratelli si chiamano _Marta_ e Filippo.
_____ è sposata. I _____ genitori hanno 50 anni, sono coetanei.
_____ si chiama Maria e _____ Giovanni.
I miei nonni sono anziani, ma stanno bene. _____ si chiama Giuseppe e _____
nonna Matilde.
_____ Antonio e _____ Rosa sono i genitori di Laura, _____.
I _____ nipoti sono Elena e _Ludovico_ _____.
_____ Marco è dirigente in una ditta di import-export.

2

a) Completa la tabella con i dati dei tuoi familiari.

LA MIA FAMIGLIA					
Parentela	nome	età	abitante a	stato civile	professione
padre					

b) Rispondi alle seguenti domande.

1. Quanti siete in famiglia? Quanti fratelli e quante sorelle hai?
2. Dove abitano i tuoi genitori?
3. Hai parenti in Italia? Quali?
4. Quanti anni hanno i tuoi fratelli e le tue sorelle?
5. Sono sposati?
6. Che lavoro fanno?

c) Lavora in coppia. Rivolgi le stesse domande al tuo compagno per avere informazioni sulla sua famiglia. Poi scambiatevi i ruoli.

❸ Evviva la famiglia!

Noi siamo una famiglia unita.
I miei genitori sono anche miei amici.
Mio padre è molto occupato nel lavoro.
Mia madre insegna e si occupa della casa. Mio fratello è studente come me.
Anche mio padre aiuta in casa.
Mio zio ama i viaggi e spesso partiamo tutti con lui. I miei nonni abitano vicino a noi e la domenica pranziamo insieme.
Al pomeriggio arrivano mia sorella e mio cognato con i loro bambini. Io gioco e mi diverto con i miei nipotini.
Insomma stiamo bene insieme.

4

❹ C'è famiglia e famiglia!

Mi chiamo Luca e ho sedici anni.
Sono figlio unico, non ho fratelli e sorelle.
Mio padre è sempre fuori per lavoro, ma quando è in casa è stanco e nervoso.
Mia madre è casalinga. I miei genitori non vanno molto d'accordo.
A me non piace stare in famiglia, preferisco stare con i miei amici.

TRA MOGLIE
E MARITO
NON METTERE
IL DITO

a) Segna la risposta giusta, come nell'esempio.

1. Veronica ha una famiglia
   - ☒ unita e felice.
   - ☐ infelice.
   - ☐ divisa.

2. Stanno tutti
   - ☐ poco insieme.
   - ☐ male insieme.
   - ☐ bene insieme.

3. Veronica viaggia spesso
   - ☐ con i suoi amici.
   - ☐ con i suoi zii.
   - ☐ con la sorella.

4. La domenica pomeriggio Veronica
   - ☐ va con gli amici.
   - ☐ sta in casa da sola.
   - ☐ gioca con i suoi nipotini.

b) Rispondi alle domande.

1. Luca ha fratelli e sorelle? ....

2. Com'è in casa il padre di Luca? ....

3. Che lavoro fa la mamma di Luca? ....

4. Vanno d'accordo i genitori di Luca? ....

5. Luca sta volentieri in famiglia? ....

c) Completa.

La famiglia di Veronica è ....

I genitori di Veronica sono anche suoi ....

Veronica sta volentieri in .... e la domenica pranza con i suoi ....

La famiglia di Luca invece non è ....

perché i suoi genitori ....

Luca preferisce stare con i suoi ....

a) Indica i contrari, come nell'esempio.

1. famiglia felice   – litigare

2. vivere in famiglia   – star male in famiglia

3. star bene in famiglia   – famiglia divisa

4. famiglia unita   – divorziare, separarsi

5. famiglia ricca   – famiglia all'antica (o tradizionale)

6. andare d'accordo   – famiglia piccola

7. famiglia numerosa   *1* – famiglia infelice

8. famiglia moderna   – vivere fuori casa

9. sposarsi (metter su famiglia)   – famiglia povera

b) Vivi in famiglia o da solo? Com'è la tua famiglia?
Ti piace stare in famiglia? Perché?

Rispondi e rivolgi le domande ai compagni.

c) Completa il cruciverba e leggi la parola ottenuta in verticale.

1. È figlio dello stesso padre   1 F R A T E L L O

2. La moglie dello zio   2

3. Sta con la moglie   3

4. I genitori dei genitori   4

5. Sta con il marito   5

6. Li hanno i genitori   6

7. Il figlio del figlio   7

8. Papà   8

❻ I possessivi con i nomi di famiglia o di parentela

	mio	padre		mia	madre
	tuo	fratello		tua	sorella
	suo	marito		sua	moglie
	nostro	nonno		nostra	nonna
	vostro	cugino		vostra	cugina
il	loro	figlio, zio, nipote, ...	la	loro	figlia, zia, nipote, ...
	miei	genitori		mie	sorelle
	tuoi	figli		tue	figlie
i	suoi	cugini	le	sue	cugine
	nostri	zii		nostre	zie
	vostri	nipoti		vostre	nipoti
	loro	nonni		loro	nonne

Attenzione! La mamma ama i **suoi** figli • I genitori amano i **loro** figli

a) Completa.

La mia famiglia viene dal sud. _____ genitori sono venuti a Torino nel 1965, _____ nonni invece sono rimasti in Puglia, a Cerignola. Io, _____ fratelli e _____ sorelle siamo nati qui. Io lavoro alla Fiat, anche _____ fratello Rocco è operaio come me. Ora _____ padre è in pensione e _____ madre durante il giorno tiene _____ figlio piccolo, perché _____ moglie lavora. A Natale arrivano _____ cugini con _____ figli.

tu	Lei
Come sta tua madre?	Come sta Sua madre?
C'è tuo marito?	C'è Suo marito?
Sono i tuoi figli?	Sono i Suoi figli?
Ecco le tue sorelle!	Ecco le Sue sorelle!

b) Completa.

Ciao Mario, c'è _____ sorella? No, non c'è.

Buon giorno, sta bene? E _____ moglie come sta?

Mi scusi, _____ marito è in casa? No, _____ marito non c'è.

Signor Polidori, sono arrivate _____ sorelle?

Allora Mauro, vengono anche _____ fratelli con noi?

7

Sono i tuoi figli?

Sì, sono i miei bambini.

– È tuo figlio?
• Sì, è il mio bambino.

– Anna è tua figlia?
• Sì, è la mia bambina.

I POSSESSIVI

(io)	il	mio	bambino	la	mia	bambina	i	miei	bambini	le	mie	bambine
(tu)		tuo			tua			tuoi			tue	
(lui)		suo		(lei)	sua			suoi			sue	
(noi)		nostro			nostra			nostri			nostre	
(voi)		vostro			vostra			vostri			vostre	
(loro)		loro			loro			loro			loro	

Attenzione!

il bambino di Pietro /Anna	il suo bambino
la bambina di Pietro /Anna	la sua bambina
il bambino di Pietro e di Anna	il **loro** bambino

4

a) Completa domande e risposte.

tu	**Lei**
1. _____	Sono i Suoi bambini?
2. Carla è la tua bambina?	_____
3. _____	Come sta il Suo bambino?
4. Dov'è il tuo amico?	_____
5. Arrivano i tuoi parenti per Natale?	_____
6. _____	Come stanno le Sue bambine?
7. Vanno a scuola i tuoi bambini?	_____
8. _____ figli?	Nino e Lella sono i Suoi figli?

b) Trasforma al plurale.

1. Lavoro per i miei figli.   Noi _____
2. Accompagni i tuoi bambini.   Voi _____
3. Carlos pensa ai suoi figli.   Carlos e Dolores _____
4. Fen Fen ama il suo paese.   I cinesi _____
5. Said incontra i suoi amici.   Said e Ali _____

❽ La mia famiglia è numerosa

Attenzione!

maggiore	–	minore
il primo	–	l'ultimo

La mia famiglia è numerosa: siamo in sette. Io sono Aziz; sono il figlio maggiore e aiuto i miei genitori a mantenere la famiglia.
I miei fratelli non lavorano ancora, le mie sorelle Leila e Majda vanno a scuola. Majda ha 8 anni ed è la minore.
Sono venuto in Italia con mio padre a cercare lavoro.
Adesso faccio il cuoco in un ristorante. Mia madre e i miei fratelli sono ancora nel mio paese. Sento molto la mancanza dei miei familiari.

a) Leggi e trasforma alla seconda e alla terza persona singolare.

La sua famiglia è numerosa: sono in sette. Aziz è ...
La tua famiglia è numerosa: siete in sette. Tu sei...

b) Continua come nell'esempio.

(fratello, Franco, 28, architetto) – Mio fratello si chiama Franco, ha 28 anni, fa l'architetto.

1. madre, Vanna, 57, casalinga.
2. marito, Sergio, 40, medico.
3. sorelle, Ida e Sofia, 30 e 32, insegnanti.
4. figlia, Laura, 30, giornalista.
5. cugino, Fausto, 42, avvocato.
6. genitori, Guido e Maria, 50, farmacisti.

c) Continua come nell'esempio.

(sorella, Roma, scienze politiche) – Mia sorella abita a Roma, fa (studia) scienze politiche.

1. cugino, Pavia, medicina.
2. zio, Torino, architettura.
3. sorelle, Padova, psicologia.
4. fratelli, Napoli, ingegneria.
5. cognato, Firenze, lingue.
6. cugini, Palermo, legge.

❾ Tra carriera e biberon

MAMMO È BELLO?

Una famiglia moderna: il papà è un po' "mammo".

a) Completa.

Noi _____ una famiglia moderna.   (essere)

Mio marito _____ la spesa, _____ ,   (fare, lavare)

_____ e pulisce la casa, proprio come me.   (stirare)

Tutti e due _____ nostro figlio Francesco   (curare)

che _____ 9 mesi.   (avere)

Se Francesco _____ malato, noi _____   (essere, stare)

a casa a turno dal lavoro.

Quando io non ci _____ , mio marito   (essere)

_____ la pappa, _____ il bambino   (preparare, cambiare)

e lo mette a letto, proprio come faccio io.

Una famiglia tradizionale

La mia è una famiglia all'antica.
Mio marito pensa al lavoro e alla
carriera, io alla casa e ai figli.

a) Scrivi le didascalie sotto i disegni.

(matrimonio, nascita secondo figlio, nozze d'argento,
fidanzamento, nascita primo figlio, il primo nipote)

Suoni e scrittura

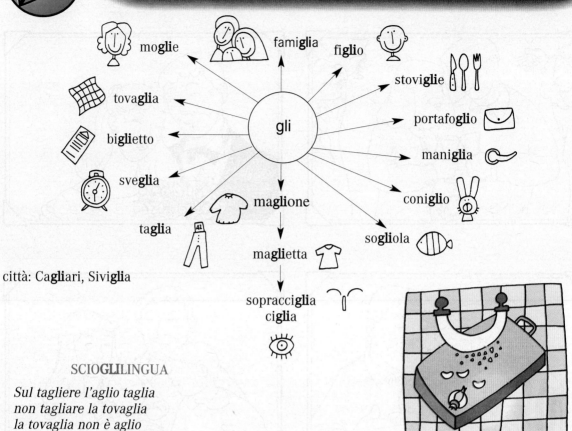

città: Cagliari, Siviglia

SCIOGLILINGUA

Sul tagliere l'aglio taglia
non tagliare la tovaglia
la tovaglia non è aglio
se la tagli fai uno sbaglio

a) Leggi le parole e lo scioglilingua a voce alta.

b) Completa le frasi.

1. In una _____ ci sono il marito, la _____ e i _____ .
2. Apparecchio la tavola, mi servono: la _____ e le _____ .
3. Prendi l'autobus ? Hai il _____ ?
4. Al mattino Gigliola si alza quando suona la _____ .
5. Nel _____ ci sono i soldi e i _____ del tram.
6. Guglielmo veste in modo sportivo: jeans, _____ e _____ .
7. _____ è la città capoluogo della Sardegna.
8. Per aprire la porta usiamo la _____ .

Attenzione !   gli o li   ?   olio   non   è   aglio !

idraulico   polizia   poliziotto
Giulia   Giuliano   Cecilia

In Italia la famiglia è sempre più piccola

Le famiglie italiane sono sempre più piccole, come si rileva dagli ultimi censimenti.
Nel 1951 ogni famiglia era composta in media da 4 persone; nel 1961, dieci anni dopo, da 3,6; nel 1971, da 3,3; nel 1981 da sole 3 persone e dai dati del censimento del 1991, la famiglia italiana è composta in media da 2,8 persone.

**FAMIGLIE
PICCOLE PICCOLE**

L'uomo "casalingo"

In molte famiglie italiane marito e moglie lavorano tutti e due e si occupano insieme della casa e dei figli. Anche il marito lava i piatti, fa la spesa, le pulizie in casa e cambia i pannolini ai bambini. Ecco come hanno risposto le donne a un'indagine della rivista «SETTE Corriere della Sera».

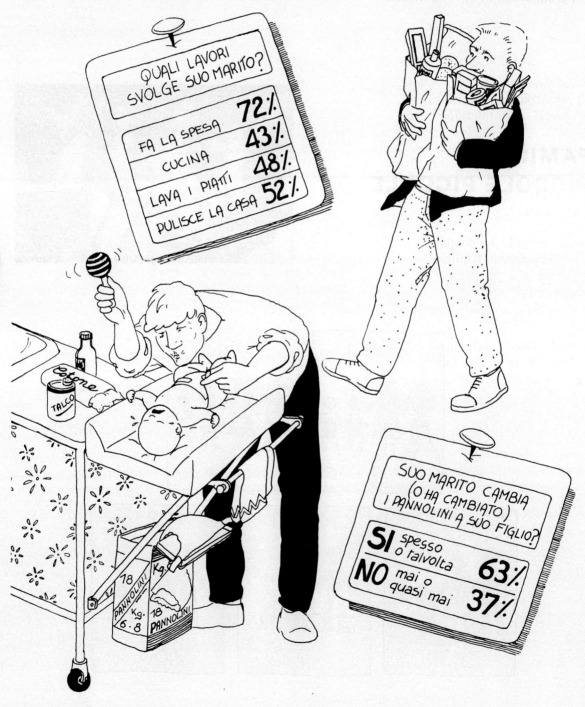

QUALI LAVORI SVOLGE SUO MARITO?

FA LA SPESA	72%
CUCINA	43%
LAVA I PIATTI	48%
PULISCE LA CASA	52%

SUO MARITO CAMBIA (O HA CAMBIATO) I PANNOLINI A SUO FIGLIO?

SI	spesso o talvolta	63%
NO	mai o quasi mai	37%

Ricongiungere la famiglia

David vuole portare in Italia sua moglie e i suoi figli.

Che cosa deve fare?

David deve:
– avere il permesso di soggiorno di durata non inferiore a un anno;
– dimostrare di avere un reddito annuo in proporzione al numero di familiari a carico;
– dimostrare di avere un alloggio adeguato.

David compila la domanda di ricongiungimento familiare e la presenta alla Questura con i documenti richiesti.

• Compila il modulo con i tuoi dati.

• Qui sotto è raffigurato un "albero di famiglia". Completa con i nomi dei tuoi familiari.

Allegato D

FAC-SIMILE DI ISTANZA DA PRESENTARE IN DOPPIA COPIA DA PARTE DEL LAVO-RATORE EXTRACOMUNITARIO CHE INTENDE RICONGIUNGERSI CON IL COMIUGE E CON I FIGLI MINORI A CARICO QUANDO GLI STESSI SI TROVANO ANCORA ALL'ESTERO.

marca da bollo L. 15.000

ALLA QUESTURA DI
– Ufficio Stranieri –

I sottoscritt _____,
nat_ a _____ ( ), il _____,
cittadin _____, residente a _____,
via _____, titolare del permesso di soggiorno
nr. _____ per motivi di lavoro _____ e del passaporto nr. _____

C H I E D E

in favore di _____ (moglie/marito),
cittadin _____, nat_ a _____ ( )
il _____, residente a _____, al seguente indirizzo: _____ IL VISTO DI IN-
GRESSO PER RICONGIUNGIMENTO FAMILIARE AI SENSI DELL'ART.4 LEGGE 943/86.

I stess_ chiede inoltre che detto visto in ingresso venga esteso·an-
che a_ mi__ figli_ minor_:
-
-
-
-
-
Si allega all'uopo la prescritta documentazione.

_____   In fede

_____

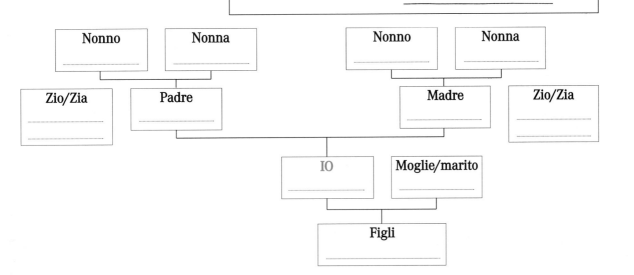

È nato Amir

Sofia racconta:
«Mio figlio si chiama Amir, che significa "principe". È nato in ospedale, in Marocco.

Appena nato mio marito ha sussurrato nell'orecchio destro di Amir la preghiera ADHAN per fare di lui un buon mussulmano.

Dopo sette giorni abbiamo fatto una grande festa con tutti i parenti e gli amici».

| Giappone | Laos | Groenlandia | Amazzonia |

| Papuasia | Somalia | Germania | Perù |

• Racconta la festa della nascita nel tuo paese.

Per leggere

La famiglia

Basta un papà e una mamma
un figlio o una figlia
per fare una famiglia.

> *Le famiglie formano un paese*
> *e qualche volta persino una città*
> *dove la gente è tanta*
> *ma ci sta tutta quanta.*

Al caldo o al gelo
nella capanna o dentro il grattacielo
nei paesi e nelle città
vive la grande umanità*.

> *Chi è giallo, chi bruno, chi nero.*
> *Ma se c'è la pace*
> *una sola famiglia*
> *è il mondo intero.*

M. Lodi

* gli uomini

1
2
3

a) Completa.

1. Chi forma una famiglia? ....

2. Tante famiglie insieme che cosa formano? ....

3. Gli uomini del mondo hanno la pelle di colori diversi, ma tutti insieme formano una grande famiglia

   quando c'è ....

Indovinello

Mio nonno ha ottant'anni
il mio babbo la metà,
mio fratello ha la metà
dell'età del mio papà.

Mio fratello quanti anni ha? ....

Filastrocca pazza

In famiglia siamo in otto
e c'è sempre un quarantotto*.
Mamma, babbo e sei fratelli
grandi, piccoli e monelli.
Tutti quanti andiamo a scuola
fuor dal letto di buon'ora.
Alle otto anche il papà in ufficio se ne va.
E la mamma... ? Finalmente in pace sta!

* confusione

I POSSESSIVI

maschile singolare		femminile singolare		maschile plurale		femminile plurale	
(io)	mio		mia		miei		mie
(tu)	tuo		tua		tuoi		tue
(lui-lei) il	suo		sua		suoi		sue
(Lei) il	Suo	la	Sua	i	Suoi	le	Sue
(noi)	nostro		nostra		nostri		nostre
(voi)	vostro		vostra		vostri		vostre
(loro)	loro		loro		loro		loro
(Loro)	Loro		Loro		Loro		Loro

POSSESSIVI
con i nomi di famiglia o di parentela

Al singolare

	mio			mia	
	tuo			tua	
	suo			sua	
	Suo	fratello		Sua	sorella
	nostro			nostra	
	vostro			vostra	
il	loro		la	loro	
il	Loro		la	Loro	

5 Prendi qualcosa al bar?

❶ Andiamo a bere qualcosa al bar? Sì, volentieri

CESARE	Oggi offro io. Che cosa prendete?
MARTA	Per me una birra, grazie.
GIANNI	Anch'io prendo una birra.
MARISA	Un caffè ristretto, grazie.
ANITA	Per me un cappuccino.
CESARE	E tu, Stefano, che cosa bevi?
STEFANO	Un tè freddo.
CESARE	Cameriere!
CAMERIERE	Che cosa ordinate?
CESARE	Allora... due birre, un caffè ristretto, un cappuccino, un tè freddo e una Coca-Cola per me.
CAMERIERE	La scontrino alla cassa, prego.

tu – voi

E tu, Gianni,	che cosa prendi?
E voi,	che cosa prendete?
E tu, Stefano,	che cosa bevi?
E voi,	che cosa bevete?

Lei – Loro

E Lei, signora,	che cosa prende?
I signori Rossi,	che cosa prendono?
E Lei, signora,	che cosa beve?
I signori Rossi,	che cosa bevono?

a) Abbina la parola all'immagine, come nell'esempio:

1. una spremuta d'arancia
2. una birra
3. un caffè
4. un cappuccino
5. un aperitivo

6. una lattina di Coca-Cola
7. un bicchiere di vino bianco
8. un bicchiere di acqua minerale
9. un tè al limone
10. un'aranciata

Attenzione! una tazzina di caffè   un bicchiere di vino.
                 una tazza   di tè   una lattina   di Coca-Cola.

b) Lavora in coppia. Chiedi a un compagno se vuole prendere qualcosa al bar. Poi scambiatevi i ruoli.

Bevi qualcosa?
Prendi un caffè?

Sì, volentieri.
Sì, grazie.
No, grazie, non ho sete.
No, preferisco di no.

Vorrei un caffè.
Mi dà uno spumantino.
Un cappuccino, per favore.

Posso avere... un'aranciata?
                una cioccolata?
                un'altra birra?
                un altro tè?

c) Continua tu, con domanda e risposta, come nell'esempio:

Preferisci il tè caldo o il tè freddo?
        Preferisco il tè caldo.

1. il tè al limone o al latte?
2. un'aranciata o una Coca-Cola?
3. un aperitivo alcolico o un [uno] analcolico?

4. il caffè con poco o tanto zucchero?
5. una spremuta d'arancia o di pompelmo?
6. un digestivo o una grappa?

❷ Alla cassa

7.800

Quant'è?
Quanto pago?
Quanto fa?
Quanto le devo
per un caffè,
due tè ...?

CASSIERA	Non ho da cambiare. Ha moneta?
CLIENTE	Penso di sì, guardo... Mi dispiace, non ho moneta.

1.100 = millecento	5.600 = cinquemilaseicento
1.500 = millecinquecento	6.700 = seimilasettecento
2.050 = duemilacinquanta	9.350 = novemilatrecentocinquanta

a) Nel 2002 entra in vigore l'EURO dal valore di 1936,27 lire.

3

Un caffè, quant'è?

1.800 lire.

Un cappuccino e una brioche, quant'è?

4.100 lire.

BAR CAFFÈ SPLENDOR

Listino prezzi

caffè espresso	L 1.800	*birra nazionale*	L 4.000
decaffeinato	L 2.000	*birra estera*	L 7.000
cappuccino	L 2.500	*spremuta*	L 5.000
cioccolata	L 3.500	*succo di frutta*	L 3.500
tè	L 3.000	*aperitivo*	L 5.000
tè freddo	L 3.500	*aperitivo della casa*	L 8.000
bicchiere minerale	L 1.000	*amaro*	L 4.500
bicchiere latte	L 2.000	*liquore nazionale*	L 4.500
bicchiere vino	L 3.000	*liquore estero*	L 6.000
bibita in lattina	L 3.800	*liquore di marca*	L 8.000

5

a) Lavora in coppia. Un compagno fa la sua ordinazione e chiede il costo. L'altro compagno fa la cassiera e risponde.
Continua l'esercizio, come negli esempi:

DOMANDA

1. Un cappuccino, quant'è?

2. Un caffè e due tè, quant'è?

3. Una birra e una spremuta, quanto pago?

4.

5.

6.

7.

8.

9.

10.

RISPOSTA

Duemilacinquecento.

Settemilaottocento.

❹ Che ne dici di uno spuntino?
Sì, volentieri

Il signor Ricci e un suo collega decidono di andare al bar a fare uno spuntino.

RICCI   Che ne dici di uno spuntino?

COLLEGA   Volentieri, è già l'una e comincio ad avere appetito.

RICCI   Ti va il bar "Lux"? Fanno degli ottimi panini.

COLLEGA   Va bene, andiamo.

AL BAR

RICCI   Cameriere, c'è un tavolino libero?

CAMERIERE   Un attimo, prego... Ecco qua. Volete mangiare qualcosa?

COLLEGA   Sì, possiamo avere la lista?

CAMERIERE   Ecco a voi.

RICCI   Mmm..., tu che cosa prendi?

COLLEGA   Un panino con mozzarella e pomodoro.

RICCI   Io, un vegetariano, con zucchini, melanzane e spinaci.

CAMERIERE   E da bere che cosa porto?

RICCI   Per me un succo di pomodoro.

COLLEGA   Per me una spremuta d'arancio.

CAMERIERE   Basta così?

RICCI   Per adesso sì, grazie.

1. toast

2. pizzetta

3. piadina al formaggio

4. panino con mozzarella e pomodoro

5. vegetariano

6. panino con prosciutto (cotto o crudo)

7. panino con cotoletta

8. tramezzino

a) Indica la risposta corretta.

1. Il signor Ricci invita al bar
☐ un amico.
☐ un collega di lavoro.
☐ un conoscente.

2. I due colleghi
☐ trovano subito posto.
☐ non trovano posto.
☐ aspettano un momento.

3. I due colleghi
☐ bevono e fanno uno spuntino.
☐ mangiano solamente.
☐ bevono e basta.

b) Completa.

Il signor Ricci invita _____ a fare uno _____

al _____ . Il collega accetta l'invito. Il signor Ricci ordina _____

e il suo collega invece _____ .

Il cameriere chiede che cosa vogliono _____ . Il signor Ricci beve _____

e il suo collega _____ . I due colleghi scelgono il bar Lux perché _____

_____ .

Le parole per ordinare

Vorrei un toast.
Mi dà un panino al prosciutto?
Posso avere un tramezzino?
Una pizzetta, per favore.
Mi porta un caffè?
Posso ordinare da bere?

Le parole per pagare

Il conto, per favore.
Pago alla cassa? Quanto pago?
Un panino e una spremuta, quant'è?
Quanto fa?

c) Lavora in coppia. Sei in un bar e ordini da bere e da mangiare al cameriere.
Inventa il dialogo con un tuo compagno, facendo a turno il cliente e il cameriere.

❺ Che cosa bevi?   Che cosa beve?

Io, una cioccolata calda.

Io bevo un latte macchiato.

Noi beviamo il tè freddo.

Noi, tre caffè ristretti.

Noi, due birre ghiacciate.

bevo	un caffè ristretto
bevi	un caffè lungo
beve	una bibita ghiacciata
beviamo	due cappuccini ben caldi
bevete	due tè freddi
bevono	due cioccolate calde

a) Completa con il verbo «bere».

1. Io _____ il caffè, e tu che cosa _____?

2. Noi _____ delle bibite fresche, e voi che cosa _____?

3. Lei, signora, che cosa _____? I suoi figli che cosa _____?

4. I signori, _____ qualcosa? Sì, _____ un aperitivo.

5. Tu e Alex, che cosa _____? Io e Karim non _____.

Singolare	**Plurale**
un caffè ristretto	due caffè ristretti
un tè caldo	tre tè caldi
una bibita fredda	due bibite fredde
una birra ghiacciata	tre birre ghiacciate

b) Continua come nell'esempio.

	Singolare		Plurale	
	m	f	m	f
	o	**a**	**i**	**e**

1. Io bevo un caffè cald**o**.   x

2. Lei beve una birra fredd _ .

3. Noi beviamo due birre fredd _ .

4. Voi prendete due toast cald _ .

5. Ti piace il tè fredd _ ?

6. Mangi le patatine fritt _ ?

7. Mi piacciono la birra e il vino fresch _ .

(a me)	**mi**	piace il caffè	(a noi)	**ci**	piacciono i dolci
(a te)	**ti**	piace il tè?	(a voi)	**vi**	piace la focaccia?
(a lui)	**gli**	piace il cappuccino	(a loro)	**gli**	piace la pizza?
(a lei)	**le**	piace la cioccolata			(piace loro la pizza?)
(a Lei)	**Le**	piace l'espresso			

a) Completa i fumetti.

b) Completa le frasi.

1. Invito Maria al bar e _____ offro una bibita.

2. Inviti Giorgio al bar e _____ offri l'aperitivo.

3. Andiamo al bar perché _____ piace bere insieme.

4. Samia e Omar, andiamo al bar! Che cosa _____ posso offrire?

5. I miei amici vanno al bar perché _____ piace incontrare la gente e chiacchierare.

6. Giacomo, andiamo al bar? Che cosa _____ posso offrire?

c) Continua, come nell'esempio.

(a te) caffè, cappuccino? (a me) caffè - Ti piace il caffè o preferisci il cappuccino? Mi piace il caffè.

1. (a lui) toast, panino? (a lui) panino
2. (a te) caffè, tè? (a me) caffè
3. (a loro) tramezzino, piadina? (a loro) tramezzino
4. (a voi) pizza e pasta? (a noi) pizza
5. (a lei) birra, aranciata? (a lei) aranciata
6. (a Lei) caffè caldo, caffè freddo? (a me) caffè caldo

d) Trasforma al plurale, come nell'esempio.

Mi piace il panino imbottito   **Ci piacciono** i panini imbottiti

1. Mi piace il panino caldo   _____

2. Ti piace la pizzetta calda?   _____

3. Gli piace l'aperitivo della casa   _____

7

Pino incontra Gigi per la strada. Lo saluta e lo invita a bere qualcosa in un bar vicino.

a) Lavora in coppia: completa il dialogo.

Saluta e chiede come va.	PINO	
	GIGI	Bene grazie. E tu come stai?
Risponde e invita Gigi al bar.	PINO	
	GIGI	Volentieri, grazie; così parliamo un po'.
Chiede che cosa vuole prendere.	PINO	
	GIGI	Un caffè, grazie.
Fa le due ordinazioni al barista.	PINO	
Chiede alla cassiera quanto deve pagare.	PINO	
	CASSIERA	

5

b) Ascolta la registrazione e poi invita al bar una persona usando il Lei «formale».

c) Raccogli in una lista quello che tu e i tuoi compagni desiderate bere in questo momento.
   Poi scrivi le ordinazioni per il barista, come nell'esempio.

al barista
per cortesia, ci porti :
2 caffè caldi
1 caffè freddo
3 tè
1 bicchiere di latte
1 Coca cola
        GRAZIE!

Suoni e scrittura

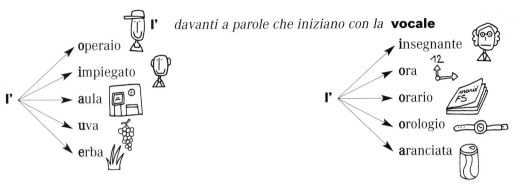

l' *davanti a parole che iniziano con la* **vocale**

l' → operaio, impiegato, aula, uva, erba

l' → insegnante, ora, orario, orologio, aranciata

a) Completa le frasi.

1. Cameriere, io bevo _____ aranciata Fanta e lui _____ aperitivo della casa.

2. _____ operaio lavora in fabbrica, _____ impiegato in ufficio.

3. _____ insegnante di Raissa è Tiziana, _____ insegnante di Boris è Pietro.

b) Ricordi gli altri articoli determinativi ? **Il, lo, la, i , gli, le**.
Completa le frasi.

1. Bevo _____ caffè, pago e ritiro _____ scontrino.

2. Vengo a scuola con Elena, _____ ragazza con _____ zainetto rosso.

3. _____ miei compagni di scuola e _____ mie compagne lavorano.

4. _____ studenti stranieri studiano _____ italiano.

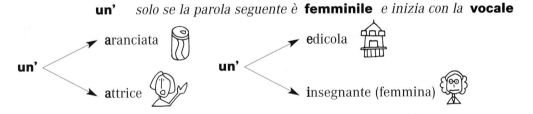

un' *solo se la parola seguente è* **femminile** *e inizia con la* **vocale**

un' → aranciata, attrice

un' → edicola, insegnante (femmina)

a) Completa.

1. Maria è _____ amica italiana, Sophia Loren è _____ attrice famosa.

2. Vuoi _____ aranciata? No, grazie. Sarà per _____ altra volta!

3. Sato è _____ impiegata giapponese che lavora in _____ azienda.

b) Ricordi gli altri articoli indeterminativi? **Un, uno, una**.
Completa le frasi.

1. Sono amico di _____ studente italiano.

2. Oggi ho _____ impegno e non posso venire. Anche lui ha _____ appuntamento.

3. Dolores ha _____ invito a cena in _____ trattoria toscana.

Gli Italiani e il bar

Di solito nei bar italiani si sta in piedi. I clienti prendono un caffè o un cappuccino, bevono in fretta una bibita o mangiano qualcosa, e poi... subito via!

Alcuni bar sono però un ritrovo per i giovani che si incontrano e per gli uomini che giocano a carte o al biliardo.

Ci sono degli antichi caffè italiani noti in tutto il mondo. Qui si danno spesso appuntamento turisti di tutte le nazionalità.

Sono, ad esempio, il Caffè Florian e l'Harry's Bar a Venezia, il Giubbe Rosse a Firenze, il Caffè Greco a Roma, il Caffè Pedrocchi a Padova, il Biffi in Galleria a Milano.

5

Come... dove... usare i servizi

In banca

Mary vuole aprire un conto nella banca vicino a casa.

Che cosa deve fare?

Di solito le banche chiedono: un lavoro regolare, il permesso di soggiorno, il codice fiscale e la residenza.

Che cosa si può fare in banca:
- cambiare i soldi esteri
- prelevare denaro
- versare soldi
- fare un mutuo per comprare la casa
- pagare le bollette della luce, del telefono...
- richiedere la tessera Bancomat o la Carta di Credito...

• Compila l'assegno, come nell'esempio, per pagare l'affitto mensile al padrone di casa, signor Mario Bianchi.

Firenze 9/5/ 1999   Lit. **500.000**

BANCA TOSCANA
Società per Azioni
Filiale di Firenze

A vista pagate per questo Assegno Bancario

Lire *Cinquecentomila* ————

all'ordine *Carlo Bruni* ————

Assegno n. 0.000.000.000-00   *Wong Ming*

00000.00
c/c N.

---

19   Lit

BANCA TOSCANA
Società per Azioni
Filiale di Firenze

A vista pagate per questo Assegno Bancario

Lire _____

all'ordine _____

Assegno n. 0.000.000.000-00

00000.00
c/c N.

Cacao, tè, caffè

Ci sono dei prodotti che vengono coltivati nei paesi del Sud del mondo e che vengono consumati soprattutto nei paesi del Nord.

Questi prodotti sono, ad esempio: il cacao, il tè, il caffè ...

Gli italiani consumano in media 4,9 Kg di caffè a testa ogni anno. Sono all'undicesimo posto nella classifica dei consumatori di questa bevanda.

• Qual è la bevanda più diffusa nel tuo paese? Come si prepara? Quando si beve?

Per leggere

Filastrocca pazza

—*Vieni al bar? Che posso offrire?*
un caffè, un cappuccino,
un bicchiere di buon vino?
Preferisci un'aranciata
o un'altra bibita ghiacciata?
Forse vuoi un aperitivo
o ti bevi un digestivo?
Complimenti non li fare!
—*A me basta un bicchier di minerale...*
—*Il conto, per favore! Quant'è?*
Lascia stare, ti prego, oggi tocca a me.

Andiamo al pub

Gli italiani di ogni età vanno spesso al bar, per bere un caffè o un cappuccino, bibite varie e incontrare amici e colleghi. I giovani escono spesso anche la sera. Vanno al cinema, in pizzeria, in discoteca, ma soprattutto nei bar frequentati da altri giovani.

In questi ultimi anni nelle città italiane, grandi e piccole, sono stati aperti molti pub.

Nel pub ci vanno soprattutto i giovani, si incontrano, comunicano, fanno amicizia e... trovano anche la ragazza o il ragazzo del cuore.

Alcuni giovani lavorano nel pub: spillano birra, preparano e servono panini, parlano con i clienti e gli amici. Nel pub si incontrano così giovani lavoratori e giovani studenti, il mondo del lavoro e quello della scuola.

Ragazzi al pub di Lucca.
Sotto, Alessandra barista e non solo: vent'anni e tre lavori nella stessa giornata.

a) Indica la risposta corretta.

1. Chi frequenta i pub?   ☐ I giovani   ☐ Tutti, giovani e anziani.

2. Perché ai giovani piace il pub?
   ☐ Perché si beve birra   ☐ Perché si sta insieme

3. Dove si trovano i pub?
   ☐ Solo all'estero   ☐ Anche in Italia, nelle piccole e grandi città

Presente indicativo del verbo irregolare BERE

bevo
bevi
beve
beviamo
bevete
bevono

Pronomi personali INDIRETTI

(a me)	mi	(a noi)	ci
(a te)	ti	(a voi)	vi
(a lui)	gli	(a loro)	gli
(a lei)	le		(loro)
(a Lei)	Le		

Pronomi personali INDIRETTI + piace, piacciono

mi		ci		
ti	piace	vi	piace	
gli	piacciono	gli	piacciono	(loro)
le				
Le				

Il condizionale di cortesia: vorrei...

Concordanze:	dei	**nomi**	con gli	**aggettivi**
Singolare		Un cappuccino		caldo
		Una birra		fredda
Plurale		Due cappuccini		caldi
		Due birre		fredde

6 Si va a cena fuori?

❶ Stasera si va a cena fuori?
Sì, in trattoria

Tovaglie a scacchi, vino nella brocca e cucina casalinga

Agli italiani piace andare in trattoria

I piatti sono semplici e gustosi, il vino è genuino. Il servizio è alla buona: sui tavoli tovaglie a quadri e brocche per il vino sfuso, il menù raccontato a voce, la gestione familiare. D'estate si può mangiare all'aperto, sotto l'ombra di un pergolato.

Se non si vuole spendere molto e si vuole mangiare sano e genuino si va in trattoria, dove i prezzi non sono alti. Non si devono però chiedere cibi strani e raffinati, ma preferire la cucina casalinga, i piatti fatti in casa, le specialità regionali. Il cuoco usa le verdure fresche dell'orto, i polli della cascina vicina, i salumi e i formaggi nostrani. E... tra una portata e l'altra, tante chiacchiere con gli amici e molta allegria!

a) Indica la risposta corretta.

1. La trattoria è:

☐ un locale dove si fa una cucina casalinga.
☐ un locale con tanti piatti raffinati.
☐ un locale dove si spende molto per mangiare.

2. In trattoria i cibi sono:

☐ molto vari ed elaborati.
☐ semplici e genuini.
☐ strani e costosi.

4. Gli italiani mangiano:

☐ spesso al ristorante.
☐ sempre in casa.
☐ volentieri in trattoria.

3. D'estate si può mangiare:

☐ dentro il locale.
☐ all'aperto.
☐ in piedi.

5. Gli italiani preferiscono la trattoria, perché:

☐ il cibo è buono e non si spende molto.
☐ c'è molta scelta di piatti.
☐ il locale è molto elegante.

b) Rispondi a ogni domanda con una frase.

1. Quali sono i cibi genuini che si possono mangiare in trattoria?

....

2. Com'è il vino?

....

3. Com'è la cucina in trattoria?

....

4. Com'è il servizio?

....

5. Si spende molto?

....

6

cipolline tagliatelle carota pollo arrosto insalata tovaglia
piatto bicchiere tovagliolo
coniglio
gnocchi di patate
forchetta coltello
cucchiaio
sedano aglio rapanelli

❷ C'è una trattoria dove si mangia bene e non si spende molto?

Anna e Mario cercano una trattoria; Mario chiede informazioni a un passante.

MARIO	Scusi, ci può indicare una buona trattoria?
PASSANTE	Qui vicino c'è «La Torre»: cucina casalinga, prezzi bassi.
MARIO	Che strada devo fare?
PASSANTE	Allora... deve andare diritto, poi nella prima via a sinistra.
MARIO	Grazie tante!
PASSANTE	Buon appetito!

❸ Che cosa c'è di buono oggi?

CAMERIERE	Che cosa volete mangiare?
MARIO	Che cosa c'è di buono oggi?
CAMERIERE	Come antipasto: salumi nostrani. Come primo: tagliatelle al ragù fatte in casa, gnocchi di patate e spaghetti al pomodoro e basilico.
ANNA	Per me niente antipasto, tagliatelle al ragù.
MARIO	Per me, gnocchi di patate al pomodoro.
CAMERIERE	Come secondo abbiamo: pollo arrosto, coniglio in umido e stracotto.
ANNA	Per me, pollo arrosto.
MARIO	Per me, coniglio in umido.
CAMERIERE	Come contorno volete dell'insalatina dell'orto?
MARIO, ANNA	Sì, grazie.
CAMERIERE	Per finire vi consiglio una torta di mele appena fatta.
MARIO, ANNA	Va bene.
CAMERIERE	E da bere, cosa prendete?
MARIO	Ci porti mezzo litro di vino rosso e una bottiglia di acqua minerale gassata.

a) Indica la risposta corretta.

	Vero	Falso
1. A «La Torre» si mangia bene e si spende poco.	☐	☐
2. I due clienti mangiano l'antipasto.	☐	☐
3. Mangiano il primo e il secondo.	☐	☐
4. Non prendono il contorno.	☐	☐
5. Ordinano anche la torta di mele.	☐	☐

Che cosa vuol mangiare?
Il signore che cosa ordina?

Che cosa volete mangiare?
I signori che cosa ordinano?

Per me...
Mi porti...
Vorrei...
Come primo...
Come secondo...
Per noi...
Ci porti...

Menù del giorno

ANTIPASTI
affettati misti

PRIMI
tagliatelle al ragù
gnocchi di patate
spaghetti al pomodoro
e basilico

SECONDI
Pollo arrosto
coniglio in umido
stracotto

DA FARSI
bistecca ai ferri
cotoletta alla milanese

CONTORNI
Insalata verde
patatine fritte

FORMAGGI
mozzarella
fontina
gorgonzola

FRUTTA
di stagione
macedonia

DOLCE
torta di mele
tiramisù

BEVANDE
vino sfuso bianco e
rosso
acqua minerale
naturale e gassata
birra
bibite varie.

a) Lavora in coppia. Con un compagno inventa un dialogo che abbia come protagonisti due passanti; uno è in cerca di una trattoria dove mangiare.

b) Lavora in coppia. Leggi il menù e immagina di essere in trattoria. Fai a turno il ruolo del cliente e quello del cameriere.

❹ Si può avere il conto?

— Volete altro? Basta così?
• Basta così, grazie. Si può avere il conto?
— Ecco a Lei.

> Posso avere il conto?
> Il conto, per favore.
> Quanto Le devo?

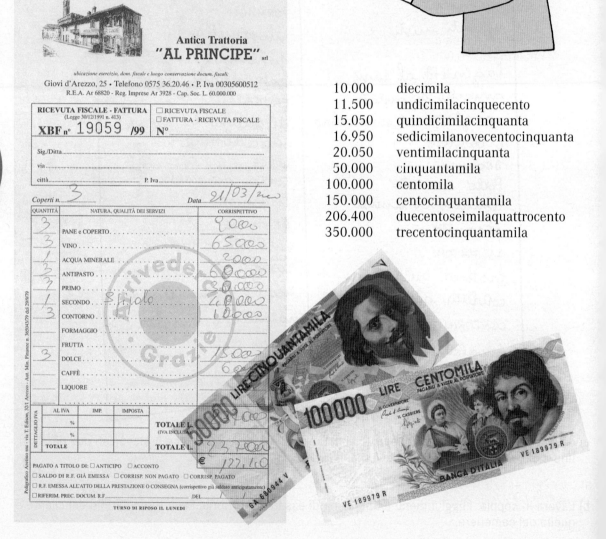

10.000	diecimila
11.500	undicimilacinquecento
15.050	quindicimilacinquanta
16.950	sedicimilanovecentocinquanta
20.050	ventimilacinquanta
50.000	cinquantamila
100.000	centomila
150.000	centocinquantamila
206.400	duecentoseimilaquattrocento
350.000	trecentocinquantamila

a) Leggi ad alta voce tutte le cifre.

⑤ Che ne dici/dite di andare a mangiare la pizza?

— Che ne dite di andare "da Gennaro" a mangiare una pizza?
* Bella idea, ci sto!
* Volentieri, perché no?
— Poi quattro salti in discoteca!
* Allora, andiamo.

IN PIZZERIA

— Per me, una napoletana e una birra media.
* Per me, una margherita e una birra piccola.
* Per me, una quattro stagioni e una coca-cola.

I giovani vanno alla cassa; si paga "alla romana": ognuno per sé.

— Allora: una napoletana e una birra media,
  più il coperto fa... 20.000 lire.

BEVANDE
Listino prezzi

Birra piccola	L	4.000
Birra media	L	6.000
Birra grande	L	8.000
Bibite in lattina	L	6.000
Coperto e servizio	L	4.000

PIZZE
Listino prezzi

Margherita	L 10.000
Napoletana	L 10.000
4 stagioni	L 13.000
Al prosciutto cotto	L 11.000
Alle olive	L 11.000
Ai funghi	L 11.000
Ai carciofi	L 11.000
Prosciutto cotto e funghi	L 13.000
Prosciutto cotto e olive	L 13.000
Prosciutto cotto e wurstel	L 13.000
Focaccia	L 7.000
Marinara	L 13.000

6

a) Lavora in coppia. Invita un compagno a mangiare la pizza in una pizzeria che conosci. Lui accetta. Leggi la lista della pizzeria e ordina la pizza che ti piace. Poi scambiate i ruoli.

b) Lavora in coppia. Immagina di dover pagare il conto. Fai a turno, con il compagno, il cliente e il cameriere. Al cameriere chiedi anche: quant'è? Il "cameriere" fa il conto e risponde dicendo la cifra. Poi scambiate i ruoli.

❻ Vuoi venire a cena fuori? Mi dispiace, ma non posso. Devo...

IDA	Ciao Camilla, vuoi venire a cena fuori con noi stasera?
CAMILLA	Mi dispiace, ma non posso.
IDA	Peccato! Siamo una bella compagnia e «Allo scoglio» ci sono tante specialità... Sarà per un'altra volta!
CAMILLA	Grazie per l'invito. Scappo, devo andare a far la spesa.
IDA	Ciao, a presto.

❼ Fare la spesa

SIGNORA	Mi dà un etto di prosciutto crudo e mezzo etto di cotto.
NEGOZIANTE	Poi?
SIGNORA	Due o tre etti di caciotta toscana.
NEGOZIANTE	E poi che cosa le do?
SIGNORA	Vorrei anche una bella fetta di gorgonzola, due etti circa.
NEGOZIANTE	Desidera altro? Vuole delle mozzarelle fresche?
SIGNORA	Sì, una.
NEGOZIANTE	Basta così?
SIGNORA	Ah,... mi dia anche un etto di burro e un litro di latte.
NEGOZIANTE	È tutto?
SIGNORA	Per oggi sì, grazie. Quant'è?
NEGOZIANTE	28.600 lire.
SIGNORA	Ecco a lei.

Mi dà... un etto di salame.
Mi dia... un chilo di carne.
Vorrei... un litro di latte.
Posso avere...?

Desidera?
Poi che cosa le do?
Desidera altro?
Basta così? È tutto?

a) Lavora in coppia. Immagina di andare a fare la spesa: fai le ordinazioni a un tuo compagno che finge di essere il negoziante; poi scambiatevi i ruoli.

❽ Al supermercato

Marito e moglie sono al supermercato.

MARITO   Ecco qua la lista. Allora... per la colazione un barattolo di miele e due vasetti di marmellata.

MOGLIE   Non dobbiamo dimenticare i biscotti. Prendine tre pacchetti e anche un pacco di fette biscottate confezione famiglia.

MARITO   Poi ci servono quattro scatole di pomodori pelati.

MOGLIE   E una bottiglia di olio extravergine.

MARITO   C'è una confezione da tre molto conveniente.

MOGLIE   Mancano i surgelati. Prendiamo una busta di piselli e una busta di verdure già pronte per il minestrone.

MARITO   Compriamo anche frutta e verdura?

MOGLIE   No, preferisco andare domani al mercato. La merce è fresca e i prezzi sono convenienti.

a) Che cosa hanno comprato al supermercato i coniugi Rinaldi? Completa la tabella seguente, come nell'esempio.

CONTENITORI			PRODOTTO
ci serve	*un barattolo*		*miele*
ci servono	*due vasetti*	di	

b) Devi fare la spesa. Fai una lista di cose che ti servono usando il nome dei contenitori e cambiando il prodotto, come nell'esempio.

(Mi serve)   un pacco di zucchero
(Mi servono)   due pacchi di caffè

⑨ Dove volete mangiare?

> Dove **volete** mangiare?

> E tu cara, dove **vuoi** mangiare?

> In un bel ristorante. Anche la nonna **vuole** venire.

> Io **voglio** andare in trattoria.

> Noi **vogliamo** andare in pizzeria.

> Io al Burghy. Anche Lea e Matteo **vogliono** venire con me.

a) Completa.

Il papà _____ andare a cena fuori. La zia _____ mangiare in trattoria. Due figli
_____ andare in pizzeria, mentre il figlio minore e i suoi amici _____ mangiare al Burghy.
La mamma e la nonna _____ andare al ristorante.

b) Completa e poi rispondi alle domande.

Tu - Voi	Lei - Loro
E tu dove _____ mangiare?	E Lei che cosa _____ mangiare?
E voi dove _____ mangiare?	E Loro che cosa _____ mangiare?

> Vuoi venire con noi in pizzeria?

> Non **posso**, **devo** studiare.

> Signor Tosi, vuole venire con noi al ristorante?

> Non **posso**, **devo** lavorare.

Io non	**posso,**	**devo** partire.
Tu non	**puoi,**	**devi** uscire.
Lui non	**può,**	**deve** lavorare.

Noi non	**possiamo,**	**dobbiamo** studiare.
Voi non	**potete,**	**dovete** partire.
Loro non	**possono,**	**devono** andare via.

c) Continua come nell'esempio.

(Io, lavorare) – Io non posso, devo lavorare.

1. Tu, studiare.
2. Loro, partire.
3. Lui, andare a casa.
4. Lei, andare a fare la spesa.
5. Noi, andare a scuola.
6. Voi, preparare la cena.

d) Rivolgi ai tuoi compagni la domanda: Vuoi venire a cena fuori?
Ogni compagno inizierà la risposta con: Non posso, devo...

Si va a mangiare fuori?
Si va al ristorante?
Si va in trattoria o in pizzeria?

Si spende poco?
Si mangia bene?
Si beve del buon vino?
Si può avere il conto?

a) Completa come nell'esempio.

In Italia ____*si va*____ spesso a mangiar fuori.

Di solito _____ un semplice pasto in trattoria o in pizzeria.

D'estate _____ mangiare all'aperto, se c'è un pergolato.

In trattoria e in pizzeria _____ in compagnia.

Durante il pasto _____ vino sfuso o in bottiglia e _____ del più e del meno.

Alla fine del pasto _____ pagare il conto e _____ dare la mancia al cameriere.

si sta
si parla
si può
si beve
si usa
si fa
si deve
si va

Si può (è permesso)		Non si può (è vietato)	
FUMARE		FUMARE	
ATTRAVERSARE		FOTOGRAFARE	
ENTRARE	AVANTI	CALPESTARE L'ERBA	
BERE		ENTRARE CON IL CANE	
INTRODURRE VETRO		PESCARE	

⓾ Come si cucina... ?   Come si cucinano... ?

Ecco una semplice ricetta italiana

Spaghetti al pomodoro e basilico

Ingredienti per il sugo:
(5 persone)

— mezza cipolla o più (a piacere)

— mezzo chilo circa di passata di pomodoro

— sale e olio

— mezzo chilo di spaghetti

— una manciata di sale grosso

Esecuzione

1. Tagliare la cipolla a pezzettini.

2. Soffriggere nell'olio fino a quando la cipolla comincia a indorarsi.

3. Buttare la passata di pomodoro, salare e far cuocere per almeno 20 minuti.

4. Far cuocere gli spaghetti in abbondante acqua salata e scolarli al dente.

5. Condirli con il sugo, il basilico e il formaggio grattugiato.

---

a) Scrivi tu una semplice ricetta di un piatto del tuo paese, o di un piatto italiano che conosci.

Ingredienti	Esecuzione
	1.

⑪ Tutti i gusti sono gusti!

+ Mi piace...   – Non mi piace...
+ Mi piacciono...   – Non mi piacciono...

	MANGIARE	BERE
	Cibi	*Bevande*
+ *mi piace*	il pollo	....
– *non mi piace*	il maiale	....

a) Scrivi nella tabella i nomi dei cibi e delle bevande che ti piacciono e quelli che non ti piacciono e poi esprimi i tuoi gusti, come nell'esempio.

Mi piace il pollo, non mi piace il maiale.

b) Esprimi le tue preferenze.

Esempio: Mi piacciono gli spaghetti, ma preferisco le tagliatelle.

c) Lavora in coppia. Chiedi al tuo compagno: che cosa ti piace?
che cosa non ti piace?

Poi scambiatevi i ruoli.

Suoni e scrittura

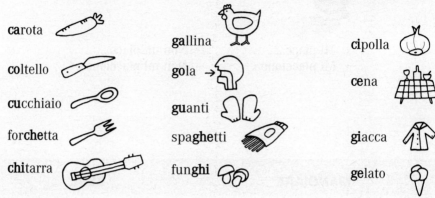

carota

coltello

cucchiaio

forchetta

chitarra

gallina

gola →

guanti

spaghetti

funghi

cipolla

cena

giacca

gelato

città: **Ge**nova,
persone: **Gi**ovanni, **Gi**useppe, **Gi**ancarlo...

a) Scopri le parole nascoste, come nell'esempio.

→ formaggio

zucchine

carciofo

pesche

yogurt

Z	C	A	R	C	I	O	F	O	X
I	O	S	P	Q	R	C	V	A	B
O	Z	U	C	C	H	I	N	E	Z
Y	Z	G	E	N	O	E	O	I	F
S	E	O	N	P	I	L	G	U	A
C	E	S	A	Q	B	O	C	A	G
P	E	P	E	S	C	H	E	M	I
I	F	O	R	M	A	G	G	I	O
S	O	B	I	R	A	T	Z	C	L
Y	S	Y	O	G	U	R	T	X	I

↓ fagioli

cozze

cena

sugo

cielo

b) Scrivi i nomi accanto alle illustrazioni, come nell'esempio.
(ciambella, maschera, parcheggio, occhio, ciglia, cioccolato, panchina, cerchio, parrucchiere, occhiali, spiaggia, dischi)

occhiali _____

_____

_____

_____

_____

_____

_____

_____

_____

c) Completa le frasi usando le parole adatte.

1. Agli italiani piacciono gli _____ con il _____ al pomodoro.
2. Metto la _____ in _____ perché non trovo posto.
3. Faccio il _____ con aglio, _____ e _____.
4. Accanto al piatto ci sono: la forchetta, il _____ e il _____.
5. Vado a Genova con _____ e _____.

Conoscere l'Italia

Gli italiani a tavola

SPECIALITÀ REGIONALI:
la pasta regina della tavola

agnolotti

in Piemonte

trofie al pesto

in Liguria

tagliatelle alla bolognese

in Emilia - Romagna

bucatini alla romana

nel Lazio

maccheroni alla napoletana

in Campania

orecchiette

in Puglia

I PASTI:
colazione, pranzo, cena

Al mattino si fa colazione con caffè, latte, tè e biscotti. Chi va al bar prende un cappuccino con una brioche. A pranzo si mangia: pasta, carne o pesce, un contorno di verdura, frutta o dolce. Chi lavora e non può tornare a casa, fa uno spuntino al bar. Di solito la cena è un pasto leggero, con minestra, formaggio e salumi. I bambini fanno anche la merenda con un dolcetto, un frutto o uno yogurt.

colazione

pranzo

cena

Gli italiani a tavola

GLI ITALIANI E I NUOVI GUSTI

Molti italiani amano la cucina tradizionale, come la pizza e i piatti della cucina regionale, ma in questi ultimi anni frequentano anche i ristoranti stranieri, dove possono gustare sapori nuovi e piatti esotici. Nelle grandi città, ma ora anche in provincia, ci sono ristoranti dove si mangiano specialità cinesi o giapponesi, piatti arabi, indiani, africani, o spiedini brasiliani. Ai ragazzi invece piacciono i fast-food, dove si beve Coca-Cola e si mangia all'americana: hamburger e patatine.

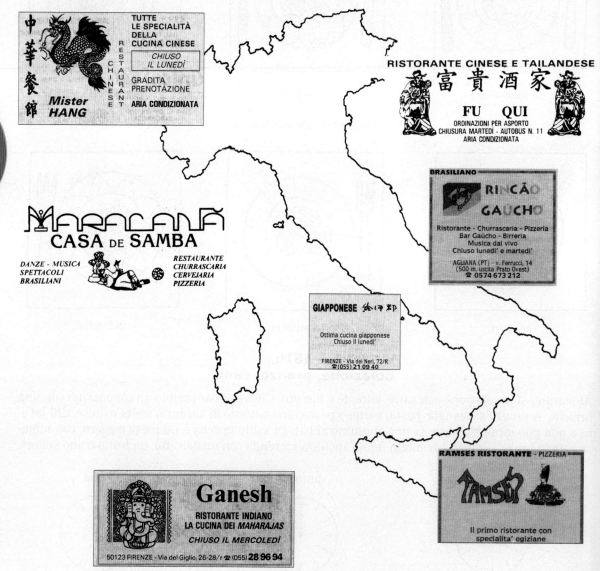

Come... dove... usare i servizi

Fare la spesa

Per spendere meno Lili e Wang fanno la spesa settimanale:
- nei supermercati
- al mercato settimanale all'aperto
- al mercato comunale
- nei "discount", dove i prezzi sono molto convenienti

Spesso ci sono anche: sconti, offerte speciali, "paghi 2 e prendi 3"...

• Prova a cucinare. Abbina questi ingredienti al piatto.

uovo	*burro*	*zucchero*	*limone*
cetrioli	*sale*	*carne*	*ananas*
latte	*aceto*	*pomodori*	*banane*
pere	*carote*	*lievito*	*olio*
cipolla	*prezzemolo*	*mele*	*insalata*
farina			

TORTA DI MELE	SUGO DI CARNE	INSALATA MISTA	MACEDONIA DI FRUTTA

Divieti alimentari

Hassan racconta:

«Nel mio paese, l'Egitto, ci sono delle regole alimentari legate alla religione islamica. Non si mangiano il maiale, gli animali non consacrati prima della morte (la selvaggina, ad esempio).

Si mangia la carne "halal", cioè macellata secondo il rito mussulmano.

Noi non mangiamo neppure le carne di cavallo e di asino, anche se non è proibita dalla religione. Invece con la carne di cammello si fanno delle polpette squisite».

- Segui delle regole alimentari legate alla religione, o alle tue abitudini?
  Racconta.

Per leggere

La pizza

La pizza è un piatto molto amato dagli italiani, oggi diffuso in tutto il mondo.
In Italia le pizze consumate ogni giorno sono circa sette milioni e le pizzerie sparse in paesi e città italiane sono trentacinquemila.
I maggiori consumatori di pizza sono i giovani tra i quindici e i trent'anni.
I giovani e i giovanissimi vanno in pizzeria anche per incontrarsi e passare la serata in compagnia.
Spesso si va in pizzeria con gli amici dopo il cinema: si mangia un piatto saporito, si sta insieme, e si spende poco.
La pizza più richiesta è la "margherita" dal nome della regina Margherita di Savoia, alla quale era stata dedicata a Napoli nel 1889.
Gli ingredienti classici della pizza sono: mozzarella e pomodoro, olio d'oliva e una buona pasta. La pizza buona è cotta nel forno a legna ed è preparata da un bravo pizzaiolo che sa fare bene la pasta e cuocerla al punto giusto.
Oggi la pizza è sempre più varia: oltre alla napoletana, alle quattro stagioni, alla capricciosa, c'è la pizza vegetariana con le verdure e ci sono altri tipi di pizze sempre più strane. I giapponesi preparano la pizza con il sashimi, il tipico pesce crudo.

a) Rispondi.

1. Perché la pizza piace tanto?
2. Chi sono i maggiori consumatori di pizza?
3. Quali tipi di pizza conosci? Quale pizza preferisci?
4. Al tuo paese si mangia la pizza?

Filastrocca pazza
Si va insieme in trattoria
alla buona in pizzeria.
Ma se i soldi sono tanti
ci son buoni ristoranti.

Per favore, a noi il menù!
E per voi pasta al ragù,
pollo arrosto e patatine...
e per me tagliatelline...

Mozzarella e gorgonzola
tanti dolci per la gola,
vino sfuso bianco e rosso
e mangiare a più non posso.

La pizza? Facciamola strana

Tutti i numeri della pizza			
7.000.000	Le pizze consumate ogni giorno	215.423	Tonnellate di pizza consumate in un anno
35.000	Le pizzerie aperte		
15/30	L'età dei consumatori		
538	Le calorie di una pizza margherita		

5,1% surgelate
94,9% preparate in pizzeria

Presente indicativo del verbi
DOVERE, POTERE, VOLERE

DOVERE	POTERE	VOLERE
devo	posso	voglio
devi	puoi	vuoi
deve	può	vuole
dobbiamo	possiamo	vogliamo
dovete	potete	volete
devono	possono	vogliono

Presente indicativo dei verbi irregolari DARE e DIRE

DARE	DIRE
do	dico
dai	dici
dà	dice
diamo	diciamo
date	dite
danno	dicono

"SI" impersonale

si	va	si	mangia
si	sta	si	beve
si	parla	si	gusta
si	vuole	si	spende
si	può	si	si paga
si	deve	si	ordina (da mangiare, da bere ...)

Che bel vestito! Posso provarlo?

① Saldi di fine stagione

Una signora entra in un negozio di abbigliamento.

COMMESSA	Buon giorno signora, desidera?
SIGNORA	Posso vedere quella giacca bianca esposta in vetrina?
COMMESSA	Che taglia ha?
SIGNORA	La 44.
COMMESSA	Adesso guardo... Signora, è fortunata: è proprio la sua taglia.
SIGNORA	Vediamo... Di che stoffa è?
COMMESSA	Di lino: pratico ed elegante.
SIGNORA	Mi piace molto. Posso provarla?
COMMESSA	Certamente, si accomodi in camerino.

(Dopo la prova)

SIGNORA	Questa giacca mi va benissimo e questo modello mi sta bene.
COMMESSA	Veramente, le va a pennello.
SIGNORA	Quanto costa?
COMMESSA	Con lo sconto del 50%, paga solo 190.000 lire. Un vero affare!
SIGNORA	Va bene, la compero. Posso pagare con un assegno?
COMMESSA	Senz'altro. Alla cassa prego.

a) Rispondi alle domande.

1. Che cosa compra la signora?
2. Che taglia ha?
3. Di che colore e di quale stoffa è la giacca?
4. Perché la signora è contenta dell'acquisto?
5. Quanto spende?
6. Paga in contanti?

a) Abbina il nome degli indumenti e degli accessori alle immagini, come negli esempi.

1. giacca
2. camicia
3. cravatta
4. camicetta
5. gonna

6. vestito (abito)
7. pantaloni
8. maglione
9. giubbotto
10. maglietta

11. impermeabile
12. ombrello
13. cappotto
14. cappello
15. calzini

16. pigiama
17. cintura
18. scarpe
19. zainetto
20. stivali

b) Continua l'esercizio con gli altri oggetti rappresentati, come negli esempi.

Questo maglione mi piace!   **Questi** pantaloni mi piacciono!

questo	giubotto		questi	maglioni	
	abito	mi piace!		stivali	mi piacciono!
questa	camicia		queste	scarpe	

c) Entri in un negozio e vuoi vedere indumenti e accessori esposti in vetrina. Come li chiedi?

Esempio: Posso vedere **quel** giubbotto in vetrina?

quel	(il)	vestito		quei	(i)	pantaloni
quello	(lo)	zainetto		quegli	(gli)	stivali
quell'	(l')	impermeabile				abiti
quella	(la)	gonna		quelle	(le)	camicie

❺ Di che colore? Di quale stoffa?

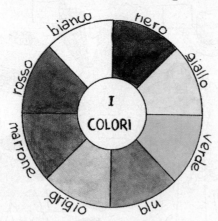

Come?

di cotone

di lino

di seta

di velluto

di lana

il maglione	rosso	i maglioni	rossi
la gonna	rossa	le gonne	rosse
il cappotto	marrone	i cappotti	marroni
la maglietta	verde	le magliette	verdi

a righe · a quadretti · scozzese · fantasia · tinta unita

Attenzione!

| Il vestito | bianco | i vestiti | bianchi | i pantaloni, il vestito | |
| la giacca | bianca | le giacche | bianche | la gonna, le scarpe | blu |

Di quale taglia? (tabella generale per gli indumenti degli adulti, uomini e donne)

Uomo	44	46	48	50	52	54	56	
Donna	40	42	44	46	48	50	52	54
	piccola		media		grande		molto grande	

a) Lavora in coppia. Sei in un negozio di abbigliamento. Il tuo compagno fa il commesso. Chiedi l'indumento che vuoi comprare, precisando la stoffa, il colore e la taglia, come negli esempi. Poi scambiate i ruoli.

COMMESSO Desidera?
CLIENTE Vorrei un paio di pantaloni di velluto, color marrone, taglia 48
e una camicia bianca, di cotone, taglia media.

Che **bel** maglione!
Che **bei** pantaloni!
Che **bello** zainetto!

Che **bell'**abito!

Che **bella** gonna!
Che **belle** camicie!
Che **begli** stivali!

b) Vuoi provare degli indumenti che ti piacciono. Come li chiedi?
Continua come negli esempi.

  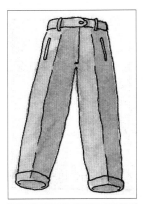 

Che bel vestito!
Posso provar**lo**?

Che bella gonna!
Posso provar**la**?

Che bei pantaloni!
Posso provar**li**?

Che belle camicie!
Posso provar**le**?

④ Vorrei un paio di scarpe.

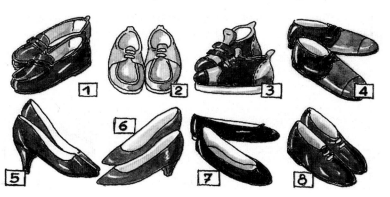

1. mocassini
2. scarpe con le stringhe
3. scarpe da ginnastica
4. scarpe eleganti
5. scarpe da donna con tacco alto
6. scarpe da donna con tacco basso
7. "ballerine"
8. scarpe da donna piatte e con le stringhe

Un signore entra in un negozio di scarpe.

SIGNORE	Vorrei un paio di scarpe.
COMMESSA	Ha visto qualcosa in vetrina?
SIGNORE	Sì, quei mocassini di pelle marrone.
COMMESSA	Che numero porta?
SIGNORE	Il 42.

(*La commessa va a prendere le scarpe*)

SIGNORE	Mi vanno proprio bene. Quanto costano?
COMMESSA	150.000 lire.
SIGNORE	Mmm ... Sono care! Niente sconto?
COMMESSA	Mi spiace, i prezzi sono fissi...
SIGNORE	Va bene, le prendo lo stesso.

Numeri di scarpe per
gli adulti:

dal 35 al 45

a) Lavora in coppia. Anche tu vai a comperare un paio di scarpe. Il compagno fa il commesso. Chiedi
le scarpe raffigurate, precisando il tipo, il colore, il numero. Poi scambiate i ruoli.

➎ Classico – elegante o sportivo – casual?

Carlo Macchi – cappotto di lana blu, completo grigio scuro, camicia bianca, cravatta di seta, mocassini neri.

Giulio Rubini – giubbotto di jeans, maglietta colorata, jeans, scarpe da ginnastica.

Irene Pavesi – tailleur gessato, camicetta di seta bianca, scarpe nere con tacco alto.

a) Osserva le persone rappresentate e descrivi il loro abbigliamento.

1. Carlo Macchi veste in modo elegante. Indossa un _____

_____ , un completo _____ e una _____

_____ . Porta una _____ di seta. Calza dei _____ neri.

2. Giulio Rubini veste in modo sportivo. Indossa _____

_____

3. Irene Pavesi _____

_____

b) A te come piace vestirti? Quale abbigliamento preferisci? Prova a rispondere.

Mi piace vestirmi in modo _____

Di solito indosso _____

Mi piacciono le scarpe _____

c) Lavora in coppia. Chiedi al tuo compagno quale abbigliamento preferisce.

d) Come sei vestito oggi? Descrivi il tuo abbigliamento.

❻ Come sono vestiti?

Tommaso   Marta   Silvia   Iacopo   Simone   Nadia   Stefano

a) Ascolta la registrazione e indica il nome dei due giovani di cui viene descritto l'abbigliamento.

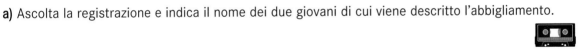

_____   _____

b) Osserva l'illustrazione e descrivi l'abbigliamento degli altri giovani.

_____

_____

_____

_____

_____

_____

c) Descrivete a turno l'abbigliamento di uno studente della classe; i compagni devono indovinare chi è.

❼ Questo o quello?

a) Completa.

Guarda in vetrina _____*quel*_____ maglione. Ti piace? No, preferisco _____ felpa colorata e _____ pantaloni di velluto. A me invece piacciono _____ camicie sportive. Belli anche _____ stivali nell'angolo! Entro a comprarli!

Signorina, _____ pantaloni mi vanno benissimo! Li compro!

Signorina _____ maglione mi piace. Posso provarlo?

Ti piace _____ vestito? Sì, ma preferisco _____ abito che c'è in vetrina.

Ma tu dove hai preso _____ bella giacca e _____ scarpe nuove?

In _____ boutique nuova in fondo a via del Corso e le scarpe in _____ magazzino all'ingrosso che c'è in piazza Diaz.

b) Trasforma al plurale.

	questo vestito bianco.	_____
	questa camicia bianca.	_____
Mi piace	quel maglione verde.	**Mi piacciono** _____
	quella gonna blu.	_____

c) Completa come nell'esempio.

	_____*il*_____ vestito?	Sì, _____*lo*_____ compero.
	_____ cravatta?	Sì, _____ compero.
	_____ pantaloni?	No, non _____ compero.
Il signore compera	_____ camicie?	Sì, _____ compero.
	_____ cappotto?	È caro, non _____ compero.
	_____ stivali?	Costano troppo, non _____ compero.

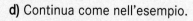

Attenzione: Provo **gli** stivali e **li** compero.

d) Continua come nell'esempio.

(a me, camicia) – Mi piace questa camicia e la compero.

1. (a te), maglione.
2. (a lui), sciarpa.
3. (a lei), cappotto.

4. (a voi), maglietta.
5. (a noi), maglione.
6. (a loro), giubbotto.

⑧

Quanto	**costa**	questa giacca?	Quanto	**costano**	questi occhiali?
	viene			**vengono**	

a) Completa.

1. .... questa giacca? Non costa molto.
2. .... questi calzini? .... poco.
3. .... quest_ giubbotto? È caro, ... troppo.
4. .... quest_ scarpe? .... molto, sono car_.
5. Quanto vien_ quest_ gonna? .... troppo per me.

Attenzione! Un **paio** di... Due **paia** di...

un paio
di occhiali

due paia
di occhiali

due paia
di guanti

un paio
di guanti

b) Osserva le illustrazioni a destra e fai l'elenco
degli indumenti da portare in tintoria.

....
....
....
....
....
....
....
....
....

⑨

a) Completa i dialoghi.

In un negozio di abbigliamento.

COMMESSA	Buona sera, che cosa _____?
CLIENTE	Un _____ di _____ di lana.
COMMESSA	_____ li vuole?
CLIENTE	Grigi.
COMMESSA	_____
CLIENTE	La 50.
COMMESSA	Ecco a lei, si accomodi in camerino.
CLIENTE	Mi vanno bene. _____?
COMMESSA	120.000 lire.
CLIENTE	_____ con un assegno?
COMMESSA	_____

In un negozio di scarpe.

CLIENTE	Buongiorno, vorrei _____
COMMESSA	Ha già visto qualcosa in vetrina?
CLIENTE	Sì, _____
COMMESSA	Che numero porta? _____
CLIENTE	Il _____. Posso _____?
COMMESSA	Certamente. Come le vanno?
CLIENTE	_____ _____ _____ _____
COMMESSA	230.000 lire _____
CLIENTE	Troppo care! Non _____

⑩ Parti per il mare

a) Scrivi un elenco di indumenti e di cose che ti possono servire.

1. un pigiama di cotone a righe
2.
3.
4.
5.
6.
7.
8.

ricordarsi gli [occhiali] da sole!

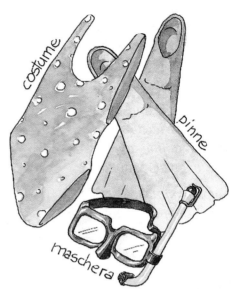

costume
pinne
maschera

⑪ Parti per la montagna

a) Scrivi un altro elenco di indumenti e di cose che ti possono servire.

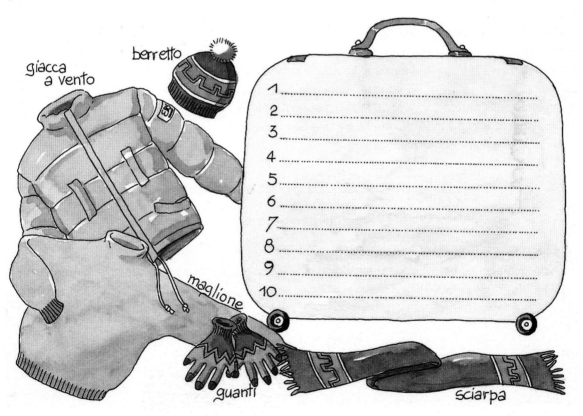

1.
2.
3.
4.
5.
6.
7.
8.
9.
10.

giacca a vento
berretto
maglione
guanti
sciarpa

Suoni e scrittura

I capricci della QU

*Non c'è altra consonante
più bizzarra* della q
solo lei fra tutte quante,
dopo sé, vuol sempre l'u.*

*E non basta: una vocale
dopo l'u richiede ancor:
come in quinto, quota, quale
questo, quello, qui, liquor.*

*C'è però qualche parola
che al suo posto vuol la c
cuore, cuoco, cuoio, scuola,
taccuino, e così via...*

adattata da E. Castellino

* strana

	o	li**quo**re
qu	a	**qua**dro
	e	**que**stura
	i	**qui**ndici

a) Sottolinea nella filastrocca tutte le parole con la **qu**.

b) Completa le frasi con le seguenti parole: quota, squadra, quaderno, questura, cuore, quadro, cuoco, quindici, scuola, quartiere.

1. Ludmila va in _____ a rinnovare il passaporto.

2. L'aereo vola nel cielo ad alta _____ .

3. Vado a _____ a seguire un corso, con la mia amica del _____ .

4. Ibrahim è un _____ egiziano; lavora in un ristorante del centro.

5. Nel mio _____ ci sono un supermercato e una _____ .

6. Appendo sulla parete il _____ , poi scrivo sul mio _____ .

7. Oggi Andrea e Ugo vanno allo stadio a tifare per la loro _____ .

8. Al corso di italiano per stranieri siamo in _____ .

CQU
- a**cqu**a
- a**cqu**azzone, a**cqu**aio, a**cqu**atico, a**cqu**edotto
- suba**cqu**eo
- a**cqu**istare, a**cqu**irente (chi compra)

a) Disponi le parole seguenti sulle tre colonne:
risciacquare, questura, curva, scuola, liquidazione, subacqueo, quadrato, cuoco, acquirente, inquinamento, acquaio, cuscino.

CU	QU	CQU

Conoscere l'Italia

È sempre tempo di saldi e svendite

In Italia saldi, svendite, offerte speciali, vendite promozionali e liquidazioni ci sono ormai quasi tutto l'anno. Sono le occasioni per fare acquisti a prezzi scontati. I saldi di fine stagione sono a luglio e agosto per la stagione estiva, a gennaio e febbraio per la stagione invernale. Gli sconti partono dal 10% e arrivano fino al 50 – 60%.

Conoscere l'Italia

Le vie degli acquisti

Via della Spiga e la vicina via Montenapoleone sono due strade di Milano famose per lo shopping di lusso. Qui espongono le grandi firme della moda, note in tutto il mondo.

Certo i prezzi sono altissimi, ma clienti italiani e stranieri acquistano capi firmati senza badare a spese.

Via della Spiga.

Via Montenapoleone.

Via del Corso a Roma è un'altra via famosa per gli acquisti, una via per lo shopping giovane. La merce è alla portata delle tasche di tutti, perché i prezzi sono convenienti.

I grandi magazzini, diffusi in tutta Italia, vendono anche merce poco costosa.

Via del Corso, a Roma.

«Anche al mercato i prezzi sono bassi».

Che bei vestiti

A Jenny piace vestire in modo elegante. Le piacciono tanto i vestiti italiani, soprattutto quelli "firmati" dai grandi stilisti.

Dove può andare?

Buone occasioni di vestiti, scarpe, abbigliamento in genere, si possono trovare:
- nei grandi magazzini
- sulle bancarelle del mercato all'aperto
- nei negozi in periodo di saldi (luglio e gennaio, soprattutto)
- nei negozi di "seconda mano"
- nei negozi di "stock"

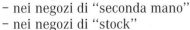

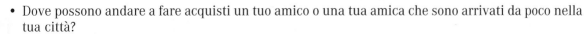

- Dove possono andare a fare acquisti un tuo amico o una tua amica che sono arrivati da poco nella tua città?
  Prova a dare loro dei buoni consigli.

• Osserva le immagini e descrivi l'abbigliamento di queste persone.
Ci sono dei vestiti "tradizionali" che si usano nel tuo paese? In quali occasioni? Racconta.

Per leggere

Nel blu dipinto di blu

Penso che un sogno così non ritorni mai più:
mi dipingevo le mani e la faccia di blu,
poi d'improvviso venivo dal vento rapito
e incominciavo a volare nel cielo infinito.

Volare ... oh, oh!
cantare ... oh, oh, oh, oh!
nel blu dipinto di blu
felice di stare lassù.

E volavo , volavo felice più in alto
del sole ed ancora più in su,
mentre il mondo pian piano spariva
lontano laggiù,
una musica dolce suonava soltanto per me.

Volare ... oh, oh!
....
....
....

Ma tutti i sogni nell'alba svaniscono
perché,

quando tramonta, la luna li porta con sé
Ma io continuo a sognare negli
occhi tuoi belli
che sono blu come un cielo trapunto di stelle.

Volare ... oh, oh!
cantare ... oh, oh, oh, oh!
nel blu degli occhi tuoi blu,
felice di stare quaggiù.

E continuo a volare felice più in
alto del sole ed ancora più in su,
mentre il mondo pian piano
mentre il mondo pian piano
scompare negli occhi tuoi blu,
la tua voce è una musica dolce che
suona per me.

....
....
....
....

Nel blu degli occhi tuoi blu,
felice di stare quaggiù,
   con te!

Musica di D. Modugno
Parole di D. Modugno e F. Migliacci

a) Scrivi i ritornelli che mancano nelle righe vuote.

b) Completa:

L'uomo sogna di _____ nel _____ . È felice di stare lassù nel _____ dipinto di _____ . Ma quando viene il giorno continua a sognare negli _____ della
sua innamorata.

GLI AGGETTIVI

piccol**o**, **a**	medi**o**, **a**	grand**e**	molto grand**e**

Singolare   *Plurale*

ross**o**, **a**   ross**i**, **e**
(come azzur**ro**, giall**o**, ner**o** ecc.)
verd**e**   verd**i**
bianco, **a**   bian**chi**, bian**che**

dimostrativi o indicativi

QUESTO

	maschile	femminile
singolare	questo	questa
plurale	questi	queste

QUELLO

	maschile	femminile
singolare	quel	quella
	quello	quell'
	quell'	
plurale	quei	quelle
	quegli	

BELLO

	maschile	femminile
singolare	bel	bella
	bello	bell'
	bell'	
plurale	bei	belle
	begli	

Un **paio** di	occhiali pantaloni	due, tre **paia** di	occhiali pantaloni

PRONOMI diretti

Singolare   *Plurale*

(vestito)   lo ⟶
                      prendo
(camicia)   la ⟶

(pantaloni)   li ⟶
                        prendo
(scarpe)   le ⟶

8 La giornata di ...

❶ La giornata di...

Paolo, studente.

Di solito mi alzo alle 8, faccio colazione, mi preparo in fretta e vado all'università in moto.
Al mattino seguo le lezioni e nel pomeriggio studio o mi trovo con gli amici.
Ceno abitualmente con i miei genitori.
La sera esco spesso: vado qualche volta al cinema, in pizzeria, o in discoteca.
Mi addormento sempre dopo mezzanotte.

Sua madre, insegnante.

Si sveglia presto, fa colazione, riordina un po' la casa e si prepara per uscire.
Va a scuola in autobus e insegna dalle 8.30 alle 12.40.
Torna a casa, cucina e pranza con Paolo. Al pomeriggio va a fare la spesa o corregge i compiti dei suoi allievi.
Di sera guarda sempre la televisione, non esce quasi mai.
Solo al sabato si incontra con gli amici.

Suo padre, impiegato.

Ogni giorno si alza alle 7.30.
Si prepara, si veste, fa colazione, esce in fretta e prende il giornale all'edicola sotto casa.
Va in ufficio in macchina; all'una fa uno spuntino in uno snackbar vicino all'ufficio.
Comincia il suo lavoro alle 9 e finisce alle 18.
Alla sera legge il giornale o guarda la televisione.
Si addormenta dopo l'ultimo telegiornale.
Al sabato si diverte a giocare a carte con gli amici e va a letto tardi.

Sempre	Spesso	Qualche volta	Quasi mai	Mai

 ogni giorno   **di solito**   **abitualmente**

a) Numera in ordine cronologico le vignette.

Paolo

Verso le nove va all'università.	Spesso la sera si diverte con gli amici.	Al pomeriggio studia o si trova con i compagni.	Di solito si alza alle otto.

La madre di Paolo

Dopo cena guarda la televisione, non esce quasi mai.	Al mattino insegna in una scuola media.	Si sveglia presto e si prepara.	Al pomeriggio corregge i compiti o fa la spesa.

Il padre di Paolo

Cena con i suoi familiari.	Si addormenta dopo l'ultimo telegiornale.	Fa colazione, esce e prende il giornale.	Durante la giornata lavora in ufficio.

a) Abbina il personaggio ai mezzi di trasporto.

va a scuola in autobus.	va all'università in moto.	va in ufficio in macchina.

❷ Che cosa fanno durante la giornata? Dove lavorano?

a) Continua come nell'esempio.

per la strada

Il vigile dirige e controlla il traffico. Dà le multe.
Lavora per la strada.

in ospedale

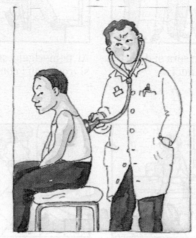

Il medico ....
....
....

in casa

La casalinga ....
....
....

nel suo studio

La scrittrice ....
....
....

in officina

Il meccanico ....
....
....

in negozio

Il negoziante ....
....
....

(curare i malati - riordinare la casa, cucinare - scrivere libri - riparare le macchine - vendere la merce)

❺ Che cosa fa Said al mattino?

Si sveglia
alle 8 meno un quarto.

I CONIUGAZIONE	
SVEGLIARSI	
mi	sveglio
ti	svegli
si	sveglia
ci	svegliamo
vi	svegliate
si	svegliano

Si alza alle 8.

II CONIUGAZIONE	
RADERSI	
mi	rado
ti	radi
si	rade
ci	radiamo
vi	radete
si	radono

Si lava.
Si pettina.

Si rade.

III CONIUGAZIONE	
VESTIRSI	
mi	vesto
ti	vesti
si	veste
ci	vestiamo
vi	vestite
si	vestono

Si veste e fa colazione.

a) Trasforma alla seconda persona singolare e alla seconda persona plurale:
   Ti svegli alle 8 ... Vi svegliate alle 8 ...

b) Lavora in coppia. Chiedi al tuo compagno cosa fa di solito al mattino. Poi scambiatevi i ruoli.

❹ Che ora è? Che ore sono?

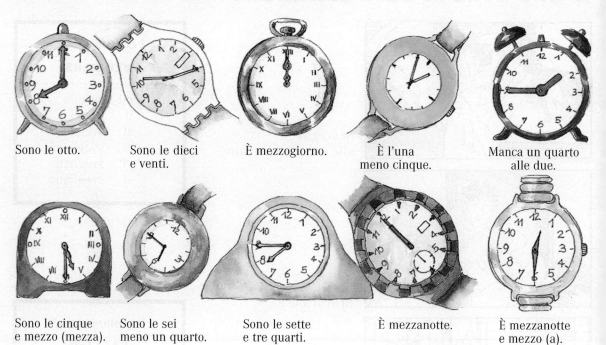

Sono le otto.

Sono le dieci e venti.

È mezzogiorno.

È l'una meno cinque.

Manca un quarto alle due.

Sono le cinque e mezzo (mezza).

Sono le sei meno un quarto.

Sono le sette e tre quarti.

È mezzanotte.

È mezzanotte e mezzo (a).

a) Che ore indicano gli orologi?

Dopo mezzanotte

Dopo mezzogiorno

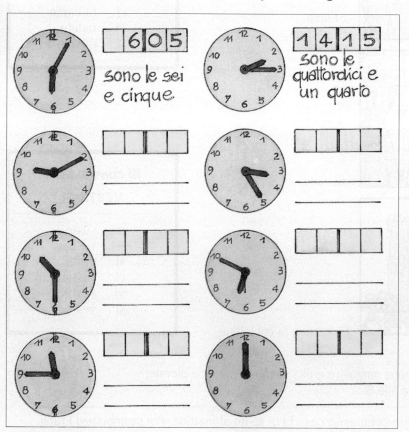

6 0 5
sono le sei e cinque

1 4 1 5
sono le quattordici e un quarto

8

tu - voi

- **Sai** che ore sono?
- **Sapete** che ora è?

Lei - Loro

- Mi scusi, **sa** che ora è?
- Mi scusino, **sanno** che ore sono?
- Non lo **so**
- Non lo **sappiamo**

a) Ricostruisci la giornata dei seguenti personaggi.

I signori Vitali sono due negozianti di frutta e verdura.

_____ alle 7 e trenta e

aprono il negozio _____ 9.

Lavorano fino _____ 12 e trenta e pranzano

insieme _____ casa _____ una.

Nel pomeriggio stanno _____ negozio _____15

_____ 19 e trenta.

Cenano _____8 e la sera stanno _____

casa _____ guardare _____ .

A mezzanotte si addormentano.

I signori Vitali

La signora Golino è avvocato.

_____ alle otto.

La mattina lavora _____ suo studio o _____

_____tribunale _____ 9 _____ una.

Pranza _____ trattoria _____ una e trenta.

Al pomeriggio _____

_____ .

La sera _____

_____ .

A mezzanotte e mezzo _____ .

La signora Golino

b) Trasforma alla prima persona plurale: Siamo due negozianti...

c) Trasforma alla terza persona plurale: Il signore e la signora Golino sono avvocati...

❻ A che ora ci vediamo?

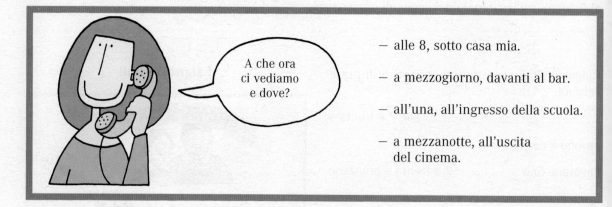

A che ora
ci vediamo
e dove?

– alle 8, sotto casa mia.

– a mezzogiorno, davanti al bar.

– all'una, all'ingresso della scuola.

– a mezzanotte, all'uscita
del cinema.

a) Forma delle frasi.

Esempio: Ci vediamo al bar Florian.

	al	giardini pubblici.
	allo	una e mezzo.
	all'	undici.
Ci vediamo	alla	bar Florian.
Ci incontriamo	ai	stadio.
	agli	stazione.
	alle	spogliatoi.

b) Forma delle frasi.

Esempio: L'appuntamento è all'entrata della scuola.

	all'entrata	del	scuola.
	all'uscita	dello	nostri amici.
	all'ingresso	dell'	Gallerie Vaticane.
L'appuntamento è	al corso	**della**	angolo.
	alla fine	dei	spettacolo.
	al bar	degli	cinema.
	alla festa	delle	studenti stranieri.

c) Forma delle frasi.

Esempio: Vengo con il tram.

		il	autobus.
		lo	tram.
		l'	mie sorelle.
Vengo	**con**	la	zio.
		i	macchina.
		gli	miei amici.
		le	studenti.

❼ Sei pronto?

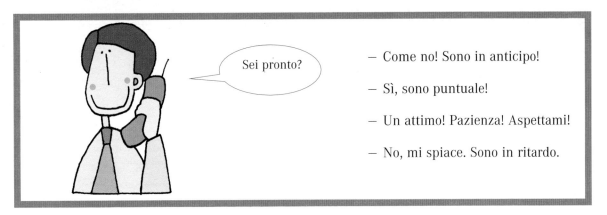

a) Collega le frasi.

1. Dai sbrigati, è tardi.
2. Siamo in perfetto orario.
3. È presto!
4. Su, su, in fretta!

— Mi preparo di corsa.
— Sì, siamo in anticipo.
1
— Hai ragione, sono in ritardo.
— Puntuali come sempre.

b) Forma delle frasi.
   Esempio: Lavoro dal mattino al pomeriggio.

Lavoro

dal	8 e trenta	alle 12 e trenta.
dall'	mattina	alla sera.
dalla	mattino	**al** pomeriggio.
dai	una	alle 6 pomeridiane.
dagli	primi minuti	agli ultimi.
dalle	ultimi giorni di questo mese	alla fine del mese prossimo.

c) Completa con le preposizioni semplici e articolate.

1. Ti aspetto _____ nove _____ ingresso _____ supermercato.

2. Ci troviamo davanti _____ cinema _____ otto _____ Fatima.

3. Appuntamento _____ mezzanotte _____ uscita _____ cinema.

4. Ci vediamo _____ pizzeria _____ Min Li _____ nove.

5. Ci troviamo _____ mezzogiorno _____ ingresso _____ bar Nilo.

6. Appuntamento _____ sig. Rossi _____ ristorante _____ 8.30.

7. Ci vediamo _____ casa mia _____ dieci, poi andiamo in discoteca.

8. Appuntamento _____ Bianchi _____ stazione _____ dieci.

9. Ti aspetto da un'ora, esattamente _____ otto _____ nove.

10. Lavoro _____ mattina _____ sera, sono stanco morto!

❽ Che cosa fai durante la settimana?

a) Completa la tabella a piacere e poi racconta quello che fai come nell'esempio.

	alzarsi presto	lavorare	frequentare un corso	cenare in casa	uscire a cena	guardare la TV	andare al cinema	alzarsi tardi	riposarsi	vedere gli amici
Lunedì	X	X	X	X		X				
Martedì										
Mercoledì										
Giovedì										
Venerdì										
Sabato										
Domenica										

Es.: Il lunedì mi alzo presto, lavoro tutto il giorno, frequento un corso di italiano dalle sei alle sette di sera, ceno in casa e guardo la televisione.

b) Ascolta la registrazione e completa.

salutarsi   telefonarsi   trovarsi   mettersi la tuta   divertirsi   riposarsi

Io (chiamarsi) _____ *mi chiamo* _____ Gianni e mia moglie _____ Laura.
Marco e Matteo sono i nostri figli. Io e mia moglie lavoriamo.
Al mattino (alzarsi) _____ prima io, (lavarsi) _____
(pettinarsi) _____ e preparo la colazione. Poi (alzarsi) _____ mia
moglie. Facciamo colazione insieme e poi (salutarsi) _____ .
Intanto arriva mia madre e (occuparsi) _____ dei miei figli.
Durante la giornata io e mia moglie (telefonarsi) _____ e la sera (ritrovarsi) _____ a casa.
I miei figli (addormentarsi) _____ subito dopo la cena.
La domenica (trovarsi) _____ con i nostri amici e andiamo tutti in campagna. Io
(mettersi) _____ una tuta e (divertirsi) _____ a giocare al
pallone con i bambini. Mia moglie (riposarsi) _____ .

❾ Che cosa fa sabato il signor... ?

andare in palestra		
dal parrucchiere		
a pranzo con Elena		
far lavare la macchina		
giocare a tennis		
andare a teatro		

a) Scrivi come il signor Pasotti trascorre il sabato.

Esempio: Sabato alle 10 il signor Pasotti va ....

....

....

....

b) E tu, come trascorri una giornata di riposo o la domenica?

c) Scrivi quali attività fai sempre, spesso o qualche volta; poi quelle che non fai mai o quasi mai.

Esempio: Leggo sempre il giornale.   Vado spesso al cinema.

....

....

....

Attenzione!   **Non** vado   **mai** al concerto.
                         Non vado quasi   **mai** al ristorante.

Le 24 ore degli Italiani

*Per l'istat è
aumentato il tempo
libero ma resta scarso
il tempo dedicato alla
lettura, allo sport e
all'impegno sociale
Il video, invece, ci
"cattura"
sempre di più*

LE 24 ORE DEGLI ITALIANI	
CURE PERSONALI	10.8
• dormire	8.3
• mangiare	1.5
ISTRUZIONE E FORMAZIONE	0.0
LAVORO RETRIBUITO	5.8
ATTIVITÀ DOMESTICHE, CURE FAMILIARI, ACQUISTI	2.2
PARTECIPAZIONE SOCIALE (CIVICA, RELIGIOSA, ecc.)	0.1
TEMPO LIBERO	4.0
• attività fisico-sportiva	0.1
• passeggiate	0.4
• lettura	0.3
• televisione	1.4
• socialità e locali pubblici	1.1
SPOSTAMENTI finalizzati allo svolgimento delle varie attività	1.2

Dati riferiti a persone occupate Fonte ISTAT

Ecco il «diario» di 14.000 famiglie italiane, come risulta da una ricerca Istat.
Gli italiani stanno davanti alla televisione per circa un'ora e mezzo tutti i giorni.
Fanno poco sport e poche passeggiate.
Occupano metà giornata per il sonno, e per i pasti.
Più di sette ore sono divise fra scuola, lavoro e attività domestiche; circa quattro ore sono dedicate al tempo libero.
Gli italiani leggono poco, anche se stanno molto in casa.
Preferiscono guardare la TV.
Spendono più di un'ora al giorno per gli spostamenti, che fanno spesso in macchina nel caos del traffico.

Le 24 ore degli Italiani

Lavoriamo meno e la cura della casa è sempre della donna

Il diario degli italiani ora per ora viviamo così

Pantofolai "stregati" dalla tivù

Così scorrono le nostre giornate

Nella tabella vengono illustrate le attività degli italiani in una giornata-tipo. Secondo l'Istat, non viene dedicata nessuna attenzione alle attività di istruzione e formazione. Quattro le ore dedicate al tempo libero, meno di sei al lavoro.

Dalla ricerca risulta che le donne si occupano della casa e badano ai figli più degli uomini, anche quando hanno un lavoro fuori.

8

L'ora solare. L'ora legale

Come in molti altri paesi europei, anche in Italia ci sono due orari in periodi diversi dell'anno:
- da fine marzo a fine ottobre funziona l'ora legale: l'orologio viene messo avanti di un'ora;
- da fine ottobre a fine marzo ritorna l'ora solare.

Il cambio di orario si fa nella notte tra sabato e domenica, quando la maggior parte delle persone non lavora.

8

L'orario dei negozi e dei servizi

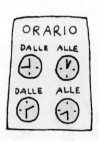  

Nei centri più piccoli, i negozi di solito fanno un orario "spezzato" e chiudono durante l'intervallo del pranzo.
Molti negozi in città fanno l'orario continuato.
Spesso gli uffici sono aperti dalle 8/8,30 alle 13/13,30.
Il sabato e la domenica quasi tutti gli uffici sono chiusi.

- Cerca.
- Qual è l'orario del supermercato vicino a casa tua?
- Qual è l'orario del tuo medico?
- Qual è l'orario della Questura/ Ufficio Stranieri?
- Qual è l'orario della Posta?

Per leggere

Promemoria

Ci sono cose
da fare ogni giorno:
lavarsi, studiare, giocare,
preparare la tavola a mezzogiorno.
Ci sono cose da fare di notte:
chiudere gli occhi, dormire,
avere sogni da sognare,
avere orecchie per non sentire.
Ci sono cose da non fare mai,
né di giorno né di notte
né per mare né per terra:
per esempio la guerra.

G. Rodari

Filastrocca

Alle sette del mattino

c'è un gattino con le ghette

alle otto della sera

la marmotta è alla ringhiera

alle nove del tramonto

il gattino ha il muso unto,

alle dieci dell'aurora

la marmotta s'innamora.

Toti Scialoja

a) Rispondi.

1. Tu che cosa fai di solito alle sette del mattino? ....

....

2. E alle otto di sera? ....

3. Alle nove di sera dove sei abitualmente? ....

Presente indicativo dei VERBI RIFLESSIVI

LAVARSI		RADERSI		VESTIRSI	
mi	lavo	mi	rado	mi	vesto
ti	lavi	ti	rad'	ti	vesti
si	lava	si	rade	si	veste
ci	laviamo	ci	radiamo	ci	vestiamo
vi	lavate	vi	radete	vi	vestite
si	lavano	si	radono	si	vestono

IL VERBO SAPERE

so, sai, sa, sappiamo, sapete, sanno

AVVERBI DI TEMPO

sempre   quasi mai
spesso   mai
qualche volta
di solito,   abitualmente
ogni giorno,   tutti i giorni

Collocazione nella frase:

Prima del verbo:
di solito, abitualmente

Di solito mi alzo presto.
Abitualmente vado a casa in autobus.

Prima e dopo il verbo:
ogni giorno, tutti i giorni

Ogni giorno vado a lavorare.
Vado a lavorare **tutti i giorni**.

Subito dopo il verbo:
sempre, spesso, quasi mai, mai

Leggo **sempre** il giornale.
Vado **spesso** al cinema.
Non vado **(quasi) mai** al concerto.

Alcune PREPOSIZIONI ARTICOLATE

	il	lo	l'	la	i	gli	le
a	al	allo	all'	alla	ai	agli	alle
di	del	dello	dell'	della	dei	degli	delle
da	dal	dallo	dall'	dalla	dai	dagli	dalle
con	con il	con lo	con l'	con la	con i	con gli	con le

9 Che tipo è Paolo?

❶ Chi conosci a questa festa?

MICHELA	Ciao Giovanni, anche tu qui?
GIOVANNI	Ciao Michela, sono contento di incontrarti. Chi conosci a questa festa?
MICHELA	Conosco il padrone di casa, Marco, e due ragazze: Luisa e Sara.
	Il padrone di casa è il signore calvo, con i baffi, vicino alla porta.
	Marco è quello con il maglione a righe e i capelli lunghi.
	Luisa è la ragazza bionda, con i capelli lunghi, seduta sul divano.
	Sara è quella con gli occhiali e i capelli corti e ricci.
	E tu, chi conosci?
GIOVANNI	Conosco solo la padrona di casa e Luca.
	La padrona di casa è la signora con gli occhiali e i capelli grigi.
	Luca è quello alto e robusto, in piedi, con il bicchiere in mano.
	A proposito, vuoi qualcosa da bere?
MICHELA	Grazie, prendo volentieri un aperitivo analcolico.

a) Abbina le descrizioni delle persone ai disegni, come nell'esempio.

1. Il padrone di casa è il signore calvo, con i baffi.

2. Marco è quello con il maglione a righe e i capelli lunghi.

3. Luisa è la ragazza bionda, con i capelli lunghi.

4. Sara è quella con gli occhiali e i capelli corti e ricci.

5. La padrona di casa è la signora con gli occhiali e i capelli grigi.

6. Luca è quello alto e robusto.

LE CARATTERISTICHE FISICHE

Capelli	Occhi	Fisico	Altre caratteristiche
ricci	scuri	alto	barba
lisci	chiari	basso	baffi
biondi	marroni	magro	occhiali
bruni	verdi	grasso	naso sottile
castani	azzurri	robusto	naso grosso
grigi	grigi	atletico	naso all'insù
bianchi	grandi	...	naso aquilino
scuri	allungati		sopracciglia folte
neri	piccoli		fronte ampia
rossi	a mandorla		fronte bassa
lunghi	...		bocca grande
corti			bocca piccola
senza capelli (calvo)			...

b) Descrivi il tuo aspetto fisico utilizzando le parole e i modi di dire presentati.

Esempio: Ho gli occhi _____ , i capelli _____ .

c) Lavora in coppia. Descrivi l'aspetto fisico di un compagno o di un amico. Poi scambiatevi i ruoli.

❷ Foto di gruppo

a) Ecco i colleghi d'ufficio di Marco. Abbina le descrizioni alle persone rappresentate.

1. Luca è quello con i capelli lisci e biondi e la barba.
2. Marco è quello anziano, con gli occhiali e i capelli grigi.
3. Anche Luigi ha gli occhiali, è quello grasso con i capelli biondi.
4 Tomas è quello con i capelli neri, lunghi e i baffi.

b) I miei compagni di classe. Abbina le descrizioni alle persone rappresentate.

1. Antonio è quello con il codino e gli occhiali.
2. Said è quello robusto con i capelli ricci e corti.
3. Paolo è quello biondo, ha i capelli lisci e corti e i baffi.
4. Marta è quella magra e bassa, con i capelli corti e il vestito a righe.
5. Fatima è quella alta, con i capelli neri, lunghi e ricci.
6. Paola è quella un po' grassa, con gli occhiali.

c) Questi sono i tuoi vicini di casa. Descrivili.

1	grasso, calvo, baffi, occhiali	2	giovane, capelli biondi, occhi chiari
3	anziana, capelli grigi, occhiali, magra	4	barba, capelli ricci e scuri, alto, magro

Conosci Paolo?	Quello biondo, magro, con la barba e gli occhiali?
Conosci Carla?	Quella alta, robusta, con i capelli lunghi?

a) Descrivi le persone, come nell'esempio.

Li Li (magra, alta, capelli lunghi e lisci) –
Conosci Li Li? Quella magra, alta con i capelli lunghi e lisci?

1. Leila (magra, bassa, capelli scuri e ricci, occhi verdi).
2. Carlos (robusto, giovane, capelli e occhi scuri).
3. Massimo (anziano, calvo, occhiali, barba).
4. Pap (alto, magro, capelli neri e ricci, barba).
5. Maria (grassa, capelli biondi, occhi azzurri).

b) Ascolta le descrizioni delle persone e poi indica il disegno adatto.

c) Completa le frasi seguendo l'esempio:

Maria è quella *con la* coda e le lentiggini.

1. Cinzia è quella _____ capelli rossi.
2. Luca è quello _____ ciuffo sulla fronte.
3. Marco è quello _____ zaino verde e la bici.
4. Sara è quella _____ orecchini grandi.
5. Li Ping è quello _____ impermeabile grigio.
6. Mohamed è quello _____ barba.
7. I miei amici sono quelli _____ macchina rossa.
8. Le mie amiche sono quelle _____ scarpe da ginnastica.
9. Marta e Paolo sono quelli _____ mano nella mano.

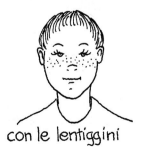

con il ciuffo sulla fronte   con le lentiggini   con la coda   con la mano nella mano

❹ I Nobel per la pace

a) Descrivi alcuni dei personaggi presentati.

 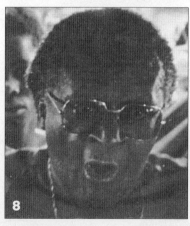 

1. Aung San Suu Kyi
   (Nobel 1991)
2. Dalai Lama
   (Nobel 1989)
3. Michail Gorbaciov
   (Nobel 1990)

4. Dag Hammarskjöld
   (Nobel 1961)
5. Martin Luther King
   (Nobel 1964)
6. Albert Schweitzer
   (Nobel 1953)

7. Teresa di Calcutta
   (Nobel 1979)
8. Desmond Tutu
   (Nobel 1984)
9. Rigoberta Menchù
   (Nobel 1992)

⑤ Che cosa sta facendo Giovanni? Sta parlando con Michela

FRANCESCO	Che cosa stanno facendo i tuoi amici?
SOFIA	Giovanni sta parlando con Michela.
	Marco e Sara stanno ballando.
	Luca sta andando via e sta salutando la padrona di casa.
FRANCESCO	E tu, che cosa stai facendo?
SOFIA	Niente, mi sto annoiando.

sto	parl**ando**
stai	ball**ando**
sta	legg**endo**
stiamo	bev**endo**
state	sent**endo**
stanno	usc**endo**

parlare	parl**ando**
leggere	legg**endo**
sentire	sent**endo**

a) Che cosa stanno facendo? Abbina la frase al disegno.

1. Sta mangiando.
2. Stanno dormendo.
3. Stai telefonando.
4. State fumando.
5. Sta ridendo.
6. Stiamo piangendo.
7. Sto partendo.
8. Stanno cantando.

b) Fai le domande e le risposte, come nell'esempio.

(Paolo? guardare, TV) – Che cosa sta facendo Paolo? Sta guardando la TV.

1. Marta? sentire, musica.
2. Tu? (Io) preparare, tè.
3. Giovanni? leggere, giornale.
4. Sofia e Tomas? cucinare.
5. Voi? (Noi) preparare, tavola.
6. Simone? fumare, sigaro.
7. Marta e Carlos? ballare, tango.
8. Luisa? ridere.
9. Tomas? raccontare, barzellette.
10. Li Li? finire, lavoro.

Pronto, posso parlare con Carlos?

Mi spiace, non può venire al telefono. Si sta facendo il bagno.

c) Che cosa stanno facendo queste persone?

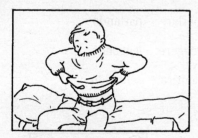

Mi sto vestendo

_____

Tomas _____

_____

Noi _____

_____

Voi _____

_____

Fatima _____

_____

I bambini _____

_____

❻ Che tipo è... ? Com'è?

SIGNOR ROSSI	Signora Berti, come sono i suoi nuovi vicini di casa?
SIGNORA BERTI	Mi sembrano due persone distinte, educate, gentili.

Che tipo è?	Mi sembra simpatico.
Che tipi sono?	Mi sembrano simpatici.
Com'è? Come sono?	

LUCIA	Ciao Manuela, allora, com'è Luca?
MANUELA	È bello e generoso..., mi piace proprio! Però mi sembra un po' timido.

PAOLO	Allora, questa Anna che tipo è?
CRISTINA	È molto carina, sempre calma e tranquilla. Mi sembra dolcissima.

MANUELA	Ciao, Lucia, com'è il tuo nuovo collega?
LUCIA	Un vero disastro. È nervoso, sempre arrabbiato. Mi sembra una persona aggressiva.

CARATTERISTICHE DELLE PERSONE

I contrari:

educato (a)	maleducato (a)
simpatico (a)	antipatico (a)
calmo (a)	nervoso (a)
tranquillo (a)	agitato (a)
dolce	aggressivo (a)
chiuso (a) timido (a)	aperto (a)
allegro (a)	triste
generoso (a)	egoista

a) Come ti sembrano le persone rappresentate? Continua come nell'esempio.

Com'è Carlos, secondo te? – Mi sembra simpatico.

Carlos	Sara	Li Li	Said e Maria	I signori Rossi

b) Dal singolare al plurale.

Mi sembra simpatico, gentile.
Mi sembrano simpatici, gentili.

1. educato, timido
2. sempre arrabbiato, maleducato
3. gentile, chiuso
4. intelligente, aggressiva
5. agitato, nervoso
6. dolce, simpatica
7. arrabbiata, preoccupata
8. tranquilla, aperta

Attenzione!	
Singolare	*Plurale*
simpati**co**	simpati**ci**
simpati**ca**	simpati**che**

9

a) Continua come negli esempi:

magro (M)	molto magro	magrissimo
bella (F)	molto bella	bellissima
intelligente (M/F)	molto intelligente	intelligentissimo (a)

bravo ( ) ....

gentile ( ) ....

timida ( ) ....

simpatico ( ) ....

elegante ( ) ....

timido ( ) ....

antipatico ( ) ....

giovane ( ) ....

brutto ( ) ....

tranquillo ( ) ....

felice ( ) ....

b) Descrivi l'aspetto fisico delle persone raffigurate e prova a immaginare che tipi sono.

1. È bella, elegante; ha i capelli neri e lunghi, gli occhi chiari.
   Mi sembra simpatica e aperta.

2. _____

3. _____

4. _____

5. _____

8

a) Prova a descrivere brevemente il tuo carattere.

b) Lavora in coppia. Com'è, secondo te, il carattere di un tuo compagno?
Prova a descriverlo. Poi scambiatevi i ruoli.

c) Scrivi cinque aggettivi riferiti a un uomo e cinque aggettivi riferiti a una donna.

Per me, l'uomo ideale deve essere:

Per me, la donna ideale deve essere:

d) Ora prova a cercare i contrari degli aggettivi che hai scritto.

❾ Cercasi...

La società TEMA FILM cerca con urgenza

- ragazzo 20/25 anni, alto, bruno, magro di bell'aspetto, estroverso **1**

- signora 55/60, giovanile, elegante, comunicativa **2**

- signore 65/70 distinto, alto, signorile, sportivo **3**

- bambina 6/7 anni, bruna, con precedenti esperienze televisive **4**

a) Indica tra i personaggi del disegno i possibili attori.

b) Ecco alcuni annunci matrimoniali tratti dalla rivista «Secondamano». Leggili e cerca sul vocabolario il significato delle parole che non conosci.
Poi prova a formare le possibili coppie (per esempio: 2 + A).

① **RAGAZZA** 22enne carina cerca 23-28enne diplomato per eventuale fidanzamento.

② **SIGNORA** 56enne simpatica giovanile benestante cerca signore distinto max 68enne benestante scopo matrimonio.

③ **GIOVANE** polacca 28 anni con figlio conoscerebbe uomo serio benestante per compagnia.

④ **DONNA** 62enne vedova giovanile amante viaggi cerca compagno colto, onesto, amicizia o matrimonio.

Ⓐ **PENSIONATO** 60enne cerca compagna max 58enne scopo matrimonio non divorziata.

Ⓑ **UOMO** onesto serio 40enne benestante cerca compagna giovane carina.

Ⓒ **RAGAZZO** 27enne ragioniere serio cerca ragazza per fidanzamento.

Ⓓ **PROFESSIONISTA** 65enne colto benestante cerca compagna max stessa età giovanile per matrimonio.

⑩ Li Li è più alta di Marta

Gigi è più alto di Marco.

Marco è meno alto di Gigi.

Simone è alto come Sara.

Li Li è più alta di Marta.
Marta è meno alta di Li Li.
Marta è più bassa di Li Li.

Maria è più magra di Carlo.
Carlo è più grasso di Maria.
Maria è meno grassa di Carlo.

Luca è alto come Marta.
Marta è alta come Luca.

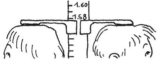

Luisa è più giovane di Michela.
Michela è meno giovane di Luisa.
Michela è più anziana di Luisa.

Luigi è più anziano di Paolo.
Paolo è meno anziano di Luigi.
Paolo è più giovane di Luigi.

Marco è più simpatico di Giovanni
Giovanni è meno simpatico di Marco.

a) Completa con i nomi dei tuoi compagni o delle tue compagne.

_____ è simpatico come _____

_____ è più alta di _____

_____ è meno magra di _____

_____ è magro come _____

_____ è più giovane di _____

_____ è meno giovane di _____

b) Serviti delle due tabelle per fare tutti i confronti possibili fra le tre persone.

	MARIA	CARLA	LI LI
età	27	27	25
altezza	1.60	1.72	1.63
peso	62	60	50

Li Li è più giovane di Maria.
Maria è più bassa di Carla e Li Li.

	CARLOS	KARIM	LUIGI
età	28	35	42
altezza	1.70	1.75	1.68
peso	70	68	72

c) Completa la tabella con i tuoi dati e quelli di due compagni o familiari. Poi fai i confronti.

	IO		
età			
altezza			
peso			

d) Guarda le due tabelle dell'esercizio b) e poi prova a rispondere.

1. Chi è la ragazza più alta?

2. Chi è l'uomo più alto?

3. Chi è la ragazza più bassa?

4. Chi è l'uomo più basso?

5. Chi è la ragazza più magra?

6. Chi è l'uomo più magro?

Li Li è **la più** giovane.   Carlos è **il più** giovane.

Maria è **la più** grassa.   Luigi è **il più** grasso.

Attenzione!

il più bravo
il più buono ——▶ il migliore

il più grande ——▶ il maggiore

il più cattivo ——▶ il peggiore

il più piccolo ——▶ il minore

a) Leggi i testi e poi rispondi alle domande.

Mario, Luca e Paolo sono tre fratelli.
Mario ha nove anni; Luca ha dodici anni e Paolo ha quindici anni.
Chi è il maggiore dei tre?
Chi è il minore dei tre?
Mario è maggiore o minore di Paolo?

Tutti e tre vanno a scuola ma i loro voti sono diversi: Luca ha la media del sette; Mario ha quella del sei e Paolo ha otto in tutte le materie.
Chi è il migliore a scuola?
Chi è il peggiore dei tre?
È migliore Mario o Luca?

b) Abbina le espressioni che hanno lo stesso significato.

1. molto bravo
2. il più grande
3. molto brutto
4. il più piccolo
5. tanto simpatico
6. il peggiore
7. molto alto
8. il migliore
9. stanco morto
10. bellissimo

– il minore
– *1* bravissimo
– il più cattivo
– stupendo
– il maggiore
– bruttissimo
– stanchissimo
– simpaticissimo
– altissimo
– il più bravo

c) Secondo te, chi è:

– l'attore più bravo?
– l'attrice più brava?
– il cantante più bravo?
– la cantante più brava?
– l'uomo più ricco del mondo?
– la donna più bella del mondo?
– l'uomo più famoso in Italia in questo momento? E nel tuo paese?

– lo scrittore più bravo del tuo paese?
– il regista più bravo?
– il libro più interessante?
– l'atleta che ti piace di più?
– il cibo migliore?
– il cibo peggiore?

Suoni e scrittura

Le doppie

casa

note

pala

capello

cassa

notte

palla

cappello

a) Scrivi nelle caselle i nomi corrispondenti ai disegni, scegli tra le parole scritte sotto. Al termine scoprirai la parola in verticale.

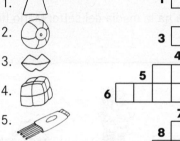
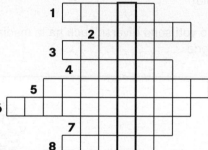

(pizza, bocca, spaghetti, campanello, letto, palla, fetta, pacco, torre)

b) Scrivi i nomi accanto ai disegni e poi componi per ogni parola una frase come nell'esempio:

*fazzoletto*_____

1. Quando ho il raffreddore uso spesso il *fazzoletto*.

c) Scopri le dieci parole con le doppie, come nell'esempio.

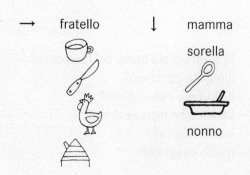

→ fratello   ↓ mamma

sorella

nonno

A	L	S	M	Q	Z	U	Z	N	H
G	F	R	A	T	E	L	L	O	C
S	T	Y	M	O	B	C	P	N	U
O	E	D	M	E	G	F	I	N	C
R	T	H	A	S	T	S	A	O	C
E	T	M	Q	R	U	Y	T	O	H
L	O	N	U	T	E	T	T	O	I
L	S	O	G	A	L	L	O	T	A
A	V	P	Z	O	G	A	L	S	I
O	Z	C	O	L	T	E	L	L	O
R	N	X	T	A	Z	Z	A	S	E

Conoscere l'Italia

L'Italia: caratteristiche fisiche

L'Italia è una penisola lunga e stretta, circondata dal mare da tre lati (sud, est, ovest) e dalle montagne, a nord.

Per la sua strana forma allungata viene chiamata anche "lo stivale" e infatti assomiglia a uno stivale, più largo a nord e più stretto verso il sud, con la punta in Calabria e il tacco in Puglia.

È un paese molto montuoso; le montagne la attraversano da ovest a est (Alpi) e da nord a sud (Appennini). In Italia si trova il monte più alto d'Europa: il monte Bianco.

Due sono le isole principali italiane: la Sicilia e la Sardegna, ma numerose sono le isole minori (Elba, Capri, Lipari, Giglio ...).

L'Italia è suddivisa in venti regioni.

Conoscere l'Italia

Gli Italiani: caratteristiche e luoghi comuni

Gli italiani hanno caratteristiche fisiche abbastanza diverse fra loro poiché sono il frutto dell'incrocio tra i popoli e i gruppi diversi che qui hanno abitato.

Alcuni dati dei censimenti ci indicano come è cambiata la popolazione italiana nel corso del tempo.
Per esempio, gli italiani diventano sempre più alti.
Alla visita militare, nel 1981, l'altezza media dei giovani era di 1,68. Dieci anni dopo (1991) l'altezza media era di 1,74.

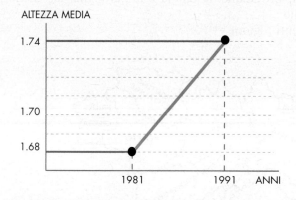

Gli italiani diventano sempre più longevi, cioè vivono più a lungo.
Sono uno dei popoli con la vita media più lunga del mondo.
Nel 1971 la speranza di vita era di: 69 anni per gli uomini, 75 per le donne.
Nel 1991 la speranza di vita era di: 73,2 anni per gli uomini, 76,7 anni per le donne.
Nel 1999 la speranza di vita era di: 74,9 anni per gli uomini, 81,2 anni per le donne.

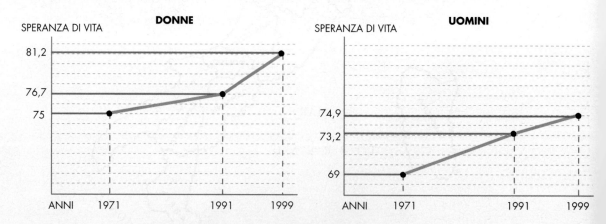

Ed ecco alcuni luoghi comuni e «frasi fatte» sugli italiani.

Un popolo di santi, poeti e navigatori.
Sono romantici e sognatori.
Pensano solo a fare soldi.
Sanno godere la vita.
Amano il sole, il mare, la musica.

Tante parole, pochi fatti.
Sono furbi, si arrangiano sempre.
Sono artisti, creativi, geniali.
Non hanno voglia di lavorare.
Tutti cuore e mandolino.

Come...dove... usare i servizi

Farsi bella per una festa

Miriam ha ricevuto un invito a una festa di compleanno per sabato sera.
Per prepararsi, va dal parrucchiere: fa lo shampoo, il taglio, il colore e la piega.
Poi va in un "centro estetico": fa la pulizia del viso, una "maschera" per la pelle e prova un nuovo trucco.

Le parole della bellezza

— shampoo
— piega
— taglio
— colore
— permanente
— colpi di sole
— crema idratante
— crema anti-rughe
— fondotinta
— rossetto
— matita colorata
— cipria

Buone maniere

Miriam non vuole andare alla festa a mani vuote.
Che cosa può portare alla padrona di casa?

— un mazzo di fiori
— un dolce
— una scatola di cioccolatini
— una bottiglia di vino per fare il brindisi...
— un regalino (libro, disco ...)

• Che cosa porteresti tu, al suo posto?
• Al tuo paese si usa festeggiare il compleanno?
  Si usa portare un regalino a chi compie gli anni? Racconta.

L'Italia vista dagli stranieri

«Quando sono arrivato a Bologna, ho visto che quello che dicono gli anziani da noi è vero. Da quando sono venuto qui a Bologna, ogni giorno cammino per la città. Non ho mai incontrato nessuno che guarda il sole o la luna; non ho mai incontrato nessuno che mi parla di Dio.
Se qualcuno guarda verso l'alto, è per osservare con più attenzione il colore di una casa o per guardare le torri».

(Diawné Diamanka - Senegal)

«Quella italiana è la faccia più trasparente del mondo. Sul volto di un italiano si possono leggere gioia o dispiacere, speranza o disperazione, simpatia o disgusto.
Nella maggior parte dei casi i loro occhi raccontano una storia».

(Wang Bin - Cina)

(da: A. Le Pichon - L. Caronia (a cura di), *Sguardi venuti da lontano*)

9

UNITED COLORS OF BENETTON.

I.P.

- E tu, che cosa pensi degli italiani?
  Qual è stata la tua prima impressione subito dopo l'arrivo in Italia?

1. Il barbiere
Era un uomo basso e largo di spalle, completamente calvo dalla fronte fino alla nuca, con il collo spesso* e una faccia grassottella. Di persona era robusto ma non grosso. Aveva il naso piccolo e la bocca larga che scopriva due file di denti rotti e scuri.

A. Moravia

* grosso

2. La mamma
La mamma non è più giovane (si è sposata tardi) e ha già molti capelli grigi ma la sua voce è squillante, di ragazzetta, e tutto in lei è chiaro ed energico il passo, il movimento, lo sguardo, la parola.

A. Negri

3. Mio nonno
Era un uomo dalla figura massiccia*, di una statura superiore alla media, con i capelli ancora leggermente rossi.
I suoi baffi erano della stessa tinta.

A.J. Cronin

* grossa

testi adattati

4. Una donna slava
Natascia ha i capelli biondo-cenere, lisci e molto fini, il bel volto dai tratti pieni e gli zigomi sporgenti, la pelle bianchissima da slava, gli occhi di un azzurro luminoso.

M. Forti

5. Una bella ragazza
Maria ha dieci anni ed è una bella ragazza, alta per la sua età e snella.
I capelli, scuri, sono adesso di colore castano; gli occhi, neri e grandi hanno folte ciglia. La linea del naso è inclinata e la curva delle labbra dolce.

M. Killilea

6. Alessia
Alessia ha tre anni. È tonda, soda, colorita, provvista di due gambe corte e solidissime; ha gli occhi azzurri vivaci e mobilissimi.
Frequenta il nido da quando aveva pochi mesi. È piena di energie e di vitalità, di umore sempre allegro, attiva, curiosissima, rumorosa.

E. Gianini Belotti

a) Abbina le illustrazioni al testo.

b) Ricerca i nomi delle parti del corpo descritte nei brani e sottolineale.

Presente indicativo del verbo STARE con il gerundio

sto	mangi**ando**	bev**endo**	dorm**endo**
stai	mangi**ando**	bev**endo**	dorm**endo**
sta	mangi**ando**	bev**endo**	dorm**endo**
stiamo	mangi**ando**	bev**endo**	dorm**endo**
state	mangi**ando**	bev**endo**	dorm**endo**
stanno	mangi**ando**	bev**endo**	dorm**endo**

La preposizione CON e gli articoli determinativi

Mi sembra...   Mi sembrano...

I GRADI DEGLI AGGETTIVI

bello

più bello di...	(comparativo di maggioranza)
meno bello di...	(comparativo di minoranza)
bello come...	(uguaglianza)
molto bello bellissimo	(superlativo assoluto)
il più bello	(superlativo relativo di maggioranza)

maggiore >   minore <   migliore-peggiore

UNITÀ

10 Cerco casa.

❶ Com'è la tua casa? Con chi abiti?

Abito da solo in un piccolo appartamento di mia proprietà in via Farini a Reggio Emilia.
Ci sono due stanze, i servizi, l'ingresso e un piccolo terrazzo.

Paolo

Abito in un centro di accoglienza comunale per stranieri a Torino.
È un palazzo antico, ristrutturato, nel centro della città.
Divido una stanza con un amico del mio paese.
Posso starci sei mesi al massimo.

Said

Abito in un appartamento in affitto con un'amica.
È abbastanza grande: ci sono due stanze da letto, un soggiorno, la cucina e il bagno.
Si trova in periferia a Verona.
Per fortuna paghiamo l'affitto e le spese a metà, perché è molto caro.

Sara

Io e la mia famiglia abitiamo in una casa alla periferia di Prato.
È una villetta di due piani con un giardino davanti.
Noi abitiamo al piano terreno.
Ci sono tre locali e i servizi.

Li Ping

a) Completa la tabella con le informazioni sulla casa di Paolo, Said, Sara e Li Ping.

	DOVE ABITANO	CON CHI ABITANO	TIPO DI ABITAZIONE
Paolo	in via Farini a Reggio Emilia	da solo	bilocale con servizi e piccolo terrazzo, di proprietà
Said			
Sara			
Li Ping			

b) E tu, dove abiti? Descrivi la tua abitazione.

Si trova in centro o in periferia?
Con chi abiti?
Com'è la tua casa?
È una casa moderna, vecchia, ristrutturata?
A quale piano abiti?
Quanti locali ci sono?

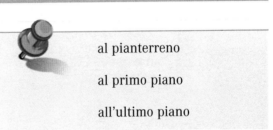

al pianterreno

al primo piano

all'ultimo piano

c) Lavora in coppia. Chiedi al tuo compagno «Com'è la tua casa?» e poi prova a descriverla.

Esempio: La casa di Said è ...

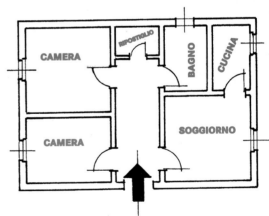

CAMERA · RIPOSTIGLIO · BAGNO · CUCINA · CAMERA · SOGGIORNO

d) Ascolta la registrazione e scrivi le parole che mancano.

La casa di Fatima ha tre _____ più i servizi. Appena si entra c'è un piccolo _____ poco illuminato.
A _____ ci sono: il soggiorno, la cucina lunga e stretta e il bagno. Ci sono due _____ che si affacciano sulla strada.
A _____ ci sono due camere da letto: una piccola e una più _____ e uno sgabuzzino che serve da ripostiglio.

❷ Cerco casa

(1) **AFFITTASI** monolocale più servizi e cantina. Rivolgersi 02-482113 ore pasti.

(2) **AFFITTASI** due locali con servizio e cucinotto. Zona stazione Centrale Tel. 011-2001712.

(3) **USO FORESTERIA** affittasi 80 mq. tre locali più servizi e terrazzino. Tel. 06-841311 ore serali.

(4) **AMPIO MONOLOCALE** libero vendesi. Servizio, angolo cottura e balcone. Tel. 019-5546780 ore serali.

(5) **VENDESI** bilocale e servizi arredato. Tel. 055-212168. Zona centrale.

(6) **PRIVATO VENDE** appartamento in via Farini, 3 locali più servizi. 50% contanti; il resto mutuo decennale. Tel. 081-428907 - ore ufficio

(7) **VENDESI** appartamento via Monte Rosa. Due camere, soggiorno, cucina e bagno. Uso cantina. Tel. 030-7688905.

a) Dopo aver letto gli annunci, completa la tabella.

	Affitto o vendita	Com'è la casa	Dove si trova	Come rispondere all'annuncio
1	affitto	monolocale con servizi e cantina		telefonare 02-482113 ore pasti
2				
3				
4				
5				
6				
7				

10

b) Le parole della casa. Abbina i contrari.

piccolo	luminoso
ampio	occupato
libero	grande
vuoto	comprare
caro	proprietario
buio	piccolo
moderno	economico
vendere	arredato
inquilino	antico
esterno	pulito
sporco	in centro
rumoroso	interno
in periferia	silenzioso

monolocale: una stanza

bilocale: due stanze

servizi: bagno e cucina

cucinotto: piccola cucina

angolo cottura: solo acquaio e fornelli

uso foresteria: contratto di affitto come seconda casa

mutuo: prestito dalla banca

villetta a schiera: casa per una famiglia, attaccata ad altre case uguali, con un piccolo giardino davanti

❸ Said cerca casa

Said ha letto gli annunci e telefona per l'annuncio numero 2.

SIGNORINA   Agenzia Casabella, buongiorno.

SAID   Buongiorno, telefono per l'annuncio dell'appartamento in zona stazione. Vorrei avere delle informazioni.

SIGNORINA   Sono circa 50 metri, due locali con bagno e un cucinotto. È un appartamento ristrutturato, al quinto piano senza ascensore.

SAID   Quant'è l'affitto al mese?

SIGNORINA   È circa un milione, escluse le spese.

SAID   E le spese, quanto vengono?

SIGNORINA   Circa 500.000 al trimestre.

SAID   Posso vedere l'appartamento?

SIGNORINA   Certo, possiamo fare domani alle otto e trenta, oppure venerdì alle diciotto.

SAID   Preferisco venerdì.

SIGNORINA   Mi può lasciare il suo nome e il suo numero di telefono, per favore?

SAID   Said Riham, 02-6533419.

SIGNORINA   Arrivederci a venerdì.

SAID   Arrivederci.

a) Rispondi alle domande.

	Vero	Falso
1. Said telefona per un appartamento da comprare.	☐	☐
2. L'appartamento ha tre locali più servizi.	☐	☐
3. L'appartamento si trova al quinto piano.	☐	☐
4. Non c'è l'ascensore.	☐	☐
5. L'appartamento è nuovo.	☐	☐
6. L'affitto è di circa un milione al mese, senza le spese.	☐	☐
7. Le spese sono di circa 500.000 al mese.	☐	☐
8. Said non vuole vedere l'appartamento.	☐	☐

❹ Un casa in affitto

Che tipo di casa **cerchi**?

E Lei che casa casa **cerca**?

Cerco un appartamento di due locali più servizi.
Mio fratello cer**ca** un monolocale.

I miei amici **cercano** una stanza ammobiliata per tre mesi.

Noi **cerchiamo** un appartamento più grande perché siamo in quattro.

E voi, che tipo di casa **cercate**?

a) Completa le frasi con il verbo «cercare».

(Io, appartamento arredato) – Io cerco un appartamento arredato.

1. Tu, casa in affitto.
2. Mio fratello, posto per dormire.
3. Noi, casa da comprare.
4. Carlo, villetta a schiera.
5. I miei amici, posto in un centro di accoglienza.
7. Luisa, stanza con un'amica.
8. Loro, appartamento più grande.

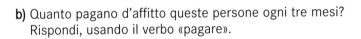

cerco
cer**chi**
cerca
cer**chi**amo
cercate
cercano

b) Quanto pagano d'affitto queste persone ogni tre mesi?
Rispondi, usando il verbo «pagare».

Said .... 900.000.

Sara .... 650.000 escluse le spese.

Noi .... circa un milione.

I miei amici .... 450.000.

Voi .... 800.000 comprese le spese.

Io .... tantissimo.

Tu .... poco.

pago
pa**ghi**
paga
pa**ghi**amo
pagate
pagano

500.000	cinquecentomila
600.000	seicentomila
750.000	settecentocinquantamila
1.000.000	un milione
2.000.000	due milioni

5

a) Completa con le parole scritte in fondo.

Lucia abita in un appartamento di 80 _____ .

Sono due _____ arredati: un soggiorno, una _____ da letto; ci sono anche una

piccola cucina e il _____ .

L'appartamento si trova al quarto _____ di un palazzo moderno; non c'è l' _____ .

C'è un piccolo _____ dove Lucia ha messo dei vasi di fiori e delle piante.

(terrazzo - piano - metri quadrati - camera - locali - bagno - ascensore)

b) In quale parte della casa si trovano queste persone? Che cosa stanno facendo?
Guarda il disegno e rispondi come negli esempi.

1. È in camera da letto. Sta mettendo i maglioni nei cassetti.

2. _____

3. _____

4. _____

5. È nell'ingresso. Sta salendo le scale.

6. _____

7. È in cucina. Sta stirando.

8. _____

9. _____

❻ In cucina e in salotto

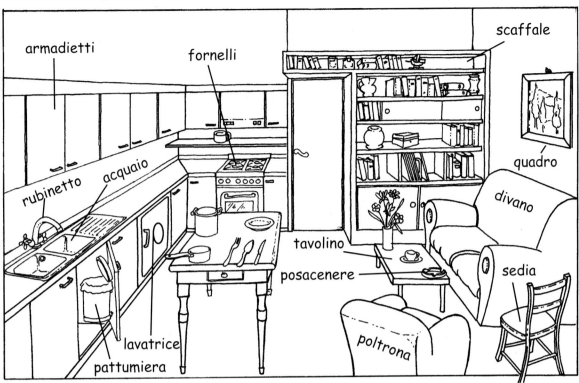

armadietti · fornelli · scaffale · quadro · divano · rubinetto · acquaio · tavolino · posacenere · sedia · lavatrice · pattumiera · poltrona

10

a) Indica dove si trovano i mobili e gli oggetti, usando le espressioni di luogo:

sopra / sotto – davanti / dietro – vicino a / di fianco a
a destra / a sinistra – dentro / fuori – in / su (+ articoli).

L'acquaio è vicino al frigorifero.
Sul tavolo ci sono le posate.
Gli armadietti sono sopra l'acquaio.

IN e SU con gli articoli

nella	libreria / tazzina / pattumiera		**sul**	pavimento / letto / divano
nel	frigo / vaso / forno / portacenere		**sulla**	sedie
nell'	acquaio / armadietto		**sull'**	armadietto
nello	sgabuzzino		**sullo**	scaffale
nelle	pentole		**sui**	muri
nei	piatti		**sulle**	pareti
negli	armadietti		**sugli**	scaffali

b) Forma delle frasi con «c'è» o «ci sono» e la preposizione «in» con l'articolo adatto.

Nella pattumiera c'è l'immondizia.
Nella tazzina c'è il caffè.

❼ In camera e in bagno

cuscino

lavabo

specchio

armadio

lampada

comodino

lenzuolo

vasca

asciugamano

tappetino

coperta

cassettone   spazzola

water-closed

10

a) Indica la posizione degli oggetti e dei mobili.

Il comodino è di fianco al letto.
Il quadro è sopra il letto.

_____   _____

_____   _____

_____   _____

b) Forma delle frasi come nell'esempio.

Sul pavimento della camera c'è un tappetino.

Sul letto ci sono _____

Sul comodino c'è _____

c) Continua, tu come negli esempi.

(occhiali? sedia) – Dove sono i miei occhiali? Eccoli, sono sulla sedia.
(sciarpa? poltrona) – Dov'è la mia sciarpa? Eccola, è sulla poltrona.

1. cappello? sedia.
2. giornali? divano.
3. chiavi? tavolo.
4. passaporto? scaffale.
5. guanti? poltrona.
6. borsa? mobile.
7. orologio? comodino.
8. pettine? cassettone.

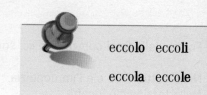

eccolo   eccoli

eccola   eccole

❽ Arrediamo la casa

a) Completa con le preposizioni «in» o »su» e l'articolo adatto.

Mettiamo la lampada rosa _____ ingresso e la poltrona antica _____ soggiorno.
Sistemiamo i libri _____ libreria e mettiamo le piante _____ vasi nuovi.
Gli armadi bianchi li mettiamo _____ camera da letto piccola e gli scaffali _____ sgabuzzino.
Mettiamo le due sedie _____ studio e gli attaccapanni _____ ingresso.
E i tappeti, dove li mettiamo? Uno lo mettiamo _____ soggiorno e quello piccolo _____ camera da letto grande.
_____ tavolino del soggiorno mettiamo il televisore e _____ mensole della libreria tutti i nostri libri.

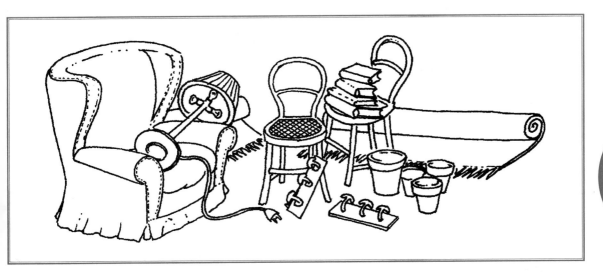

b) Collegare i nomi delle parti della casa con le azioni adatte, come nell'esempio.

1. camera da letto   — Lavarsi
2. cucina   — guardare la TV
3. sala da pranzo   — dormire
4. salotto   — cucinare
5. bagno   — cenare, pranzare
6. ingresso   — mettere l'automobile
7. ripostiglio   — mettere le bottiglie di vino, l'olio ...
8. cantina   — sistemare le scope, le scarpe ...
9. garage   6 appendere i vestiti all'attaccapanni

Cara Luisa, ti do subito la grande notizia : ho trovato casa!
Da tre giorni abito con Leila in Via Carducci, 9 - È in periferia,
un po' lontano dal centro, ma ci sono due autobus como=
di - L'appartamento è al IV piano (senza ascensore); è
abbastanza grande (80 metri), ci sono: due stanze da letto,
un grande soggiorno, la cucina abitabile e il bagno - È
bello e luminoso! Non ho ancora il telefono, ma il mio
nuovo numero è 041-6895221 - Ti invito a cena sabato pros=
simo per una piccola festa di inaugurazione - Ciao
Ti aspetto - Porta chi vuoi!   Sara

a) Leggi la lettera di Sara e poi descrivi la sua nuova casa (dove si trova, a quale piano, che dimensioni ha, quanti locali ci sono, com'è...).

10

CERCO appartamento in affitto in zona semicentrale vicino metropolitana.

CERCHIAMO stanza da dividere con altri studenti vicino Università.

IMPIEGATA cerca alloggio presso famiglia. Max 500.000 mensili. Bagno personale.

CERCO da ottobre a giugno monolocale arredato con servizi. Max 800.000 mensili.

a) Scrivi un annuncio per cercare la casa che desideri.

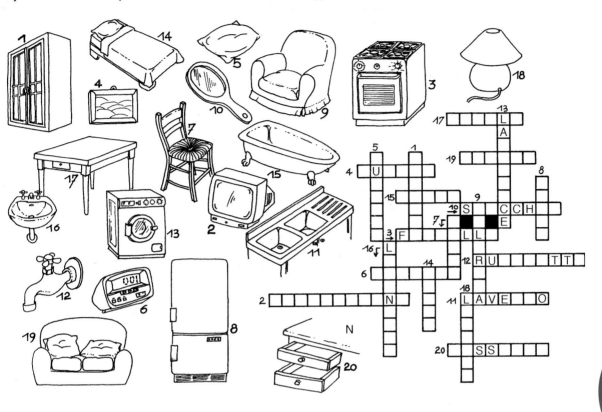

a) Scrivi i nomi di questi mobili, elettrodomestici e oggetti nelle caselle numerate.

b) Cancella la parola estranea come nell'esempio.

abitazione
alloggio
~~cielo~~
casa

studente
inquilino
contratto
padrone di casa

porte
muri
mare
finestre

soggiorno
bagno
stazione
cucina

locali
stanze
strade
camere

tavolo
sedie
poltrona
penna

frigorifero
lavatrice
televisore
acqua

palazzo
villa
edificio
ponte

occupato
libero
studiato
affittato

pareti
soffitto
pavimento
bagno

pranzo
luce
acqua
gas

abitare
traslocare
affittare
studiare

a) Scegli la risposta giusta.

Avviso A   Lunedì c'è la lettura della luce. ☐
                                        dell'acqua. ☐
                                        del gas. ☐

Avviso B   Si possono lasciare bici, moto
                e macchine in cortile. ☐

                È vietato lasciare bici, moto
                e macchine nel cortile. ☐

                Solo le bici possono stare in cortile. ☐

Avviso C   Lunedì 18 giugno non c'è il gas per tre ore. ☐
                Lunedì 18 giugno non c'è l'acqua per tre ore. ☐
                Lunedì 18 giugno non c'è la luce per tre ore. ☐

Suoni e scrittura

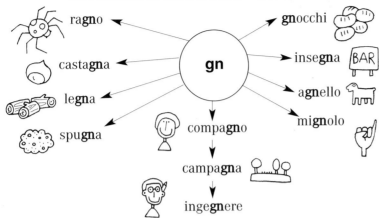

ragno

castagna

legna

spugna

gn

gnocchi

insegna BAR

agnello

mignolo

compagno

campagna

ingegnere

a) Leggi le parole a voce alta.

b) Leggi la filastrocca e cerchia le parole con la **gn**, come nell'esempio.

Il (cigno) è nello stagno
sull'albero c'è un ragno
nel riccio la castagna
nel fuoco c'è la legna
nel bagno c'è la spugna.

c) Completa le frasi con le parole adatte.

1. Sul muro c'è un _____ , il _____ è nello stagno.
2. Quando faccio il bagno mi lavo con la _____ .
3. In autunno si raccoglie la _____ e si mangiano le _____ .
4. Mi piace stare in compagnia dei miei _____ .
5. Oggi mangio gli _____ di patate, un piatto italiano.
6. Alì e Kadija oggi mangiano la carne di _____ .

Attenzione! gn o ni ?

d) Disponi su due colonne i seguenti nomi: Campania, compagnia, Epifania, ingegnere, Romania, Romagna, Sardegna, mania. Chiedi all'insegnante o cerca sul dizionario il significato delle parole che non conosci.

gn	ni

Conoscere l'Italia

La casa in Italia: alcuni dati

Otto italiani su dieci (80%) sono proprietari di una casa. In questi ultimi anni i proprietari di case sono aumentati: nel 1991 erano solo il 68%.

L'abitazione più richiesta è quella da ristrutturare (45%), quella usata (35%) e infine quella nuova (20%).

Gli appartamenti più richiesti hanno una superficie compresa fra 80 e 120 metri quadrati.

I prezzi delle case

Negli ultimi anni i prezzi delle case in Italia sono aumentati dopo alcuni anni di crollo.
I prezzi sono ancora molto alti, soprattutto nelle città e nelle zone centrali e semicentrali.
Ecco quanto costa un appartamento al metro quadrato a Genova e a Milano e in altre grandi città e quanto sono cambiati i prezzi in dieci anni.

Corriere Soldi *del 23 NOVEMBRE 1998*

QUANTO COSTA UN APPARTAMENTO...
(Prezzi medi in migliaia di lire al metro quadrato di abitazione usate)

Aree Urbane	Zone di pregio		Centro		Semicentro		Periferia	
	min	max	min	max	min	max	min	max
Bari	2.815	3.192	2.436	2.832	1.996	2.342	1.318	1.846
Bologna	4.017	4.950	3.436	4.314	2.950	3.693	2.350	2.945
Cagliari	2.338	2.873	2.062	2.538	1.746	2.147	1.392	1.752
Catania	2.207	2.677	1.862	2.262	1.392	1.738	1.073	1.354
Firenze	3.850	5.000	3.221	4.225	2.757	3.543	2.300	3.007
Genova	3.123	4.429	2.292	3.154	1.635	2.446	1.107	1.731
Milano	5.211	6.858	4.474	5.911	2.868	3.784	1.979	2.779
Napoli	4.308	6.177	2.854	3.958	1.875	2.777	1.147	1.700
Padova	3.380	4.092	2.829	3.477	2.121	2.700	1.538	1.923
Palermo	2.127	2.562	1.819	2.181	1.343	1.708	1.007	1.319
Roma	4.068	5.489	3.545	4.605	2.489	3.074	1.700	2.203
Torino	3.115	4.231	2.654	3.533	2.008	2.615	1.654	2.085
Venezia	4.859	6.638	3.901	6.000	3.008	4.200	2.384	3.222
MEDIE	3.435	4.448	2.851	3.705	2.165	2.795	1.611	2.127

Le bollette della luce, del gas ...

Mamadou ha fatto il contratto per la luce, il gas, il telefono per la sua nuova casa.
Ora deve pagare queste spese usando le bollette.

Come fa?

Le bollette sono i moduli che servono per pagare la luce, il gas, l'acqua, il telefono.
Le bollette hanno scadenza bimestrale (ogni due mesi); arrivano a casa e si pagano alla posta o in banca.
La cifra da pagare e la data di scadenza sono scritte sulla bolletta.

- Osserva le bollette: quanto deve pagare Mamadou di telefono? E di luce?
  Quando scadono le bollette?

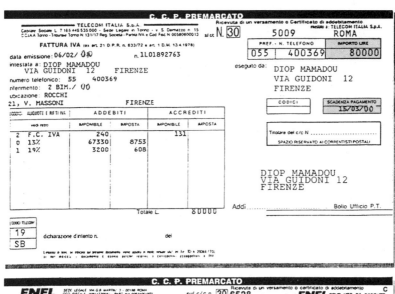

Tra paesi e culture

Benvenuto all'ospite

Aisha racconta:

«Nel mio paese, il Marocco, la casa e l'ospitalità sono una cosa sola. L'ospite è sempre il benvenuto e la casa è sempre aperta.

Le nostre case hanno sempre uno spazio per accogliere, stare seduti insieme, chiacchierare.

Vi sono grandi divani, cuscini colorati, tappeti morbidi. Spesso, chiuso tra le mura della casa, c'è un piccolo giardino, dove tutti si ritrovano la sera a prendere il fresco».

* Come si accoglie l'ospite nel tuo paese?
  Quali sono i modi per dare il benvenuto?

Per leggere

La gatta

C'era una volta una gatta
che aveva una macchia nera
sul muso e una vecchia
soffitta vicino al mare
con una finestra
a un passo dal cielo blu.

Se la chitarra suonava
la gatta faceva le fusa
ed una stellina
scendeva vicina vicina
poi mi sorrideva
e se ne tornava su.

Ora non abito più là,
tutto è cambiato.
Non abito più là,
ho una casa bellissima,
bellissima come vuoi tu.

Ma io ripenso a una gatta
che aveva una macchia nera
sul muso, a una vecchia
soffitta vicino al mare
con una stellina
che ora non vedo più.

G. Paoli

10

a) Indica se la frase è vera o falsa.

	Vero	Falso
1. L'uomo è felice per la sua nuova e bellissima casa	☐	☐
2. Pensa ancora alla vecchia soffitta e alla sua gatta	☐	☐
3. La soffitta era vicina al cielo blu	☐	☐
4. La sua gatta aveva una macchia nera sul muso	☐	☐
5. Anche dalla sua nuova casa vede la stellina vicina	☐	☐

Presente indicativo dei verbi PAGARE e CERCARE

PAGARE	CERCARE
pago	cerco
paghi	cerchi
paga	cerca
paghiamo	cerchiamo
pagate	cercate
pagano	cercano

Alcune PREPOSIZIONI ARTICOLATE

	il	lo	l'	la	i	gli	le
in	nel	nello	nell'	nella	nei	negli	nelle
su	sul	sullo	sull'	sulla	sui	sugli	sulle

I pronomi diretti con ECCO

Eccolo   Eccola   Eccoli   Eccole

Alcuni avverbi di luogo

qui-qua	là-lì
a destra	a sinistra
sopra	sotto
lontano	vicino
davanti	dietro
dentro	fuori
in alto	in basso

11 Che cosa avete fatto domenica scorsa?

❶ Che cosa avete fatto sabato e domenica?

Allora, com'è andato il fine settimana?

Che cosa avete fatto di bello?

Domenica pomeriggio siamo andati a vedere la partita.

Sabato sera sono andato in discoteca con gli amici.

Io sono andata al cinema e ho visto un film bellissimo.

Io e mia moglie abbiamo fatto un giro in bici in campagna.

Sono stata in casa tutta la domenica; ho pulito, stirato, lavato...

Noi siamo andate a casa di amici e abbiamo cenato da loro.

Non ho fatto niente di speciale, ho dormito tanto, mi sono riposato.

Sono andata a vedere una mostra di pittura e ho letto un libro.

Io purtroppo ho dovuto lavorare.

a) Che cosa hanno fatto? Dove sono andati? Abbina le frasi ai disegni.

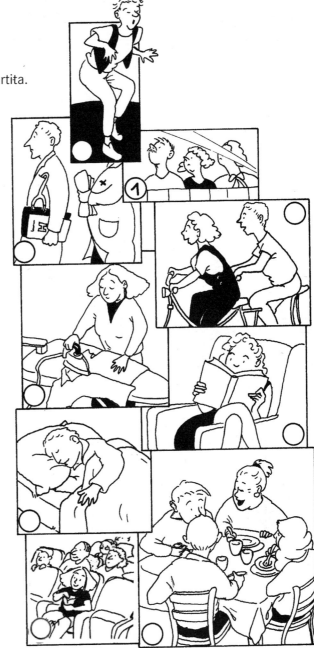

1. Sono andati allo stadio e hanno visto la partita.

2. Sono andati in campagna in bici e hanno fatto un bel giro.

3. È andato in discoteca e ha ballato.

4. È stata in casa e ha stirato.

5. È andato in ospedale e ha lavorato.

6. È stato a casa e ha dormito.

7. Sono andate a casa di amici e hanno cenato da loro.

8. È andata al cinema e ha visto un bel film.

9. È andata a una mostra e ha letto un libro.

in	discoteca	**a**	teatro	**al**	cinema
	pizzeria		casa		mercato
	piscina		scuola		ristorante
	palestra				
	campagna			**alla**	mostra
	montagna	**da**	Marco		
	ospedale		te	**allo**	stadio
			me		
dai	miei (familiari)		zia Lina	**dal**	parrucchiere
	suoi		loro		dentista
	tuoi				fruttivendolo

❷

sono	stato / a	andato / a
sei	stato / a	andato / a
è	stato / a	andato / a
siamo	stati / e	andati / e
siete	stati / e	andati / e
sono	stati / e	andati / e

> Sono andato fuori città.

> Siamo andati a Venezia.

> Sono stata in casa.

> Anch'io sono stato in casa.

> Siamo andate a fare un giro in centro.

❸ Dall'agenda di Carlo e Paola

a) Dove sono andati?

Leggi le agende di Carlo e di Paola.

Carlo — sabato 26

10 - dentista

11,30 - piscina

15 - mostra di Tiepolo

20,30 - "Sushi" ristorante giapponese

Paola — sabato 26

11 - zia Luisa

14 - mercato

17 - parrucchiere

22 - discoteca

b) Completa come nell'esempio.

(Noi, cinema) Noi siamo andati al cinema.

1. Carlos, pizzeria.
2. Sara, centro.
3. Tomas e Marco, stadio.
4. Voi, vostri amici.

5. Lucia e Nadia, scuola.
6. Io, Bologna.
7. Le mie amiche, cinema.
8. Tu, teatro.

11

c) Forma e completa la frase, come nell'esempio.

Io sono andata in Questura per rinnovare il permesso di soggiorno.

1. Io, Questura
2. Li Li, scuola
3. Tomas, bar
4. Noi, cinema
5. Voi, stadio
6. I miei amici, pizzeria
7. Tu, posta
8. Le mie amiche, discoteca

– a vedere l'ultimo film di Benigni.
– a vedere la partita.
1 – per rinnovare il permesso di soggiorno.
– per spedire una raccomandata.
– per imparare l'italiano.
– a bere un caffè.
– a ballare.
– a mangiare qualcosa insieme.

Come «stare» e «andare», formano il passato prossimo con il verbo «**essere**» anche i verbi «rimanere» e «restare» e:

- i verbi di movimento e di cambiamento:

  uscire, entrare, salire, scendere, partire, arrivare, venire, tornare...

  Sono entrato e poi sono uscito.

- nascere, crescere, diventare, morire...

  Sono nati due gemelli.

- i verbi riflessivi:

  svegliarsi, alzarsi, lavarsi, addormentarsi, pettinarsi...

  Mi sono svegliata tardi.

11

❹ Un sabato tranquillo

Ieri mattina Said si è svegliato tardi, verso le nove.
Si è fatto la doccia, si è lavato i capelli, si è vestito con calma.
Alle dieci è uscito ed è andato a fare un giro in centro per vedere le vetrine e fare la spesa.
A mezzogiorno è tornato a casa per cucinare.
All'una sono arrivati il suo amico Aziz e sua moglie.
Nel pomeriggio sono andati al cinema tutti insieme e la sera sono andati a trovare degli amici.

a) Trasforma la storia di Said nella tua e in quella di Sara.

Ieri mattina io...
Ieri mattina Sara...

b) Abbina la domanda alla risposta, come nell'esempio.

1. A che ora sei uscito ieri sera?
2. Da dove siete partiti?
3. A che ora è venuto Tomas?
4. Carla è tornata?
5. Sono arrivate le mie amiche?
6. Come sei venuta a scuola?
7. È nato il bambino di Lucia?
8. Vi siete addormentati molto tardi ieri notte?

☐ Siamo partiti dall'aeroporto di Linate.
☐ Sì, è tornata questa mattina alle sette.
☒ Sono uscito verso le otto e mezzo.
☐ È venuto mezz'ora fa.
☐ Sì, è nato ieri mattina.
☐ Tardissimo, ci siamo addormentati alle quattro.
☐ Sono venuta a piedi perché c'è lo sciopero dei mezzi.
☐ Sì, sono arrivate poco fa.

ALCUNE ESPRESSIONI DI TEMPO

Al tempo presente:	**Al tempo passato:**
adesso – oggi – in questo momento – attualmente – al giorno d'oggi – di solito – abitualmente – sempre.	ieri – l'altro ieri – la settimana scorsa – il mese scorso – l'anno scorso – due giorni fa – un anno fa – un'ora fa – il mese passato – nel 1991.

c) Trasforma queste frasi dal presente al passato usando le espressioni di tempo.

(Sara parte) – Sara è partita due ore fa.

1. Marco torna. _____
2. Luca e Marco arrivano. _____
3. Luisa parte per Como. _____
4. Viene mia madre. _____
5. Arriva mio padre. _____
6. Vengono le mie sorelle. _____
7. Arrivano i miei amici. _____
8. Paolo, quando torni? _____
9. Maria, con chi esci? _____
10. Entro nel bar. _____
11. Esco dal cinema. _____
12. Torno in treno. _____

⑤ Tempo libero e passatempi

a) Quando hai fatto queste cose l'ultima volta? Completa come nell'esempio.

ATTIVITÀ	QUANDO
ballare in discoteca	*sabato scorso*
guardare la TV	
fare una festa	
leggere un libro	
fare una passeggiata	
vedere un film	
incontrare gli amici	
sentire musica	
fare dello sport	
nuotare	
mangiare una pizza	
fare ginnastica	

Attenzione :

ball**are** →	ball**ato**	ascoltare →	ascoltato
mangiare	mangiato	nuotare	nuotato
vend**ere**	vend**uto**	tenere	tenuto
compiere	compiuto	avere	avuto
dorm**ire**	dorm**ito**	capire	capito
sentire	sentito	finire	finito
ma : vedere	visto	prendere	preso
leggere	letto	mettere	messo
scrivere	scritto	fare	fatto
nascere	nato	conoscere	conosciuto

11

b) Forma delle frasi, come negli esempi.

Sabato scorso ho ballato in discoteca.
Ieri sera ho guardato la TV.

b) Completa con il verbo al passato prossimo.

(Luca, guardare, TV) – Luca ha guardato la TV.

1. Marco, vedere, film.
2. Sara, sentire, musica.
3. Voi, ballare.
4. Mio figlio, giocare a pallone.
5. Mia figlia, dormire.
6. Said, fare, giro.
7. Noi, giocare a tennis.
8. I miei amici, vedere, partita.
9. Le mie amiche, visitare, mostra.

c) Che cosa hanno fatto domenica scorsa Paolo e Sara?
Ascolta la registrazione e poi rispondi alle domande.

1. Alle tre Paolo e Sara sono andati
   - [ ] al cinema.
   - [ ] all'ospedale.
   - [ ] in discoteca.

2. La loro amica Luisa ha avuto
   - [ ] un bambino.
   - [ ] un invito.
   - [ ] un lavoro.

3. Alle sei sono andati
   - [ ] a teatro.
   - [ ] allo stadio.
   - [ ] al cinema.

4. Hanno cenato
   - [ ] in pizzeria.
   - [ ] da Paolo.
   - [ ] da Sara.

➏ La domenica di...

a) Usando le espressioni e i verbi tra parentesi continua tu a raccontare.

Domenica abbiamo preso le biciclette...

(andare fuori città – fare un bel giro – mangiare in una trattoria casalinga – dormire sull'erba – tornare a casa verso le otto – andare a letto molto stanchi).

Ieri pomeriggio ho telefonato a Sara...

(alle cinque andare da lei – uscire insieme – andare al cinema – andare al ristorante cinese – incontrare due amici – andare tutti insieme in discoteca).

b) E tu, che cosa hai fato sabato scorso?
E domenica scorsa? Racconta.

c) Chiedi ai compagni che cosa hanno fatto domenica scorsa e poi racconta.

Esempio: Domenica scorsa Aziz...

❼ Il gioco dell'oca

- Si gioca in due o tre giocatori con un dado.
- Si tira il dado e si risponde corretta- mente alla domanda «Che cosa hai fatto domenica scorsa?» osservando il disegno della casella. La casella grigia vuol dire «non ho fatto niente» e si sta fermi un giro.
- Vince chi arriva per primo alla fine del giro.
- Si può cambiare la persona della domanda e chiedere «Che cosa avete fatto?», rispondendo: «Noi…».

❽ Un saluto dalla campagna

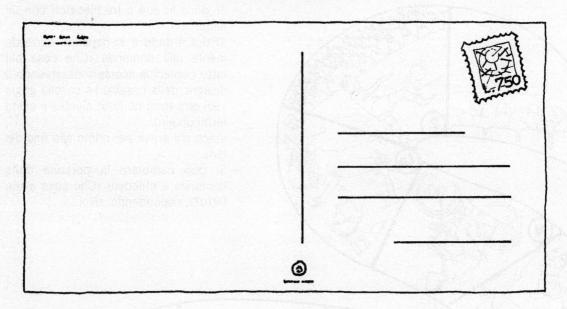

a) Scrivi una cartolina a un amico e racconta la gita che hai fatto in campagna domenica scorsa.

b) Completa le frasi con i verbi «essere» e «avere», seguendo l'esempio.

Sono andata in campagna e ho visto gli aironi.

1. Said _____ andato al cinema e _____ visto un bel film.
2. Lucia _____ stata a casa e _____ letto un libro.
3. Noi _____ visitato la pinacoteca di Brera quando _____ venuti a Milano.
4. Mio fratello e mia cognata _____ cambiato lavoro e _____ andati a vivere in campagna.
5. Noi _____ state a casa di Sara e _____ cenato con lei.
6. (Tu) _____ andato in discoteca? _____ visto i tuoi amici?
7. Io e i miei figli _____ fatto lunghe passeggiate quando _____ stati in montagna.
8. (Voi) _____ stati a scuola? _____ incontrato Luca?

c) Prova a scrivere sul tuo diario tutto quello che hai fatto ieri.

Caro diario,

_____

_____

_____

_____

_____

❾ La domenica in città

Sono andato   a
mangiare una pizza.
vedere un film.
giocare a tennis.

TEATRO CARCANO
corso di Porta Romana, 63 - tel. 02.55.18.13.77

OGGI 20.45 "PRIMA"
Nuova Scena-Arena del Sole
Teatro Stabile di Bologna

IL CAMPIELLO
di Carlo Goldoni
Regia di **Nanni Garella**

Per scuole e gruppi:
02.54.66.367 - 55.18.72.34

(1)

Vasco Rossi   (2)

Di Gennaro
RISTORANTE - PIZZERIA

Il piacere della pizza
a due passi dal Duomo

MILANO • via S. Radegonda, 14 (MM DUOMO)

(3)

UN TRIONFO !
ARISTON
Gall. del Corso-Tel. 02-76.02.38.06
ARCOBALENO
V.le Tunisia, 11-Tel. 02-29.40.60.54
VIP
Via Torino, 21-Tel. 02-06.46.38.47

‖‖‖ **3 PREMI OSCAR**
MIGLIOR ATTORE
MIGLIOR FILM STRANIERO
MIGLIOR COLONNA SONORA

MARIO "VITTORIO CECCHI GORI" presenta
ROBERTO BENIGNI presenta

LA VITA È BELLA

ROBERTO BENIGNI   NICOLETTA BRASCHI

regia di ROBERTO BENIGNI

(7)

11

SOLIDARIETA'

DANZE E DIBATTITI
Si apre al Consiglio di
Zona 16 (via San
Paolino 18, ore 21) con il
seminario «L'inserimento
dei minori nella scuola
italiana»

(5)

3 GIUGNO
AL PALAVOBIS ore 21

(6)

Bruce Springsteen

Domenica
27

Sport

● Calcio: **Milan-Bari** al
Meazza di San Siro, alle 15.

(4)

---

a) Leggi gli annunci e poi prova a raccontare cosa hanno fatto queste persone, come nell'esempio:
Maria è andata a vedere il film «Shakespeare in love».

1. Carlo _____

2. Giovanni _____

3. Marta e Lucia _____

4. Mario _____

5. Paola e Simone _____

6. Sara e le sue amiche _____

7. Luigi e i suoi amici _____

b) Domenica scorsa Nino, sua moglie, i bambini e i signori Rossi sono andati fuori città.

Leggi i due annunci e poi prova a rispondere alle domande.

Domenica 27 febbraio a Pantigliate (MI) (tel. 02-90600350, km 17 da Milano) *Festa di mezza Quaresima.*
Festa popolare a sfondo religioso con processione, giostre, bancarelle, pesca di beneficienza, lotterie e banchetti gastonomici.

1. Dove sono andati Nino e la sua famiglia?

2. Che festa c'è stata?

3. Che cosa hanno fatto?

Domenica 27 febbraio a Suzzara (MN) (tel. 0376-534051, km 22 da Mantova e 167 da Milano) *Cose d'altri tempi, ovvero mercatino dell'antiquariato.*
Si tiene ogni ultima domenica del mese (escluso luglio) in piazza Garibaldi e nelle vie limitrofe. Sono presenti circa 200 espositori specializzati in oggetti di piccolo antiquariato e di artigianato. Tra i cibi caratteristici sono da ricordare i cappelletti, gli agnoli, i tortelli di zucca e lo stracotto. *(Tito Saffioti)*

1. Dove sono andati i signori Rossi?

2. Che cosa hanno visitato?

3. Che cosa hanno potuto comprare?

4. Che cosa hanno potuto mangiare?

⑩ Vi è piaciuto il film?

GIANNI	Allora, che ne dite? Vi è piaciuto il film?
SARA	Mi sono piaciuti gli attori e la fotografia, ma è un po' troppo lungo e in certi punti è noioso.
LUCA	Anche a me sono piaciute molto le immagini, ma non è certo un capolavoro! Non mi è piaciuto il secondo tempo.
GIANNI	Devo dire che invece a me è proprio piaciuto. Secondo me, è il film più bello di questo regista. Mi è piaciuta molto anche l'attrice protagonista: è bellissima e proprio brava.

Attenzione!

Ti è piaciut**o** il film?	Ti sono piaciut**i** i film?
Ti è piaciut**a** l'attrice?	Ti sono piaciut**e** le attrici?
Ti è piaciut**o** l'attore?	Ti sono piaciut**i** gli attori?
Ti è piaciut**a** la foto?	Ti sono piaciut**e** le foto?

a) Scegli l'aggettivo adatto, come nell'esempio.

Che film noioso - ~~noiosa~~

1. Che spettacolo interessanti - interessante!
2. Che attrice stupendo - stupenda!
3. Che trasmissione piacevole - piacevoli!
4. Che musica assordante - assordanti!
5. Che film scadenti - scadente!

6. Che libro divertenti - divertente!
7. Che belli - belle immagini!
8. Che brutta - brutto fine!
9. Che storia confuso - confusa!
10. Che storia appassionante - appassionanti!

b) Fai delle domande come nell'esempio.

(A te, film) – Ti è piaciuto il film?

1. A voi, musica
2. A lei, concerto
3. A lui, trasmissione
4. A voi, fotografie

5. A te, canzoni di Sanremo
6. A loro, libri gialli
7. A te, videocassetta
8. A lei, dischi

⑪ Sei capace di...? Sai nuotare?

a) Hai mai provato a fare questi sport? Con quale frequenza? Completa la tabella.

SPORT	spesso	qualche volta	una sola volta	mai
sci (sciare)				
nuoto (nuotare)				
pattinaggio (pattinare)				
marcia (marciare)				
calcio (giocare a...)				
pallacanestro (giocare a...)				
tennis (giocare a...)				
golf (giocare a...)				
pallavolo (giocare a...)				

b) Forma delle frasi al passato.

Ho giocato **spesso** a calcio.   Ho giocato **una sola volta** a calcio.

Ho giocato **qualche volta** a calcio.   Non ho **mai** giocato a calcio.

c) Completa il cruciverba con i nomi degli sport.

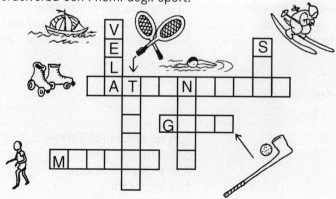

Suoni e scrittura

Accenti

a) Leggi il brano e cerchia le parole con l'accento, come nell'esempio.

Io abito in (città,) precisamente a Napoli. Il traffico è molto intenso, c'è sempre una gran quantità di macchine ad ogni ora del giorno. Però in città c'è più possibilità di trovare un'occupazione e poi ci sono più divertimenti: cinema, discoteche, bar per giovani, pizzerie e ristoranti. Io però alla sera sono sempre molto stanco, perché faccio un lavoro molto pesante al porto, così, spesso, mi addormento di colpo. Al sabato esco con gli amici e mi diverto. Quando sarò in vacanza, andrò al mare e farò tanti bagni. Tornerò al lavoro riposato e in forma.
Io sono emigrato dal mio paese tre anni fa. Chissà quando ritornerò al mio paese!

b) Riscrivi il brano alla terza persona e verifica di aver messo tutti gli accenti.

Alì abita in _____

_____

_____

_____

_____

c) Ricomponi le parole spezzate, come nell'esempio.

LO	CIO'	VE	TA'	CI
CIT	QUA	SI'	LI	
RO'	TA'	CO	PE	TA'	PER
CHE'	PER	QUAN	TA'	TI

velocità, _____

_____

e o è ?

a) Completa.

1. Chen _____ cinese, Vera _____ russa, _____ tu di dove sei?
2. Di chi _____ questa penna ? _____ mia .
3. Consuelo _____ Pedro sono brasiliani. Seyoun di che paese _____ ? _____ eritreo.
4. Tiziana _____ Karim sono i miei amici.
5. Chi _____ ? Siamo noi, amici _____ amiche. Apri!

11

Conoscere l'Italia

Sportivi o tifosi?

Le attività fisiche o sportive non sono molto diffuse fra gli italiani. Solo pochi praticano uno sport e sono soprattutto i più giovani.

Le statistiche dicono che gli italiani dedicano all'attività fisica e sportiva solo dieci minuti al giorno. I tifosi sono invece moltissimi.

In Italia la passione per lo sport è molto diffusa e il calcio è sicuramente lo sport più popolare e famoso. Molti tifosi seguono la squadra del cuore e ogni domenica vanno allo stadio a vedere le partite; altri ascoltano la partita alla radio o la guardano in TV.

I calciatori più bravi, quelli che segnano i goal e fanno vincere la squadra, sono delle vere celebrità.

Per la squadra di calcio si litiga, si discute e, quando perde, si piange; al contrario, in caso di vittoria si canta e si fa festa.

C'è purtroppo anche un tifo violento che causa danni, risse, feriti. In questi anni ci sono stati episodi di violenza e aggressione fra tifosi di squadre diverse.

Conoscere l'Italia

11

Conoscere l'Italia

Il tempo libero degli italiani

Come passano il tempo libero gli italiani?

Moltissime persone la sera stanno davanti alla TV per rilassarsi e per distrarsi.

Soprattutto a partire dalla fine degli anni Settanta, con le televisioni private e con l'aumento del numero di canali, guardare la TV è diventata l'attività di tempo libero più diffusa fra gli italiani di tutte le età. I diversi canali trasmettono a tutte le ore trasmissioni per tutti i gusti: film, telefilm, cronache sportive, attualità, notizie, cartoni animati, musica...

Il sabato e la domenica si va anche al cinema, a teatro, in un locale ad ascoltare musica e a bere qualcosa con gli amici. Naturalmente i giovani escono più spesso degli adulti, soprattutto durante il fine settimana. Un altro modo per passare il tempo libero e per stare in compagnia è andare a cena fuori, al ristorante, in pizzeria, in trattoria, oppure invitare a cena gli amici.

Il sabato e la domenica chi abita nelle grandi città, quando può, fa delle passeggiate in campagna o fuori porta per respirare aria pulita e stare in mezzo al verde.

Come... dove... usare i servizi

Nel mio tempo libero

Manuel e Sofia hanno un po' di tempo libero e vogliono muoversi, fare dello sport.

Dove possono andare?

– a nuotare   ⟶   in piscina
– a fare ginnastica   ⟶   in palestra
– a giocare a calcio   ⟶   al campo sportivo
– a giocare a bocce   ⟶   alla bocciofila
– a fare yoga   ⟶   in palestra
– a imparare dei balli⟶   alla scuola di ballo
– a pattinare   ⟶   alla pista di pattinaggio

Attività di volontariato

Charito cerca un'associazione per fare volontariato nella sua città. Molte persone lo fanno nel loro tempo libero. Alcuni aiutano gli anziani o i malati, altri collaborano alle iniziative per proteggere la natura e l'ambiente. Altri ancora danno una parte del loro tempo per aiutare popolazioni di paesi poveri o in guerra.

• Che attività fai nel tempo libero?
  Fai parte di qualche associazione di volontariato?

Tra paesi e culture

Danza e musica

Il samba è il nome della musica e del ballo più diffusi in Brasile. Di origine africana, il samba fu portato in Brasile dagli schiavi nel Settecento.

Il samba delle favelas (quartieri poveri delle periferie) è popolare e chiassoso.

Il samba della costa si chiama "bossa nova" ed è una musica più morbida e lenta.

In Brasile ci sono moltissime scuole di samba per imparare a danzare e a suonare.

* E nel tuo paese: quali sono le musiche e le danze più diffuse?
  Sai ballare?
  Come hai imparato?
  In quali occasioni si balla?

Per leggere

Azzurro

Cerco l'estate tutto l'anno
e all'improvviso eccola qua
lei è partita per le spiagge
e sono solo quassù in città
sento fischiare sopra i tetti
un aeroplano che se ne va.

   Azzurro il pomeriggio è troppo azzurro
   e lungo per me
   mi accorgo di non avere più risorse
   senza di te
   e allora io quasi quasi prendo il treno
   e vengo, vengo da te
   il treno dei desideri
   nei miei pensieri all'incontrario va.

Sembra quand'ero all'oratorio*
con tanto sole tanti anni fa
quelle domeniche da solo
in un cortile a passeggiar
ora mi annoio più di allora
neanche un prete per chiacchierar.

P. Conte

* luogo per il tempo libero dei ragazzi, che fa parte della parrocchia.

a) Ricopia il ritornello (Azzurro il pomeriggio...)

b) Rispondi alle domande.
1. Perché il protagonista si sente solo?
2. Che cosa pensa di fare?
3. Perché ricorda l'oratorio?
4. In quale stagione siamo?
5. Perché il titolo della canzone è «Azzurro»?
(l'azzurro è un bel colore – è arrivata l'estate – è il colore del pomeriggio)

Indicativo passato prossimo con il verbo ESSERE

	STARE	NASCERE	PARTIRE
sono	stato / a	nato / a	partito / a
sei	stato / a	nato / a	partito / a
è	stato / a	nato / a	partito / a
siamo	stati / e	nati / e	partiti / e
siete	stati / e	nati / e	partiti / e
sono	stati / e	nati / e	partiti / e

Indicativo passato prossimo con il verbo AVERE

	GIOCARE	RICEVERE	SENTIRE
ho	giocato	ricevuto	sentito
hai	giocato	ricevuto	sentito
ha	giocato	ricevuto	sentito
abbiamo	giocato	ricevuto	sentito
avete	giocato	ricevuto	sentito
hanno	giocato	ricevuto	sentito

Alcuni participi passati irregolari

accendere	acceso	rimanere	rimasto
aprire	aperto	rispondere	risposto
bere	bevuto	rompere	rotto
chiedere	chiesto	scegliere	scelto
chiudere	chiuso	scendere	sceso
correre	corso	scrivere	scritto
dire	detto	spegnere	spento
fare	fatto	spendere	speso
leggere	letto	succedere	successo
mettere	messo	vedere	visto
perdere	perso	venire	venuto
prendere	preso	vincere	vinto

I pronomi indiretti e il passato prossimo del verbo PIACERE

mi	è piaciuto	ci
ti	è piaciuta	vi
gli	sono piaciuti	gli
le	sono piaciute	(loro)
Le		

12 Racconto la mia storia.

➊ La storia di...

LUCA RACCONTA...

Sono nato a Roma nel 1960. Sono rimasto a Roma fino a venticinque anni; ho finito gli studi e mi sono laureato.

Ho fatto il militare a Trento nel 1983. Dopo il militare e dopo la laurea ho cercato un lavoro. L'ho trovato a Bologna in un'azienda elettronica. Così, nel 1985 mi sono trasferito a Bologna.

Due anni dopo ho incontrato Marina. Ci siamo sposati nel 1990, dopo tre anni di fidanzamento. Dopo due anni sono nati i miei figli.

MARINA RACCONTA...

Sono nata a Modena nel 1964 e ho vissuto in questa città fino al matrimonio.

Ho cominciato a lavorare come insegnante nel 1987 e ho trovato lavoro a Bologna. Qui ho conosciuto mio marito. Ho fatto la pendolare fra Modena e Bologna per tre anni.

Dopo il matrimonio mi sono trasferita a Bologna. Nel 1992 ho avuto due gemelli e ho smesso di lavorare.

il pendolare

i gemelli

Luca si è sposato.

Marina si è sposata.

Luca e Marina si sono sposati.

Luca si è trasferito.

Marina si è trasferita.

Luca e Marina si sono trasferiti.

a) Questi sono le date e i fatti più importanti delle storie di Luca e di Marina.

Prova a raccontare la loro storia.

Luca	**Marina**
1960, Roma.	1964, Modena.
fino al 1985, Roma.	1987, lavoro, Bologna.
1983, militare, Trento.	1987, Luca.
1985, lavoro, Bologna.	1990, matrimonio.
1987, Marina.	1992, figli.
1990, matrimonio.	
1992, figli.	

Luca è nato a Roma nel 1960.
È rimasto a Roma fino al 1985.

b) Ecco ora la storia di Aziz. Segna di fianco le date e i fatti più importanti della sua vita.

Aziz è nato a Casablanca nel 1965. In questa città ha frequentato le scuole, ha studiato legge e si è laureato nel 1992.
Nel 1993 è andato a Parigi da suo fratello. È rimasto a Parigi sei mesi. Nel 1994 è venuto in Italia, a Milano.

1965, Casablanca.

....

....

....

c) Prova a raccontare la storia di Mary a partire dalle date e dai fatti più importanti della sua vita.

– Mary, Manila (Filippine) 1970.
– diploma di infermiera, 1990.
– lavoro in ospedale, 1992.
– matrimonio, 1994.
– figlio, 1995.
– in Italia, 1998.
– lavoro, Roma, 1998.

❷ La tua storia

a) E tu? Racconta in breve la tua storia.

— dove sei nato/a
— dove hai studiato
— che scuole hai frequentato
— se hai lavorato nel tuo paese e che lavoro hai fatto
— quando sei arrivato/a in Italia
— con chi sei venuto/a
— in quale città sei andato/a
— se hai cambiato lavoro
— se hai cambiato città

b) Lavora in coppia. Rivolgi le stesse domande a un compagno, segna le sue risposte e poi racconta la sua storia.

c) Ascolta la storia di Li Li. Numera le foto in ordine cronologico e poi prova a raccontare.

❸ Prima... poi...

a) Forma una frase al passato prossimo con «prima» e «poi», come nell'esempio:

(arrivare, marito – arrivare, moglie e figli)
Prima è arrivato il marito, poi sono arrivati la moglie e i figli.

1. venire, genitori
2. (io) studiare, italiano
3. Said, fare documenti
4. (Noi) frequentare, scuola elementare
5. (io) prendere, treno
6. (loro) salutare, parenti
7. (voi) rinnovare, passaporto
8. (Li Li) fare, cameriera

– arrivare, figli
– cercare, lavoro
– portare qui, famiglia
– fare, scuola media
– prendere, aereo
– partire
– fare un viaggio
– fare, baby sitter

b) Numera i disegni in ordine cronologico e poi racconta alcuni episodi delle storie di Giulia e di Said.

Giulia

  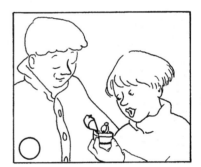

Said

Giulia ....

....

Said ....

....

....

❹ Due italiani in Svizzera

Antonio e Chiara, emigrati italiani in Svizzera raccontano la loro storia.

Sono nato in un paese in provincia di Foggia, in Puglia, in una famiglia molto numerosa: sette figli e i genitori.
Ho fatto le scuole elementari; poi ho cominciato subito a lavorare in campagna con mio padre e i miei fratelli.
Nel 1970 mio fratello maggiore è andato in Svizzera a lavorare come cameriere in un bar.
Dopo due anni è tornato a trovarci e io sono partito insieme a lui per la Svizzera. Ho trovato lavoro come cameriere in un albergo.
Sono in Svizzera da quasi trent'anni.
Ho aperto un ristorante; i miei figli sono nati qui; ormai la mia vita è qui e torno in Italia solo per le ferie.

Ho conosciuto mio marito venticinque anni fa. Siamo dello stesso paese.
È tornato dalla Svizzera per le ferie e ci siamo incontrati.
Mi è piaciuto subito e ci siamo fidanzati.
Dopo due anni di fidanzamento abbiamo deciso di sposarci.
Dopo il matrimonio l'ho seguito in Svizzera.
I primi tempi sono stati molto difficili, mi sono abituata piano piano.
Adesso questo è il mio paese, qui sono nati i miei figli, hanno studiato, hanno la loro vita, il loro lavoro...

a) Prova a ricostruire la loro storia rispondendo alle domande.

— Che lavoro ha fatto Antonio da piccolo?
— Chi è partito per primo per la Svizzera?
— Che lavoro ha trovato Antonio?
— Da quanti anni è emigrato?
— Adesso che lavoro fa?
— Pensa di tornare in Italia?

— Chiara, dove ha conosciuto Antonio?
— Quando è partita per la Svizzera?
— Come sono stati i primi tempi dell'emigrazione?
— Pensa di tornare in Italia?

⑤ Brevi biografie di due attori e registi italiani

ROBERTO BENIGNI

È un attore e un regista di successo.
È nato ad Arezzo nel 1952. Da ragazzo è vissuto in provincia di Prato, a Vergaio, dove abitano ancora i suoi familiari.
Poi si è trasferito a Roma e ha partecipato ad alcuni spettacoli televisivi.
Ha partecipato a molti film come attore e ha diretto altri film come regista.
Nel 1997 il suo film *La vita è bella* ha avuto un grandissimo successo.
Benigni è il regista, il protagonista e anche lo sceneggiatore del film. Nel 1999 il film è stato premiato con tre Oscar: Benigni ha ricevuto l'Oscar come migliore attore.

DARIO FO

È attore, autore di testi teatrali, scenografo e pittore.
È nato a Sangiano (Varese) nel 1926.
Da giovane ha studiato per diventare pittore.
Ma già dal 1952 ha cominciato a lavorare per la radio ed è entrato nel mondo dello spettacolo.
Ha lavorato poi nel teatro e nel cinema.
Ha messo in scena numerosi spettacoli teatrali nei quali riesce a divertire il pubblico e, nello stesso tempo, a far pensare ai fatti e ai problemi della società italiana.
Lavora spesso insieme alla moglie, Franca Rame.
Nel 1997 ha ricevuto il premio Nobel per la letteratura.

12

a) Completa la tabella.

Roberto Benigni

È nato a _____ nel _____ .

È un attore e un _____ famoso.

Il suo film di maggior successo è _____
_____
_____ .

Nel _____ questo film è stato premiato con
_____
_____ .

Dario Fo

È nato a _____ nel _____ .

È autore di testi teatrali, ma anche _____
_____
_____ .

I suoi spettacoli riescono a divertire il pubblico
ma anche _____ .

Spesso lavora con la moglie, l'attrice _____
_____ .

Nel 1997 ha ricevuto il _____
_____
_____ .

Hai visto il film *La vita è bella* di Benigni?	Sì, **l'ho visto**. No, non l'ho visto.
Hai visto i film di Benigni?	Sì, **li ho visti** tutti. No, non li ho mai visti.
Hai visto la partita alla TV?	Sì, **l'ho vista** ieri sera. No, non l'ho vista.
Hai visto le fotografie del viaggio?	Sì, **le ho viste**. No, non le ho viste.

a) Abbina la domanda alla risposta.

1. La scuola?
2. Il passaporto?
3. Il lavoro?
4. Mia moglie?
5. Mio marito?
6. L'italiano?
7. I miei figli?
8. Le mie serate?
9. Luca e Lucia?

– L'ho trovato da poco.
– L'ho conosciuta cinque anni fa.
– *1* L'ho finita a diciotto anni.
– Li ho accompagnati a scuola.
– L'ho rinnovato al mio consolato.
– L'ho sposato dieci anni fa.
– L'ho studiato un po' prima di partire.
– Li ho conosciuti in montagna.
– Le ho passate in casa davanti alla TV.

b) Completa le frasi con i pronomi lo (l'), la (l'), li, le.

1. Ho cercato lavoro, ma non _____ ho trovato.

2. Ho scritto la domanda e _____ ho consegnata in segreteria.

3. Hai fatto le fotocopie? _____ hai date agli studenti?

4. Carlos ha preparato i documenti e _____ ha portati alla Questura.

5. Mary ha fatto dei dolci e _____ ha regalati a tutti.

6. Ho incontrato Lucia e _____ ho salutata.

7. Ho incontrato Lucia e Sara e _____ ho salutate.

8. Abbiamo telefonato a Mario e Lucia e _____ abbiamo invitati a cena.

Sono partito	**Sono dovuto** partire
Sono andati in Questura	**Sono dovuti** andare in Questura
Ha lavorato tutto il giorno	**Ha dovuto** lavorare tutto il giorno
Abbiamo firmato il contratto	**Abbiamo dovuto** firmare il contratto
Non sono venuto	**Non sono potuto** venire
Non hai pagato	**Non hai potuto** pagare
È partito	**È voluto** partire
Avete aspettato	**Avete voluto** aspettare

a) Trasforma le frasi dal presente al passato, come negli esempi.

Sono partito – Sono dovuto partire.
Hanno firmato il documento – Hanno dovuto firmare il documento.

1. Dobbiamo rinnovare il permesso di soggiorno.
2. Carlos deve cercare un altro lavoro.
3. Maria deve andare a Roma.
4. Noi dobbiamo uscire alle cinque.
5. Devo cambiare turno di lavoro.
6. Dovete andare al Consolato.
7. Loro devono presentarsi in Questura.
8. Che cosa devi fare di urgente?

b) Abbina le domande alle risposte.

1. Perché non sei potuto uscire ieri sera?
2. Perché Said non ha voluto portare qui sua moglie?
3. Perché voi non avete potuto cambiare lavoro?
4. Perché Sara non ha potuto iscriversi all'Università?
5. Perché i tuoi amici non sono potuti venire?

☐ Perché non ha fatto tutti i documenti.
☐ Perché la loro macchina si è rotta.
[7] Perché i miei non mi hanno dato il permesso.
☐ Perché non abbiamo ottenuto l'autorizzazione al nuovo lavoro.
☐ Perché non ha tradotto il suo diploma di scuola superiore.

❽ Il viaggio di Abena

> *Finalmente è arrivata la lettera!*
> *Mio padre ha scritto che dobbiamo partire. La nonna si è messa subito a piangere.*
> *Joe la mamma siamo andate a comprare dei vestiti pesanti, le scarpe nuove e una grande valigia. Abbiamo salutato tutti i parenti e siamo partiti giovedì all'alba. Abbiamo preso due autobus: uno fino a Kumasi e uno fino a Accra. Da Accra abbiamo preso l'aereo per Roma. Da Roma abbiamo preso il treno per Brescia. Alla stazione di Brescia è venuto a prendermi mio padre. Abbiamo preso un altro autobus e siamo arrivati nella nostra nuova casa.*

a) Racconta il tuo viaggio d'arrivo in Italia.
   Con chi sei partito?
   Che cosa hai fatto prima di partire?
   Che mezzi di trasporto hai preso?

Quanti aerei ha preso Abena?	**Ne** ha preso uno: da Accra a Roma.
Quanti autobus ha preso?	**Ne** ha presi tre: due in Ghana e uno in Italia.
Quanti treni ha preso?	**Ne** ha preso uno: da Roma a Brescia.
Quanti mezzi ha cambiato?	**Ne** ha cambiati cinque.
Quante città hai visto?	**Ne** ho vista una.
	Ne ho viste molte.
	Ne ho viste due o tre.
	Non **ne** ho vista nessuna.

b) Abbina la domanda con la risposta e completa.

1. Quante città hai visitato?   – Ne ho studiat_ due: l'arabo e il francese.
2. Quanti lavori hai cambiato?   – Ne ho guadagnat_ pochi.
3. Quante lingue hai studiato?   –¹ Ne ho visitat**e** molte.
4. Quanti soldi hai guadagnato?   – Ne ho scritt_ moltissime.
5. Quanti amici hai conosciuto?   – Ne ho cambiat_ sei.
6. Quante lettere hai scritto?   – Ne ho conosciut_ molti.

c) Ora rispondi alle domande precedenti come vuoi tu.

❾ Messaggi per occasioni diverse

a) Abbina l'annuncio con il biglietto di risposta, come nell'esempio.

①
*Carla e Massimo
annunciano
il loro matrimonio

Verona, 2 marzo*

②
*Marina e Luca Bianchi
annunciano
con grande gioia
la nascita di
Francesco e Lara
Bologna,
3 dicembre 2000*

③
*Ce l'ho fatta! Mi sono
finalmente laureato.
Vi aspetto sabato sera
alle 21 per brindare
con voi
                  Carlo*

④
*Manuela invita i
suoi amici alla
sua festa di
compleanno
Domenica, 10 aprile
              ore 15 circa*

Ⓐ
*Congratulazioni e auguri
alla mamma e ai piccoli
(anche al papà)

              Lina*

Ⓑ
*Auguri vivissimi
di felicità e
di una lunga
vita insieme

              Gli zii*

Ⓒ
*Grazie dell'invito!
Posso portare due
amici?

              G.*

Ⓓ
*Complimenti
Dottore!
Ci sarò,

              Sandro*

b) Scrivi un biglietto per fare gli auguri in queste occasioni:

– il compleanno
– il matrimonio di un amico
– la nascita di un bambino

10

Hai scritto la lettera a Paolo?

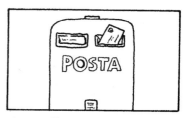

No, **non** l'ho **ancora** scritta.

Sì, l'ho **appena** scritta.

Sì, l'ho **già** spedita.

È nato il bambino di Maria?

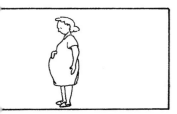

No, **non** è **ancora** nato.

Sì, è **appena** nato.

Sì, è **già** nato. È nato due giorni fa.

a) Rispondi alle domande nei tre modi possibili, usando «non ancora», «appena», «già».

Hai pagato l'affitto?   No, non l'ho ancora pagato.
Sì, l'ho appena pagato.
Sì, l'ho già pagato.

1. Avete pagato le bollette?
2. Hai rinnovato i documenti?
3. Hai fatto la patente?
4. Said ha aggiustato la macchina?

5. Hai finito il corso?
6. Avete preso il caffè?
7. Hai visto il film di Benigni?
8. I tuoi genitori sono arrivati?

11 Pro-memoria prima della partenza

a) Lavora in coppia. Stai partendo per un viaggio: hai fatto queste cose?
Fai le domande a un compagno, poi rispondi alle sue domande, come negli esempi.

Hai preso i documenti?

Sì, li ho presi.
No, non li ho presi.

- prendere i documenti
- comprare il biglietto
- fare la prenotazione
- comprare la valigia
- chiudere il gas

— pagare le bollette
— mettere la segreteria telefonica
— annaffiare i fiori
— prendere i soldi

⑫ Preparativi per una cena

a) Hai invitato degli amici a cena. È tutto pronto?
Fai le domande a un compagno; poi scambiatevi i ruoli.

1. Hai stappato le bottiglie?
2. Hai messo l'acqua in frigorifero?
3. Hai abbassato la temperatura del forno?
4. Hai messo la tovaglia bianca?
5. Hai portato in tavola i piatti del dolce?
6. Hai piegato bene i tovaglioli?
7. Hai cambiato i bicchieri?
8. Hai comprato la torta?
9. Hai acceso le candele?
10. Hai sistemato i fiori?

⑬ Qualcuno o nessuno. Qualcosa o niente

a) Completa, come negli esempi, con «qualcuno o nessuno», «qualcosa o niente».

Hai incontrato qualcuno per strada?
No, non ho incontrato nessuno.

Vuoi qualcosa da mangiare?
No, grazie, ora non prendo niente.

1. Ha telefonato _____ ? No, non ha chiamato _____ .
2. Hai parlato con _____ ? No, non l'ho detto a _____ .
3. Aspetti _____ ? No, non aspetto _____ .
4. Vuoi _____ da bere? No, grazie, non voglio _____ .
5. Hai visto _____ di strano? No, non ho visto _____ .
6. Hai sentito _____ ? No, non ho sentito _____ .

Conoscere l'Italia

L'emigrazione italiana all'estero

Dalla fine dell'800 fino a oggi, circa trenta milioni di italiani sono emigrati per cercare lavoro e per migliorare la loro vita.

La presenza di persone di origine italiana nel mondo è perciò molto rilevante.

Sono poco più di cinque milioni i cittadini italiani che vivono all'estero, ma molti di più sono gli americani di origine italiana, gli australiani di origine italiana, i francesi di origine italiana...

Sono i figli e i nipoti degli emigrati che hanno da tempo la cittadinanza del paese in cui sono nati.

Fino a circa il 1925 gli emigrati italiani partivano soprattutto per i paesi al di là dell'oceano: gli Stati Uniti, l'Australia, il Brasile, il Canada, l'Argentina.

Dopo la seconda guerra mondiale (dal 1945) invece, molti italiani sono andati a lavorare nei paesi europei più industrializzati: la Germania, la Svizzera, il Belgio, la Francia...

Dal 1975, per la prima volta, il numero dei lavoratori stranieri che arrivavano in Italia ha superato il numero degli italiani che partono per l'estero.

E così l'Italia, da paese di emigrati, è diventata un paese di immigrati che ospita più di un milione e duecentomila lavoratori stranieri.

Un emigrato italiano appena giunto in America ai primi del '900.

Come... dove... usare i servizi

La carta di soggiorno

La legge n° 40 sull'immigrazione degli stranieri contiene una grande novità: la carta di soggiorno.

Questo documento non ha scadenza.

Viene rilasciato al cittadino straniero che risiede in Italia regolarmente da almeno 5 anni e ai suoi familiari.

Lo straniero deve dimostrare di avere un reddito sufficiente per sé e per i familiari.

La carta di soggiorno viene ritirata agli stranieri che commettono un reato (rapina, truffa, violenza...).

• Puoi chiedere la carta di soggiorno?
  Quali documenti servono?

Per leggere

Pap racconta...

Vengo dal Senegal. Sono nato a Dakar nel 1957.
Ho fatto il venditore per anni, poi ho preferito smettere.
Vi racconto come è successo.
Sono stato il primo della mia famiglia a vendere.
Ho imparato in Costa d'Avorio ad Abidjan, dove ho
venduto l'avorio ai turisti italiani e francesi.
1979, novembre. Un giorno ho preso il treno con
in tasca 30.000 franchi (circa 120.000 lire) e sono andato in
Costa d'Avorio.
Dal Senegal alla Costa d'Avorio, come tanti
giovani senegalesi; poi sono venuto in Italia.
21 luglio 1984, sono arrivato a Riccione...

da P. Khouma, O. Pivetta,
Io venditore di elefanti

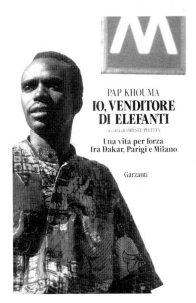

Charito racconta...

Sono a Milano da quasi due anni.
Prima sono stata a Pisa per un anno e tre mesi; poi ho cambiato lavoro e sono andata a
Roma.
Ho fatto l'insegnante nelle Filippine per diciassette anni; poi sono partita per raggiungere
mia sorella che abita in Italia da dieci anni.
Ho lasciato il mio paese per motivi economici: per guadagnare un po' di soldi, costruire
una casa, comprare un negozio...
i sogni sono tanti...
Quando sono arrivata in Italia è stato duro abituarmi; ho pianto, sono dimagrita, ho passato tante notti in bianco*. Anche ora la nostalgia è troppo forte...
Mi manca la mia famiglia.

* senza dormire

da I. Matteucci, *In casa d'altri*

a) Sottolinea la parola corretta.

Pap Khouma è senegalese/albanese, è nato a Dakar nel 1957/1937.
Ha fatto per tanti anni il venditore di sigarette/avorio ai turisti.
Poi è venuto in Francia/Italia. Prima/dopo è stato in Costa d'Avorio.
È arrivato in Europa nel 1994/1984.

b) Completa.

Charito al suo paese lavorava come _____ , poi è venuta in _____ , prima

a _____ e poi a _____ .

Ha lasciato il suo paese per guadagnare di più, ma ha sofferto molto e non riusciva a vivere in Italia. Anche oggi ha _____ della famiglia.

I pronomi diretti con il passato prossimo

L'ho visto – L'ho vista – Li ho visti – Le ho viste

L'ho incontrato – Li ho incontrati

L'ho incontrata – Le ho incontrate

Il pronome NE con il passato prossimo

Ne ho letto uno – Non ne ho letto nessuno

Ne ho letti molti – Ne ho letti pochi

Ne ho lette due, tre... – Ne ho lette molte

GIÀ – APPENA – NON ANCORA con il passato prossimo

L'ho già fatto

L'ho appena fatto

Non l'ho ancora fatto

L'ho già imparato

L'ho appena imparato

Non l'ho ancora imparato

Il passato prossimo con i verbi MODALI (dovere, potere, volere)

Sono partito

Sei uscito

Sono dovuto partire

Sei dovuto uscire

Ho parlato

Avete bevuto?

Ho potuto parlare

Avete potuto bere?

È partito

Hanno mangiato al ristorante

È voluto partire

Hanno voluto mangiare al ristorante

13 Quando ero piccolo...

① Dall'album di foto di Simone

Qui avevo due anni, ero un po' grassottello, ero al mare con mia madre e mio fratello.

Qui avevo cinque anni, facevo la scuola materna ed ero più magro.

Questi erano i miei compagni della scuola elementare. Facevo la quinta, era l'ultimo anno di scuola.

A tredici anni, ogni anno andavo in montagna, con i miei familiari, anche se non mi piaceva. Mio fratello invece si divertiva molto.

Qui avevo diciannove anni; facevo il militare in marina, sulla nave Intrepido.

Il mio primo lavoro. Lavoravo in un'agenzia di viaggi; questi erano i miei colleghi.

a) Numera in ordine cronologico le frasi che si riferiscono alla vita di Simone.

- ☐ Facevo il militare in marina.
- ☐ Ero alla scuola materna, avevo cinque anni.
- ☐ Avevo due anni, ero al mare con mia madre.
- ☐ Era l'ultimo anno della scuola elementare.
- ☐ Lavoravo in un'agenzia di viaggi.
- ☐ A tredici anni: andavo in montagna ogni anno.

❷ Dove eravate nel...

24 marzo 1999: è scoppiata la guerra nel Kosovo.
Voi, dove **eravate** in quel periodo?

Io **ero** nelle Filippine, i miei genitori **erano** in Italia.

Noi **eravamo** già in Italia, a Firenze.

Io **ero** ancora nel mio paese, al Cairo, in Egitto.

E tu dov'**eri**?

Io **ero** qui, ma mia moglie **era** in Cina.

a) Dov'erano queste persone nel 1999? Rispondi come nell'esempio.

(Io, Roma, Italia) – Io ero in Italia, a Roma.

1. Io, Venezia.
2. Noi, Bologna.
3. Tu, Casablanca, Marocco.
4. Li Li, Shangai, Cina.
5. Pap e Mamadu, Dakar, Senegal.
6. Voi, Lima, Perù.

Attenzione! Imperfetto dei verbi «essere» e «fare»

ero	facevo
eri	facevi
era	faceva
eravamo	facevamo
eravate	facevate
erano	facevano

b) Completa con i verbi «essere» e «fare» all'imperfetto.

(Io, piccolo, scuola materna) – Ero piccolo; facevo la scuola materna.

1. Io, nel mio paese, scuola superiore.
2. Andrea, un bambino, scuola elementare.
3. Noi, a Roma, corso professionale.
4. Maria, nel suo paese, Università.
5. Mario e Carlo, insieme, militare.
6. Tu, a Londra, corso di inglese.

❸ Intervista a giovani stranieri in Italia

Avevo un lavoro statale, ma guadagnavo poco. **Volevo** guadagnare di più.

Volevo fare un'esperienza nuova, **volevo** conoscere un altro mondo.

Facevo il commerciante, ma il negozio non **andava** bene, avevo pochi clienti.

Perché avete lasciato il vostro paese e siete venuti qui in Italia?

I miei genitori **erano** qui, io **volevo** stare con loro.

Studiavo ancora, ma c'erano poche possibilità di lavoro.

Volevo fare l'Università in Italia.

Nel mio paese **c'era** la guerra e tutti **scappavano**.

lavor**avo**	viv**evo**	dorm**ivo**
lavor**avi**	viv**evi**	dorm**ivi**
lavor**ava**	viv**eva**	dorm**iva**
lavor**avamo**	viv**evamo**	dorm**ivamo**
lavor**avate**	viv**evate**	dorm**ivate**
lavor**avano**	viv**evano**	dorm**ivano**

Said racconta...

Quando ero nel mio paese studiavo ancora. Andavo ogni giorno all'Università, studiavo Agraria. La sera uscivo con gli amici, mi divertivo, stavo in compagnia.

La mia vita era più facile di adesso, senza responsabilità, senza pensieri, ma non vedevo un futuro. Tanti amici più grandi di me erano andati via, in Francia, in Belgio, in Italia, in cerca di fortuna, di libertà, di lavoro. Così anch'io sognavo sempre di partire.

I miei genitori non volevano lasciarmi partire: io ero il maggiore, dovevo stare vicino a loro. Due anni fa sono partito.

a) E tu, perché sei partito dal tuo paese?

Che cosa facevi prima di partire? Lavoravi? Studiavi? Com'era la tua vita?

b) Lavora in coppia. Fai le stesse domande a un compagno e poi racconta brevemente la sua storia.

❹ Adesso... Prima...

a) Continua come nell'esempio.

(Adesso abito a Roma) – Prima abitavo a Torino.

1. Adesso lavoro in Comune.   – banca
2. Adesso ho tanti amici.   – pochi amici
3. Adesso sento molte canzoni.   – pochissime canzoni
4. Adesso abito con due amiche.   – da sola
5. Adesso dormo più tranquillo.   – pochissimo
6. Adesso parlo con tutti.   – poche persone
7. Adesso guadagno di più.   – di meno
8. Adesso scrivo a casa ogni mese.   – ogni settimana

b) Trasforma le frasi precedenti alla prima e alla seconda persona plurale.

Adesso lavoriamo in Comune.   Prima lavoravamo in banca.

Adesso lavorate in Comune.   Prima lavoravate in banca.

c) Scrivi i verbi all'imperfetto.

Karol racconta...

Quando ero piccolo (abitare) _____ in campagna.

(Giocare) _____ con i miei cugini in cortile, liberamente. (Andare) _____ nei

campi, (prendere) _____ la frutta dagli alberi, (correre) _____ con il mio cane.

D'estate (andare) _____ al fiume, (pescare) _____ e (nuotare) _____ fino a

tardi. D'inverno (costruire) _____ le slitte per andare sulla neve e sul ghiaccio.

d) Trasforma la storia dell'esercizio c) in quella di Tania e poi in quella di Karol e di Tania.

Quand'era piccola Tania abitava...

Quand'erano piccoli Karol e Tania abitavano...

e) Scrivi i verbi all'imperfetto.

Mia madre (essere) _____ una grande cuoca, (avere) _____ la passione della cucina.
Nei giorni di festa (preparare) _____ dei piatti speciali. (Fare) _____ i tortellini con il
ripieno di carne, l'arrosto al forno con le patate e poi (cucinare) _____ delle stupende
frittelle con il miele e la farina di castagne.
Dopo la messa si (chiudere) _____ subito in cucina e (uscire) _____ solo quando tutto
_____ pronto.
(Essere) _____ orgogliosa dei suoi piatti e (aspettare) _____ con ansia i nostri complimenti.

Adesso racconta la storia al plurale.

 Mia madre e mia nonna erano delle grandi cuoche, avevano la passione della cucina.
Nei giorni di festa...

❺ Le paure dell'infanzia

Quand'ero piccola
dormivo sempre
al lume di una lampada
per la paura della solitudine...

(*da una canzone di Mina*)

Che paure aveva da
piccolo?

Avevo paura del
buio, dei rumori
strani, dei temporali...

a) E tu, che paura avevi da piccolo?
Quali erano i personaggi fantastici che ti facevano paura?

❻ Raccontare

Il tempo imperfetto si usa per raccontare, azioni che si ripetono nel
passato, come nel testo riprodotto qui sotto.

Passavamo sempre l'estate in montagna. Prendevamo una casa in affitto per tre mesi, da luglio a
settembre. Di solito, erano case lontane dall'abitato e mio padre e i miei fratelli andavano ogni giorno, col sacco da montagna sulle spalle, a fare la spesa in paese.
Non c'era sorta di divertimenti o di distrazioni.
Passavamo la sera in casa, attorno alla tavola, noi fratelli e mia madre.

(da N. Ginzburg, *Lessico familiare*)

a) Sottolinea i verbi all'imperfetto.

Il tempo imperfetto si usa anche per descrivere cose, persone, situazioni, al passato come nel testo riprodotto qui sotto.

La fidanzata di Valentino

Questa nuova fidanzata era qualcosa che non avevamo potuto immaginare.
Portava una lunga pelliccia di martora e delle scarpe piatte con la suola di gomma ed era piccola e grassa.
Aveva gli occhiali cerchiati di tartaruga e, dietro gli occhiali, ci fissava con gli occhi severi e rotondi.
In testa aveva un cappello nero tutto schiacciato da una parte; dove non c'era il cappello si vedevano i capelli neri striati di grigio, ondulati e spettinati.
Doveva avere dieci anni più di Valentino.

(da N. Ginzburg, *Valentino*)

b) Abbina le seguenti descrizioni ai disegni e poi trasforma le descrizioni dei personaggi dal tempo presente all'imperfetto.
Aveva un grande naso...

1. Ha un grande naso, una pancia enorme; la sua voce è bassa e profonda; indossa un cappello a cilindro.
2. È una bambina graziosa e gentile; si veste sempre di rosso, con un cappuccio rosso in testa; per questo tutti la chiamano Cappuccetto Rosso.
3. C'è un drago gigantesco; ha gli occhi rossi e sputa fuoco dalla bocca.
4. Cammina a fatica, lentamente; si appoggia a un bastone; ha un viso rugoso e uno sguardo dolce.
5. Ha un vestito di tutti i colori e un cappellino in testa. Sul viso ha una maschera nera che copre gli occhi.

❼ Un capodanno speciale

a) Inserisci nel testo i verbi che trovi in fondo alla pagina.

Anno 1999: nell'aria _____ una strana agitazione.
_____ per finire un secolo e un nuovo secolo cominciava.

Gruppi di amici si _____ per fare programmi su come passare la fine dell'anno. _____ di prenotare in posti speciali: isole deserte, città magiche, aerei che _____ il giro del mondo.

Ma sulle isole deserte non _____ più posto; Parigi, Venezia, New York _____ prenotate da tempo; il volo aereo intorno al mondo era troppo caro!

Dove andare?

I più saggi _____ che la cosa migliore era stare con gli amici e i familiari e fare un brindisi al 2000 con tutto il cuore!

(incontravano – c'era – facevano – stava – pensavano – cercavano – c'era – erano)

⑧ C'era... una volta
C'erano... una volta

Ecco alcune immagini di Milano com'era una volta.

C'erano i cavalli... c'erano le carrozze.
C'era molta gente che passeggiava, c'era il venditore di arance, c'era la venditrice di uova, c'erano i lustrascarpe, c'era il venditore di ghiaccio...
C'erano i panni stesi alle finestre.
C'erano le bancarelle in piazza Duomo.

a) Prova a descrivere le illustrazioni e a immaginare com'era la vita in quel tempo.

b) Completa le frasi con «c'era» o «c'erano».

1. _____ tanti bambini sulla piazza.
2. _____ un cane e un gatto che correvano.
3. _____ dei palazzi antichi che non ci sono più.
4. _____ un cavallo e _____ tre carrozze.
5. _____ una chiesa al posto di questa banca.
6. _____ i canali, ora ci sono le strade.
7. _____ un giardino al posto della piazza.
8. _____ due torri, ora non ci sono più.

❾ Prima c'era... Ora non c'è più. Prima c'erano... ora non ci sono più

❿

I mestieri scomparsi. Ci sono molti lavori che si facevano un tempo e che ora non si fanno più. Ecco ne alcuni...

C'era lo spazzacamino; passava di casa in casa e puliva i camini delle case.

Quando non **c'erano** i frigoriferi c'era il venditore d ghiaccio.

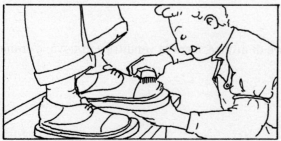 

C'era il lustrascarpe che puliva le scarpe ai passanti.

C'erano l'ombrellaio che aggiustava gli ombrelli e l'arrotino che affilava le forbici e i coltelli.

Mentre = contemporaneamente, nello stesso tempo

Mentre lavavo i piatti, mio marito e i bambini guardavano la televisione.

Mentre leggevo un libro, Maria prendeva il sole.

a) Che cosa stavano facendo queste persone nello stesso momento? Usa il verbo imperfetto, come nell'esempio:

(Carlo, dormire – Luisa, cucinare) – Mentre Carlo dormiva, Luisa cucinava.

1. Voi, riposare – noi, fare ginnastica.
2. Tu, nuotare – io, giocare a tennis.
3. Mia madre, dormire – io, pulire la casa.
4. Mio figlio, fare i compiti – mio marito, studiare inglese.
5. Il cuoco, cucinare – Zhao, preparare le verdure.
6. Tu, perdere tempo – io, finire il lavoro.
7. I miei amici, guardare la televisione – io, telefonare.
8. Io, venire da te – tu, uscire di casa.

b) Guarda i disegni e scrivi che cosa facevano nello stesso tempo queste persone, usando «mentre» con l'imperfetto.

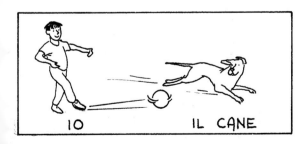

🔢 C'erano tanti invitati?

MONICA	Ciao Giulia. Allora, com'è stato il matrimonio di tua cugina? Com'era vestita?
GIULIA	È stata una cerimonia commovente. La sposa era bellissima, molto emozionata; aveva gli occhi lucidi. Indossava un vestito lungo di raso bianco con piccole rose ricamate e aveva i capelli raccolti e un lungo velo.
MONICA	E lo sposo?
GIULIA	Era elegante, classico, in grigio scuro. Era commosso anche lui.
MONICA	C'erano tanti invitati?
GIULIA	Sì, c'erano più di cento persone, tra amici e parenti.
MONICA	Peccato per il tempo!
GIULIA	Davvero! Pioveva e faceva un freddo cane. Io gelavo, con il mio vestito di seta leggero.
MONICA	E adesso dove sono gli sposi?
GIULIA	Partivano subito per la luna di miele; sono andati alle Maldive, al caldo.
MONICA	Beati loro!

a) Segna la risposta giusta.

La sposa era
- [ ] fredda.
- [ ] indifferente.
- [ ] emozionata.

Il tempo era
- [ ] brutto.
- [ ] caldo.
- [ ] bello.

Anche lo sposo era
- [ ] felice.
- [ ] commosso.
- [ ] arrabbiato.

C'erano
- [ ] più di 80 persone.
- [ ] più di 100 persone.
- [ ] più di 50 persone.

Gli sposi partivano per
- [ ] la luna di miele.
- [ ] il fine settimana.
- [ ] un viaggio di lavoro.

b) Ascolta la telefonata fra le due amiche e poi rispondi alle domande.

1. Nadia alla festa
- [ ] si è divertita.
- [ ] si è annoiata.
- [ ] si è addormentata.

4. C'erano circa
- [ ] venti persone.
- [ ] cinquanta persone.
- [ ] trenta persone.

2. Nadia conosceva
- [ ] tutti.
- [ ] nessuno.
- [ ] meno della metà.

5. Marta era un po' triste perché
- [ ] parte domani.
- [ ] è senza lavoro.
- [ ] non sta bene.

3. Marco era con una ragazza
- [ ] alta con i capelli rossi.
- [ ] bassa e bionda.
- [ ] alta con i capelli neri.

6. Marta va via
- [ ] per turismo.
- [ ] per lavoro.
- [ ] per divertimento.

Suoni e scrittura

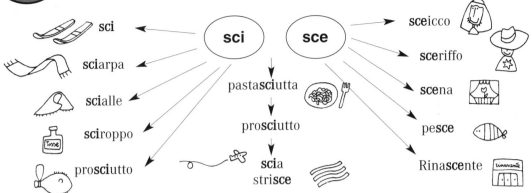

a) Leggi le parole a voce alta.

b) Completa la catena **sci-sce**.

PE...... → ......NA → NA......   SCI —— ......ATORI → RINA.........NTE

c) Completa il cruciverba e leggi la parola in verticale.

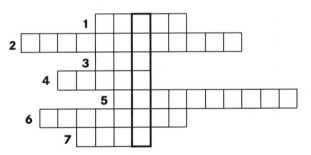

1. nuota nell'acqua
2. piace con il ragù
3. scivolano sulla neve
4. l'attore di teatro recita sulla ...

5. si mette nel panino
6. si prende contro la tosse
7. la lascia la barca

d) Scrivi sei frasi con parole contenenti sci o sce.

1. ....   4. ....
2. ....   5. ....
3. ....   6. ....

Attenzione !   scienza, scienziato, scientifico
coscienza, coscienzioso

La scuola in Italia

In Italia la scuola dell'obbligo dura nove anni: sette anni di scuola di base e due anni di scuola superiore. Il progetto di nuova organizzazione prevede di innalzare l'obbligo scolastico a 18 anni. I bambini iniziano la scuola elementare a sei anni.

I più piccoli, prima della scuola elementare, possono frequentare le scuole dell'infanzia: l'asilo nido per i bambini che hanno da tre mesi a tre anni e la scuola materna per chi ha più di tre anni.

La maggior parte dei bambini italiani (circa il 95%) frequenta la scuola materna (pubblica – comunale o statale – oppure privata). In Italia, quindi, la vita scolastica, per la maggior parte dei bambini, inizia con la scuola materna.

Dopo la scuola dell'obbligo, i ragazzi e le loro famiglie possono scegliere il tipo di scuola superiore. Ci sono i licei (umanistico, scientifico, tecnico-tecnologico, artistico e musicale) e i corsi per la formazione professionale, che rilasciano un diploma professionale.

Dopo il diploma chi vuole continuare gli studi si iscrive all'Università.

LA NUOVA SCUOLA ITALIANA
DOPO L'APPROVAZIONE DELLA RIFORMA DEI CICLI

La scuola materna inizia all'età di 3 anni e dura fino a 6 anni

Sostituisce elementari e medie, diventa un unico ciclo

Sono gli ultimi 2 anni della scuola dell'obbligo, al termine gli studenti potranno scegliere tra 5 aree di indirizzo

Gli indirizzi sono: umanistico, scientifico, tecnico-tecnologico, artistico-musicale.

LE CLASSI
1/2/3 SCUOLA MATERNA
ETÁ: DA 3 A 6 ANNI
OBBLIGO
1 2 3 4 5 6 7
PRIMO CICLO SCUOLA DI BASE
DA 6 A 15 ANNI
1 2 ···▶ 1 2 3
SECONDO CICLO SCUOLE SUPERIORI
ETÁ: DA 16 A 18 ANNI

Conoscere l'Italia

Bambini stranieri a scuola

Anche in Italia, come in altri paesi europei, la scuola diventa sempre di più multiculturale.
Aumentano ad ogni anno scolastico i bambini e i ragazzi stranieri, nati in Italia o arrivati dai paesi
d'origine per ricongiungersi ai loro genitori.
Nel 2000 gli alunni stranieri inseriti nelle scuole italiane erano circa 100.000.

Quali problemi incontrano i bambini stranieri a scuola?
Prima di tutto, devono imparare l'italiano per comunicare e per studiare.
In alcune città ci sono insegnanti "specializzati" che li aiutano in questo compito.
Poi devono capire come "funziona" la scuola in Italia: quali sono le regole da rispettare, le attività
di ogni giorno, la disciplina...

Una ricerca internazionale sulla qualità della scuola nel mondo, promossa dalla rivista americana Newsweek, ha assegnato un premio Oscar all'Italia per la scuola dei piccoli (scuola materna e asili nido).

Viva l'asilo made in Italy

Dall'America un oscar al Belpaese per le migliori scuole materne

DIECI OSCAR PER I MIGLIORI SISTEMI SCOLASTICI DEL MONDO

1. Insegnamento della lettura e scrittura: Nuova Zelanda
   (Esempio: Scuola Lake Tekapo, South Island)

2. Asili nido e scuola materna: Italia
   (Esempio: Istituto Diana, Reggio Emilia)

3. Matematica: Paesi Bassi
   (Esempio: Istituto Greydamus, Zwolle)

4. Scienze: Giappone
   (Esempio: Istituto Yotsuya, Tokyo)

5. Lingue straniere: Olanda
   (Esempio: Istituto Echanaton, Almere)

6. Arte: Stati Uniti
   (Esempio: Istituto Superiore Schenley, Pittsburg)

7. Liceo e scuola superiore: Germania
   (Esempio: Gymnasium Deutz, Colonia)

8. Formazione degli insegnanti: Germania
   (Esempio: Ministero della cultura, Colonia)

9. Corsi di specializzazione universitaria: Stati Uniti
   (Esempio: California Institute of Technology, Pasadena)

10. Educazione per adulti: Svezia
    (Esempio: Centro Amu, Stoccolma)

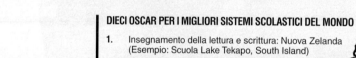

La graduatoria dei dieci migliori sistemi scolastici del mondo

Come... dove... usare i servizi

La scuola dei più piccoli

Mei Ling vuole iscrivere i suoi bambini alla scuola materna e all'asilo nido.

Che cosa deve fare?

Deve presentare questi documenti (o autocertificazione):
– stato di famiglia
– certificato di residenza
– certificato di nascita del bambino
– dichiarazione dei redditi

Modulo di iscrizione

Ecco il modulo necessario per iscrivere i bambini alla scuola elementare. In molte scuole lo puoi trovare anche con la traduzione in arabo, cinese, albanese ecc. ...

Tra paesi e culture

La scuola in Cina

Li Li racconta:

«In Cina i bambini vanno a scuola a sei o a sette anni. La scuola dell'obbligo dura di solito 9 anni: 6 di scuola elementare e 3 di scuola media.

Il numero di alunni per classe è molto alto: dai 45 ai 60 alunni.

I bambini cinesi imparano a leggere e a scrivere in due modi: con i caratteri o ideogrammi e anche con la loro trascrizione in PINYIN, cioè usando le lettere alfabetiche per scrivere la stessa parola».

人	*gen*	uomo
心	*xin*	cuore
笑	*xiao*	ridere
山	*scian*	montagna
口	*kou*	bocca
兔	*tu*	coniglio

- Prova a raccontare l'esperienza scolastica nel tuo paese d'origine.
  Quali lingue hai imparato a scuola?

- Come era una tua giornata a scuola?

Per leggere

Una scuola grande come il mondo

C'è una scuola grande come il mondo,
ci insegnano maestri e professori,
avvocati, muratori
televisori, giornali,
cartelloni stradali,
il sole, i temporali, le stelle.

Ci sono lezioni facili
e lezioni difficili,
brutte, belle e così così.

Ci si impara a parlare, a giocare,
a dormire, a svegliarsi,
a voler bene e perfino
ad arrabbiarsi.

Ci sono esami tutti i momenti,
ma non ci sono ripetenti:
nessuno può fermarsi a dieci anni,
a quindici, a venti,
e riposare un pochino.

Di imparare non si finisce mai,
e quel che non si sa
è sempre più importante
di quel che si sa già.

Questa scuola è il mondo intero
quanto è grosso:
apri gli occhi e anche tu sarai promosso.

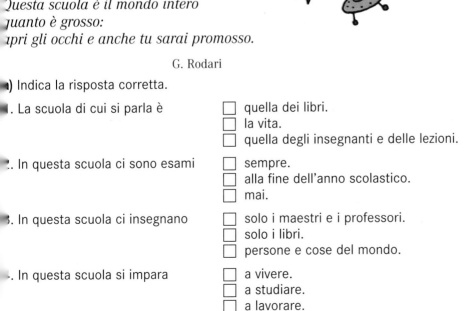

G. Rodari

a) Indica la risposta corretta.

1. La scuola di cui si parla è
☐ quella dei libri.
☐ la vita.
☐ quella degli insegnanti e delle lezioni.

2. In questa scuola ci sono esami
☐ sempre.
☐ alla fine dell'anno scolastico.
☐ mai.

3. In questa scuola ci insegnano
☐ solo i maestri e i professori.
☐ solo i libri.
☐ persone e cose del mondo.

4. In questa scuola si impara
☐ a vivere.
☐ a studiare.
☐ a lavorare.

Indicativo imperfetto

I verbi regolari

STUDIARE	LEGGERE	PARTIRE
studiavo	leggevo	partivo
studiavi	leggevi	partivi
studiava	leggeva	partiva
studiavamo	leggevamo	partivamo
studiavate	leggevate	partivate
studiavano	leggevano	partivano

Alcuni verbi irregolari

ESSERE	FARE	DIRE
ero	facevo	dicevo
eri	facevi	dicevi
era	faceva	diceva
eravamo	facevamo	dicevamo
eravate	facevate	dicevate
erano	facevano	dicevano

C'era...	C'erano...
C'era un ragazzo...	C'erano due ragazzi...
C'era un albero...	C'erano tanti alberi...

Uso di MENTRE con il verbo imperfetto

Mentre Maria studiava, Carla chiacchierava.
Mentre leggevo, i bambini giocavano in cortile.

14 Che tempo fa?

❶ Notizie dalla strada

Un incidente a causa della nebbia.

Un incidente questa mattina sull'autostrada del Sole, vicino al casello di Piacenza, ha coinvolto più di sessanta automezzi.
C'era la nebbia e il fondo stradale era scivoloso a causa della pioggia. Un'auto ha sbandato provocando una serie di tamponamenti a catena.
Per fortuna non ci sono state vittime, ma molte vetture sono rimaste danneggiate.
L'autostrada è stata chiusa per più di un'ora.

a) Segna la risposta giusta.

1. L'incidente è avvenuto sull'autostrada
☐ dei Fiori.
☐ del Sole.
☐ Serenissima.

2. È successo vicino a
☐ Bologna.
☐ Modena.
☐ Piacenza.

3. Nell'incidente sono stati coinvolti
☐ più di sessanta automezzi.
☐ una decina di macchine.
☐ circa trenta automezzi.

4. Le cause dell'incidente sono state
☐ il forte caldo.
☐ il ghiaccio e la neve.
☐ la nebbia e il fondo scivoloso.

5. Nell'incidente
☐ una persona è morta.
☐ non ci sono stati né morti né feriti.
☐ sono morte due persone.

6. L'autostrada è stata chiusa
☐ per tre ore.
☐ per più di un'ora.
☐ per mezza giornata.

❷ Le previsioni del tempo

La nebbia.   La pioggia.   La neve.   La grandine.   Le nuvole.

Cielo coperto e molto nuvoloso al nord.

Variabile al centro.

Poco nuvoloso o sereno al sud e sulle isole.

Temperatura in diminuzione al nord; stazionaria al centro-sud.

Nebbia in pianura.

Nord	→ settentrionale		Centro	→ centrale
Sud	→ meridionale		Ovest	→ occidentale
Est	→ orientale			

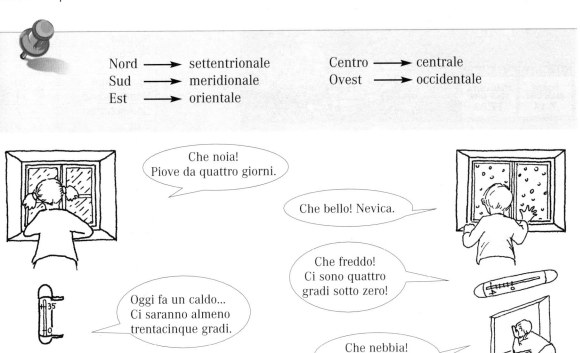

Che noia!
Piove da quattro giorni.

Che bello! Nevica.

Che freddo!
Ci sono quattro
gradi sotto zero!

Oggi fa un caldo...
Ci saranno almeno
trentacinque gradi.

Che nebbia!
Non si vede niente!

LE PAROLE DEL CLIMA

sereno − nuvoloso − variabile − molto nuvoloso o coperto

piove − nevica − fa freddo − fa caldo − c'è la nebbia − c'è umidità − c'è afa − c'è il vento −

c'è il temporale − ci sono i tuoni − ci sono i lampi

la temperatura scende / sale − è diminuita / è aumentata − è sotto zero...

la temperatura minima = la più bassa
la temperatura massima = la più alta

❸ Un giornata d'inverno

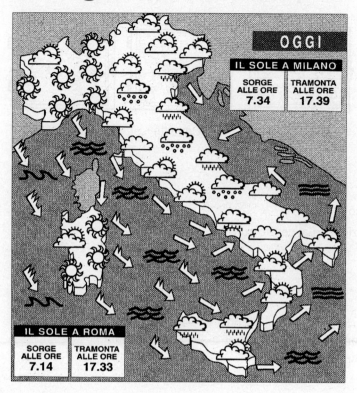

	Min	Max
Bolzano	–5	8
Verona	1	9
Trieste	5	8
Venezia	0	8
Milano	–3	11
Torino	–4	8
Genova	6	11
Imperia	8	13
Bologna	–2	9
Firenze	–4	8
Pisa	–1	10
Ancona	3	8
Perugia	2	5
Pescara	2	4
L'Aquila	–1	2
Roma Urbe	2	10
Roma Fiumic.	4	11
Campobasso	–2	2
Bari	4	9
Napoli	2	11
Potenza	0	3
S. M. di Leuca	6	8
R. Calabria	9	14
Messina	9	12
Palermo	11	13
Catania	6	14
Alghero	4	10
Cagliari	6	11

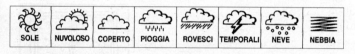

a) Guarda la cartina delle previsioni di un giorno d'inverno e prova a dire che tempo c'è al nord, al centro, al sud. Indica anche:

— dove nevica
— dove piove
— dove il tempo è variabile
— dove è nuvoloso.

b) Osserva le temperature minime di ieri e rispondi.

— Qual è stata ieri la città più fredda?
— Che temperatura c'era in questa città?
— Qual era la temperatura minima più alta?
— Quanti gradi di differenza c'erano tra la città più fredda e quella con la minima più alta?
— Qual era la città con la temperatura massima più alta?

❹ All'inizio della primavera

Sabato

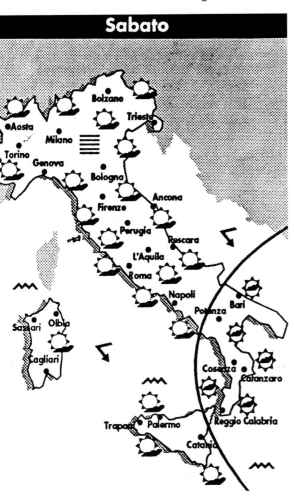

a) Guarda la cartina e indica come sarà il tempo previsto per sabato.

....

....

....

....

....

....

TEMPERATURE IERI IN ITALIA

	Min	Max
Bolzano	2	17
Verona	6	13
Trieste	9	13
Venezia	8	13
Milano	5	18
Torino	2	16
Genova	11	15
Imperia	12	16
Bologna	8	15
Firenze	8	18
Pisa	10	17
Ancona	7	15
Perugia	8	15
Pescara	4	12
L'Aquila	3	8
Roma Urbe	9	14
Roma Fiumic.	10	16
Campobasso	6	11
Bari	5	16
Napoli	8	15
Potenza	6	12
S. M. di Leuca	10	13
R. Calabria	12	18
Messina	14	18
Palermo	11	17
Catania	6	18
Alghero	5	17
Cagliari	6	18

b) Osserva la tabella sulle temperature e rispondi alle domande.

1. Qual è stata ieri la città più calda?
2. Che temperatura c'era?
3. Qual è stata ieri la città più fredda?
4. Che temperatura c'era?

....

....

....

....

....

....

➎ Diversi punti di vista

a) Secondo te che cosa pensano queste persone del sole, della pioggia, della neve?
Scrivi una frase dentro il fumetto scegliendola fra quelle indicate.

Che bel sole! — Che guaio! — Che caldo terribile!

Che noia! Piove di nuovo — Benedetta la pioggia! — Piove: buoni affari!

Odio la neve in città — Proprio adesso doveva nevicare — Che bello! Facciamo un pupazzo di neve!

❻ Al ritorno dalle vacanze di Pasqua

GIANNI   Allora com'è andata la Pasqua? Che tempo avete trovato?

LUCA   In Liguria il tempo era bellissimo. Abbiamo avuto una settimana di cielo azzurro e di sereno. Era tutto fiorito.

LISA   Noi siamo andati in Trentino. C'era ancora la neve; così ho potuto sciare. La sera faceva freddo, ma di giorno si stava bene.

PAOLO   In Sicilia sembrava già estate. Faceva caldo. C'era della gente che faceva il bagno e chi prendeva il sole in costume.

SILVIA   In Toscana il tempo era così così, variabile. Di giorno si stava bene, ma di sera faceva piuttosto freddo. E tu, come sei stato qui a Torino? Qui com'era il tempo?

GIANNI   È stato quasi sempre brutto, grigio, nuvoloso. Pioveva sempre e c'era la nebbia. Solito clima!

a) Dove sono andate queste persone durante le vacanze di Pasqua?
Abbina la cartolina al luogo, come nell'esempio.

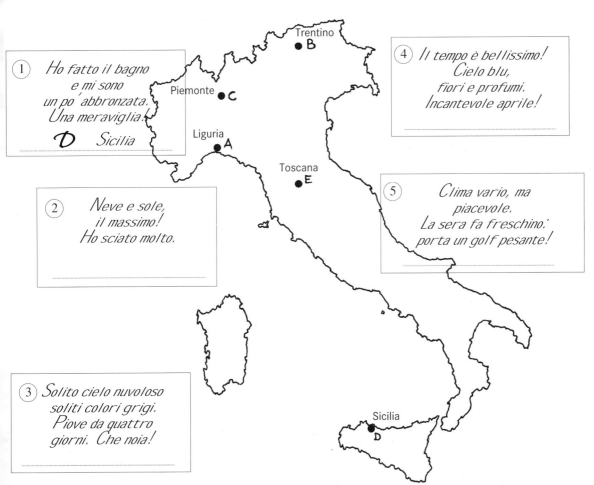

❼ Qui piove. E lì che tempo fa?

a) Ascolta le conversazioni e indica a quale disegno corrispondono.

b) Com'è il clima nel tuo paese? Come sono le stagioni?
Racconta e prova a fare dei confronti con la situazione italiana.

Adesso in Italia fa freddo / caldo.
                     piove / nevica.

Nel mio paese, invece _____ .

La temperatura massima arriva anche a _____ gradi.

La minima può arrivare a _____ gradi.

c) Dal presente all'imperfetto. Trasforma le frasi.

Oggi	Ieri
Oggi piove.	Ieri pioveva.
Nevica.	
Fa freddo.	
Fa molto caldo.	
C'è la nebbia.	
C'è il temporale.	
Grandina.	
Si gela.	
La temperatura è sotto zero.	
C'è il vento.	
C'è afa.	
C'è il sole.	
È nuvoloso.	
È tutto grigio.	
È una giornata bellissima.	
È sereno, azzurro.	

⑧ Che nuvoloni!

Che **tempaccio**!
Fa un freddo cane!

Che **pioggerellina**!
È proprio primavera!

Che **nuvoloni** neri!
Mi sa che viene un
temporale.

Che **venticello** piacevole!

Una nuvola

Una nuvoletta

Una stradina

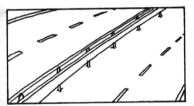

Una strada

Una stradaccia

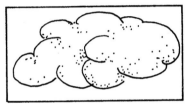

Un nuvolone

tavolo   tavol**ino**
tavol**one**   tavol**accio**

Una stradona

a) Prova a modificare le parole per indicare:

- una casa piccola e graziosa   *casina*
- una breve passeggiata
- il fratello piccolo
- la sorella piccola
- una piccola macchina
- un telefono portatile
- una brutta lettera
- un brutto carattere
- una brutta figura
- un albergo brutto e sporco
- una grande finestra
- un grande piede
- un grande gatto
- un ragazzo grande e grosso
- una grande insalata

9

a) Abbina le due frasi come nell'esempio.

Nevicava tanto, così abbiamo potuto sciare.

1. Il mare era mosso
2. Faceva molto caldo
3. C'era la nebbia   così
4. Pioveva a dirotto
5. C'era molto vento
6. Grandinava forte

– abbiamo fatto subito il bagno.
– siamo tornati a prendere l'ombrello.
– sono volati via i fogli e i giornali.
– le piante e i fiori si sono danneggiati.
1 non abbiamo potuto fare la gita in barca.
– gli aerei non sono partiti e ho preso il treno.

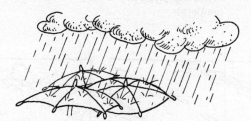

b) Abbina la frase alle vignette e poi completa.

1. Avevo caldo e allora *ho aperto la finestra*

2. Avevo freddo e _____

3. Avevo la febbre e _____

4. Avevo fame e _____

5. Avevo sete e _____

6. Avevo sonno e _____

7. Mi sentivo solo e _____

8. Ero senza lavoro e _____

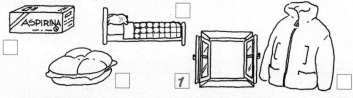

c) Che cosa è successo? Guarda il disegno e cerca in fondo l'espressione adatta per completare le frasi.

Mentre venivo a scuola, _____

Mentro dormivo, _____

Mentre facevo la doccia, _____

Mentre ero in giro per la città, _____

Mentre andavo a Bologna, _____

Mentre leggevo il libro, _____

(ho sentito un rumore – è suonato il telefono – è scoppiato un violento temporale – si è rotta la macchina – ho pensato a te – ho incontrato un mio caro amico)

d) Trasforma le frasi della pagina precedente con i pronomi «lui», «noi» e «loro», come negli esempi.

Mentre veniva a scuola, ha incontrato un suo caro amico.

Mentre venivamo a scuola, abbiamo incontrato un nostro caro amico.

Mentre venivano a scuola, hanno incontrato un loro caro amico.

⑩ Che cosa è successo a queste persone?

situazioni   **avvenimenti**

1) Osserva i disegni e racconta cosa è successo, come nell'esempio:

① Finalmente Carla stava facendo un bel bagno dopo il lavoro. Stava comodamente distesa nella vasca, quando ha sentito un rumore in salotto.

⑪ Come? Lentamente, velocemente...

Cammino lentamente.

Cammino velocemente.

Ascolto attentamente.

Ascolto distrattamente.

ALCUNI AVVERBI DI MODO

felice	felice**mente**	allegro	allegra**mente**	gentile	gentil**mente**
triste	triste**mente**	attento	attent**amente**	cordiale	cordial**mente**

a) Trasforma gli aggettivi in avverbi come negli esempi:

(veloce) – velocemente.
(coraggioso) – coraggiosamente.

— faticoso _____
— duro _____
— dolce _____
— cordiale _____
— naturale _____
— tranquillo _____
— nervoso _____
— lento _____

> Taormina, 2·8·2000
> La saluto
> cordialmente
> Rosalia
>   Neri

> Egr. Sig.
> Ciro Lotale
> Via Po, 7
> TORINO

> Ciao Ciro,
> ti bacio
> affettuosamente
> tua Rosalia

b) Abbina le espressioni che hanno lo stesso significato.

1. piano	– fortunatamente
2. con tristezza	– paurosamente
3. con ordine	– dolcemente
4. con paura	*1* lentamente
5. con simpatia	– silenziosamente
6. con dolcezza	– improvvisamente
7. con violenza	– tristemente
8. di colpo	– rapidamente
9. in fretta	– ordinatamente
10. in silenzio	– simpaticamente
11. con fortuna	– violentemente

⑫ Allora...

a) Completa le frasi usando il verbo al passato prossimo, come nell'esempio.

Mi sentivo solo e allora ho telefonato a Luisa.

1. Ero senza lavoro e allora _____

2. Said voleva impare l'italiano _____

3. Noi cercavamo un appartamento in affitto _____

4. Sara voleva avere notizie dalla sua famiglia _____

5. Non mi sentivo bene _____

6. Eravamo un po' troppo grassi _____

b) Completa le frasi usando il verbo all'imperfetto, come nell'esempio.

Sono andato al cinema perché a casa mi annoiavo.

1. Carlos è andato dal medico perché _____

2. Ho messo delle altre coperte perché _____

3. Siamo partiti dal nostro paese perché _____

4. Hai perso il treno perché _____

5. Avete rinnovato il passaporto perché _____

6. I miei genitori sono andati a dormire perché _____

Conoscere l'Italia

Il clima in Italia

L'Italia ha un clima piuttosto vario secondo la zona e le regioni. Nell'insieme, il clima della penisola è piuttosto mite grazie soprattutto alla posizione geografica e al mare: non vi sono quasi mai temperature troppo rigide, né troppo elevate.

In autunno (settembre/dicembre) la temperatura scende raramente sotto lo zero, ma è più bassa al nord e al centro, e più mite al sud. Piove spesso, ma il problema maggiore è quello della nebbia, soprattutto al nord.

In inverno fa più freddo; al nord e in pianura, di solito, la minima scende fino a quattro/cinque gradi sotto lo zero. Sulla costa e al sud, raramente la temperatura scende sotto lo zero.

La primavera (marzo/giugno) porta un tempo variabile, con pioggia, vento, giornate limpide e calde. D'estate fa caldo; in certi giorni la temperatura sale fino a trentacinque gradi e oltre. Il caldo diventa pesante soprattutto in pianura e in città a causa della forte umidità e dell'afa.

Alcuni proverbi e modi di dire sul tempo

Marzo è pazzerello: se c'è il sole prendi l'ombrello.
Aprile dolce dormire.
Aprile non ti scoprire.
Agosto moglie mia non ti conosco.
Una rondine non fa primavera.
Santa Lucia il giorno più corto che ci sia.
Per San Benedetto la rondine sotto il tetto.
Sposa bagnata sposa fortunata.
Rosso di sera bel tempo si spera.
Nuvole a pecorelle pioggia a catinelle.

Acqua alta a Venezia

14

Tornano le nuvole

Segnali di primavera

Ondata di gelo al nord

Violenti nubifragi in Piemonte

Come... dove... usare i servizi

Che tempo fa?

Hai bisogno di sapere che tempo fa?

Puoi fare questo numero e ti daranno le notizie meteorologiche.

> **Pronto Meteo**
>
> **800 63 63 63**

• Ecco altri numeri telefonici utili. Collega il simbolo ai servizi.

 112 Carabinieri

sbloccare un
numero occupato

 186 Dettatura telegrammi per l'Italia e per l'estero

118 Emergenza Sanitaria

fare un telegramma

 114 Sveglia automatica

 113 Soccorso pubblico di emergenza

farsi svegliare

192 Farmacie di turno

 115 Vigili del fuoco – Pronto intervento

sapere quali sono le farmacie di turno

 **197** Chiamate urgenti

116 Soccorso stradale – Automobile Club d'Italia

Per leggere

Dopo la pioggia

Dopo la pioggia viene il sereno,
brilla in cielo l'arcobaleno:

è come un ponte imbandierato
e il sole vi passa, festeggiato.

È bello guardare a naso in su
le sue bandiere rosse e blu.

Però lo si vede – questo è il male –
soltanto dopo il temporale.

Non sarebbe più conveniente
il temporale non farlo per niente?

Un arcobaleno senza tempesta,
questa sì che sarebbe una festa.

Sarebbe una festa per tutta la terra
fare la pace prima della guerra.

G. Rodari

14

a) Completa.

Dopo la pioggia viene il _____ e nel cielo appare _____ di tanti _____.
L'arcobaleno però si vede solo dopo il _____. Il poeta paragona la guerra al temporale.
Sarebbe meglio l'arcobaleno senza il_____ e la pace senza la _____.

Tempo d'autunno

Col venticello che scartoccia* gli alberi
Entra una foglia in camera da letto
È l'autunno che arriva e, come al solito,
Quando passa di qua, lascia un biglietto.

* toglie le foglie dagli alberi.   Trilussa

a) Completa.

Il vento dell'_____ toglie le foglie dagli alberi. Una _____ entra
in _____ e annuncia che _____ è arrivato.

Usi dell'imperfetto

— per esprimere un'azione ripetuta nel passato
studiavo, cantavo, andavo ...

— per esprimere contemporaneità
Mentre leggevo, Maria sentiva la radio.

— per descrivere al passato
Era un uomo anziano, aveva la barba bianca e gli occhi gentili.

Imperfetto + Passato prossimo

IMPERFETTO	PASSATO PROSSIMO
per descrivere le situazioni	per indicare fatti e avvenimenti
In quel periodo ero senza lavoro, ...	... così sono andato all'ufficio di collocamento.
La settimana scorsa avevo freddo ...	... allora ho acceso il riscaldamento.
Ieri ero triste ...	... e ho telefonato a un'amica.

Stavo facendo...   quando...

Stavo facendo la doccia, quando hanno bussato alla porta
Stava dormendo, quando è arrivato il postino

I suffissi –INO –ETTO –ONE –ACCIO

casa – casina – casetta – casona – casaccia
libro – librino – libretto – librone – libraccio
ragazzo – ragazzino – ragazzetto – ragazzone – ragazzaccio

Alcuni avverbi in –MENTE

lento	lentamente	felice	felicemente	naturale	naturalmente
sereno	serenamente	triste	tristemente	speciale	specialmente
disperato	disperatamente	dolce	dolcemente	gentile	gentilmente

15 Dove andrai in vacanza?

❶ Come saranno quest'anno le tue vacanze

Già, come saranno le vacanze degli italiani quest'anno?

Saranno più o meno come gli altri anni:

- la maggior parte le **passerà** al mare

- una minoranza **andrà** in montagna

- alcuni **visiteranno** le città d'arte

- pochi **andranno** in campagna

- pochissimi **sceglieranno** il lago o la collina

- altri **andranno** all'estero

Naturalmente quasi tutti insieme, in agosto!

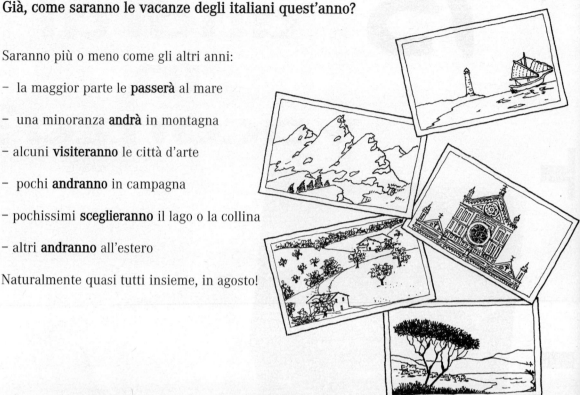

Secondo i dati della Doxa, il 55% degli italiani passa un periodo di vacanza almeno una volta l'anno.
Quali sono i luoghi di villeggiatura preferiti dagli italiani?
La grande maggioranza sceglie naturalmente il mare (57%); una parte minore va in montagna (17%) e nelle città d'arte (16%). Solo il 5% degli italiani va in campagna e pochissimi vanno in collina (2%) o al lago (2%). Gli altri fanno dei viaggi all'estero (2%).

15

a) Completa la tabella con i dati che mancano.

Gli italiani che vanno in vacanza almeno una volta l'anno scelgono:

- il mare:_____ %
- le città d'arte:_____ %
- la collina:_____ %
- la montagna:_____ %
- il lago:_____ %
- i viaggi all'estero:_____ %

2

MARCO	E tu, Giorgio, dove andrai in vacanza quest'estate?
GIORGIO	Al mare, e tu?
MARCO	Resterò in città per lavoro, ma mia moglie e i figli staranno un mese a casa dei miei in campagna. Io li raggiungerò il sabato o il venerdì sera.
GIORGIO	Niente ferie per te, allora?
MARCO	Quest'anno, purtroppo, no; devo lavorare. Abbiamo comprato la casa e c'è il mutuo da pagare. Andrò in ferie l'anno prossimo.

Dove **andrai** in vacanza?

a) Completa.

Giorgio andrà al _____

Marco resterà in _____

La moglie e i figli di Marco andranno _____

Marco li raggiungerà _____

Marco quest'anno non fa le ferie perché _____

Andrà in ferie _____

IL FUTURO DEI VERBI IRREGOLARI

andare	avere	fare
andrò	avrò	farò
andrai	avrai	farai
andrà	avrà	farà
andremo	avremo	faremo
andrete	avrete	farete
andranno	avranno	faranno

Attenzione: **al** mare, **al** lago, **al** mio paese

in campagna, **in** città, **in** montagna
in collina, **in** pianura
in Egitto, **in** Sicilia, **in** Calabria
in campeggio, **in** tenda, **in** albergo

a Roma, **a** Casablanca, **a** Pechino
all'estero

b) Scrivi il verbo «andare» al futuro.

(Io, mare) – Andrò al mare

1. Carlo, montagna.
2. Luca, lago.
3. Noi, campagna.
4. Tu, tuo paese.
5. Voi, Venezia.
6. I miei genitori, collina.
7. I tuoi fratelli, estero.
8. Lucia, India.

c) Completa con i verbi «avere» e «fare», come nell'esempio.

Quando avrò tempo, farò un viaggio.

1. Quando mio marito _____ le ferie, (noi) _____ un giro nella sua città d'origine.

2. Quando (tu) _____ il permesso, _____ la visita medica.

3. Quando mio figlio _____ diciannove anni _____ il militare.

4. Quando (noi) _____ la patente _____ un viaggio.

5. Quando (voi) _____ un lavoro regolare _____ le ferie come tutti.

6. Quando i miei figli _____ la macchina _____ le vacanze da soli.

7. Quando (io) _____ il permesso di soggiorno _____ un viaggio nel mio paese.

8. Quando Marco _____ un periodo di vacanza _____ un corso di inglese.

❸ Un viaggio d'arte

Quando avrò un mese di ferie, farò le vacanze che ho sempre sognato.
Farò un viaggio da solo; andrò finalmente a vedere le città d'arte che ho visto solo sui libri.
Prima tappa: andrò in Toscana a Firenze, Siena, Arezzo, Pisa.
Poi andrò in Umbria, a vedere Perugia, Assisi, Gubbio...
Terza tappa: visiterò Roma per una settimana. L'ultima settimana vedrò Napoli e Pompei.

a) Racconta il progetto di viaggio cambiando le persone.

Quando Said avrà un mese di ferie...

Quando noi avremo un mese di ferie...

Pisa, Piazza dei Miracoli.

Roma, Piazza Navona.

Roma, Trinità dei Monti.

Assisi, basilica di San Francesco.

❹ Prenotare un albergo

La signora Rossi telefona per prenotare una pensione al mare per le vacanze di agosto.

SIGNORA ROSSI	Buongiorno; è la pensione «Miramare»?
SEGRETARIA	Sì, buongiorno.
SIGNORA ROSSI	Vorrei fare una prenotazione per il mese di agosto.
SEGRETARIA	C'è posto solo dall'uno al dodici, poi siamo al completo.
SIGNORA ROSSI	Vanno bene dieci giorni, dal due agosto all'undici compreso. Vorrei una stanza matrimoniale con bagno e una stanza con due letti per i bambini. Mezza pensione, quanto viene a testa?
SEGRETARIA	Sessantamila al giorno per gli adulti e quarantacinquemila per i bambini.
SIGNORA ROSSI	Va bene. Le stanze hanno la vista sul mare? L'albergo è vicino alla spiaggia?
SEGRETARIA	L'albergo è proprio sulla spiaggia, a cinquanta metri. Tutte le stanze sono sul mare.
SIGNORA ROSSI	Benissimo. Devo mandare una caparra?
SEGRETARIA	Sì, deve mandare l'anticipo di un giorno; quindi sono duecentodiecimilalire.
SIGNORA ROSSI	Bene, spedirò un vaglia domani. Grazie e arrivederci.
SEGRETARIA	Arrivederci.

15

una stanza matrimoniale.

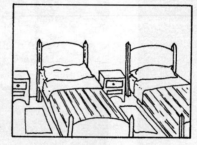

una stanza con due letti.

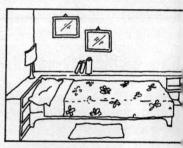

una singola.

a) Segna la risposta giusta.

1. C'è posto solo
   - [ ] nella seconda metà di luglio.
   - [ ] tutto il mese di agosto.
   - [ ] dall'uno al dodici agosto.

2. La signora Rossi chiede
   - [ ] la mezza pensione.
   - [ ] la pensione completa.
   - [ ] solo la stanza con la colazione.

3. I bambini pagano
   - [ ] come gli adulti.
   - [ ] meno degli adulti.
   - [ ] la metà degli adulti.

4. L'albergo è
   - [ ] lontano dal mare.
   - [ ] a un chilometro dal mare.
   - [ ] a pochi passi dal mare.

5. La signora deve spedire
   - [ ] un vaglia.
   - [ ] una raccomandata.
   - [ ] una cartolina.

RESTARE	LEGGERE	PARTIRE
resterò	leggerò	partirò
resterai	leggerai	partirai
resterà	leggerà	partirà
resteremo	leggeremo	partiremo
resterete	leggerete	partirete
resteranno	leggeranno	partiranno

Attenzione:

man**giare**	mangerò, mangerai, mangerà, mangeremo, mangerete, mangeranno
comin**ciare**	comincerò, comincerai, comincerà, cominceremo, comincerete, cominceranno
gio**care**	giocherò, giocherai, giocherà, giocheremo, giocherete, giocheranno
cer**care**	cercherò, cercherai, cercherà, cercheremo, cercherete, cercheranno
pa**gare**	pagherò, pagherai, pagherà, pagheremo, pagherete, pagheranno
navi**gare**	navigherò, navigherai, navigherà, navigheremo, navigherete, navigheranno

a) Forma le frasi al futuro, con la preposizione adatta.

(Maria, restare, città) – Maria resterà in città.

1. Marco, mangiare, ristorante.
2. Luisa, studiare inglese, Londra.
3. Noi, raggiungere gli amici, mare.
4. Io, lavorare, ufficio.
5. Tu, giocare, tennis.

6. Voi, tornare, vostro paese.
7. I miei amici, fare il corso di vela.
8. Aziz, cercare un lavoro, Modena.
9. Martina e Linda, cominciare un corso, Torino.
10. Tu e Antonio, partire, Roma.

b) Scrivi i verbi al futuro.

I progetti di Paolo e Michele.

Noi (partire) _____ per la Sardegna ai primi di agosto con la moto e la tenda.

Quando (trovare) _____ un campeggio in riva al mare, vi (piantare)_____ la tenda.

(Nuotare)_____ moltissimo, (prendere) _____ il sole, (fare) _____ pesca subacquea.

(Andare) _____ in giro a visitare i posti più belli e (cambiare) _____ spiaggia ogni giorno.

Alcune volte (cucinare)_____ noi; altre volte (mangiare) _____ al ristorante.

La sera (andare) _____ in discoteca e (conoscere) _____ molte ragazze;

(ballare) _____ tutte le sere. (Divertirsi)_____ un sacco.

❻ Progetti per una vacanza da maggiorenne

a) Ascolta e scrivi le parole che mancano.

Quando avrò diciotto _____ potrò finalmente passare la vacanza da solo; non dovrò
più andare con i miei _____ . Farò un lungo _____ .
Andrò in giro per il _____ . Mi sposterò con i mezzi pubblici oppure facendo
l' _____ . Vedrò _____ e popoli diversi; conoscerò tanti ragazzi e
ragazze e farò nuove amicizie. Mi porterò solo uno zaino con poche cose.
Rimarrò via dall' _____ fin che vorrò e soprattutto fin che avrò _____ .

b) Che cosa farà Luigi quando avrà diciotto anni?
    Continua a raccontare.

Quando avrà diciotto anni, potrà...

Noi siamo ancora **minorenni**.   Noi siamo **maggiorenni**.

sarò
sarai
sarà
saremo
sarete
saranno

c) Continua tu, come nell'esempio.

Paolo ha 15 anni.   Sarà maggiorenne fra tre anni.

Karim ha 17 anni.   _____

Tu hai 14 anni.   _____

Sara e Rosa hanno 12 anni.   _____

Voi avete 11 anni.   _____

Noi abbiamo sedici anni.   _____

d) Continua tu, come nell'esempio.

Quando sarò maggiorenne, prenderò la patente.

Quando   tu _____

          Said _____

          noi _____

          voi _____

          Sara e Luisa _____

a) Completa la lettera con «fra» o «fa».

> *Rimini, 18 agosto*
> *Caro Piero, sono partito una settimana fa e non ho potuto salutarti. Adesso sono qui da solo, ma i miei genitori arriveranno................qualche giorno e così, addio libertà! Due giorni................ti ho telefonato, ma non ho mai trovato nessuno. Hai cambiato numero?*
> *Io tornerò in città................due settimane e spero di vederti.*
>
> 　　　　　　　　　　　　　*Ciao. A presto!*
> 　　　　　　　　　　　　　　　　*Gianni*

Le parole del futuro.

fra un mese	fra un anno	l'anno prossimo
il mese prossimo	un giorno	un domani
nel futuro	nel duemiladieci	l'anno venturo
il mese venturo	la settimana ventura	domani
dopo domani	l'estate prossima	l'inverno prossimo
a fine mese	a fine anno	a fine stagione

15

b) Dal passato al futuro. Trasforma le frasi utilizzando le espressioni di tempo adatte.

(Sono arrivato la settimana scorsa). Arriverò la settimana prossima.

1. Siamo tornati due giorni fa.
2. Due mesi fa Said è andato a Roma.
3. L'anno scorso abbiamo fatto un lungo viaggio.
4. L'estate scorsa avete studiato l'inglese.
5. Hanno rinnovato i documenti sei mesi fa.
6. Ho cominciato il lavoro il mese scorso.
7. Maria ha cambiato casa quattro mesi fa.
8. Avete firmato il contratto nel 1988.

❽ Dove sarà il mio Luigi?

MADRE   Dove sarà adesso il mio Luigi?

PADRE   Oh, stai sempre a pensare a tuo figlio. È grande, maggiorenne, saprà badare a se stesso!

MADRE   Per te non c'è mai nessun problema. Starà bene? È tardi... dormirà?

PADRE   Ma sì, starà benissimo! Tu ti preoccupi e magari lui non ti penserà nemmeno... Sarà troppo occupato a divertirsi.

> Dove sarà il mio Luigi?

Dove sarà		in questo momento?
Cosa farà	Luigi	ora?
Come starà		adesso?
Che cosa starà facendo		

starà bene – starà male – dormirà – mangerà – sarà malato – avrà fame – avrà freddo – avrà sonno – avrà la febbre

15

a) Che cosa farà Maria in questo momento? Prova a immaginarlo.

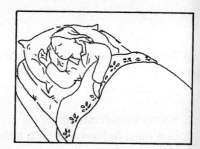

Ballerà, parlerà con gli amici.

❾ Quanto costerà?
Quanto costeranno?

a) Quanto costeranno? Prova a indovinare il prezzo di:

- – una giacca da uomo elegante.
- – un biglietto ferroviario di prima classe Milano-Roma.
- – un viaggio aereo di andata e ritorno Milano-Parigi.
- – un costume da bagno intero da donna.
- – una valigia di pelle robusta.
- – un paio di occhiali

b) Quanto tempo ci **vorrà**? Quante ore ci **vorranno**? Fai delle previsioni.

Ci vorrà un'ora...   Ci vorranno tre ore...

– in aereo	da Roma a Pechino? da Milano a Rabat?	– in nave	da Tunisi a Genova? da Napoli a Capri?
– in treno	da Milano a Palermo? da Torino a Firenze?	– in macchina	da Padova a Verona? da Bologna a Firenze?

c) Quanto peserà? Prova a rispondere.

Ricorda: hg, ettogrammo, etto
         kg, chilogrammo, chilo.

⑩ Progetti, promesse, propositi

a) I progetti di... (scrivi i verbi al futuro).

 Andrò in Italia, guadagnerò un po' di soldi; poi tornerò nel mio paese e mi sposerò.

 (Stare) _____ in Italia due o tre anni, poi (andare) _____ in Canada dove c'è mio fratello e (finire) _____ la scuola superiore.

 (Girare) _____ tutta l'Italia perché voglio conoscere un paese europeo. (Lavorare) _____ dove capiterà; poi (decidere) _____ dove fermarmi.

 Finalmente dopo cinque anni (raggiungere) _____ i miei genitori che sono a Firenze. (Lavorare) _____ con loro nel ristorante; (studiare) _____ la lingua italiana e (cominciare) _____ una nuova vita con la mia famiglia.

  Prima (partire) _____ da solo, poi (fare) _____ venire in Italia mia moglie e i miei figli. I miei figli (studiare) _____ in Italia. Noi (tornare) _____ in Marocco solo per le vacanze d'estate.

b) Immagina di essere al momento della partenza per l'Italia.
Scrivi i tuoi progetti usando il verbo al futuro.

c) Che cosa farà Maria nell'anno nuovo?

> *Caro diario, ecco i miei propositi*
> *per l'anno nuovo:*
> * *non mangerò più dolci*
> * *dimagrirò almeno cinque chili*
> * *farò ginnastica ogni giorno*
> * *studierò l'inglese*
> * *farò un viaggio all'estero*
> * *diventerò bravissima a usare il computer*

d) Quali sono i tuoi progetti per il prossimo anno?

e) Che cosa faranno l'anno prossimo queste persone?
Osserva i disegni e rispondi.

Tomas

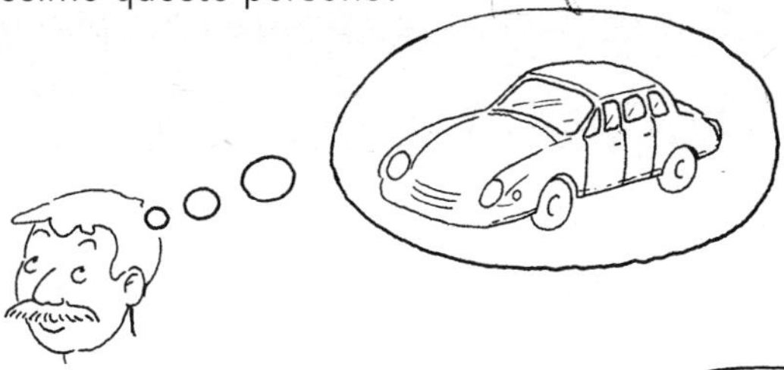

Giuseppe e Carla

Michele

Said

Mohamed

Sara

Lucia

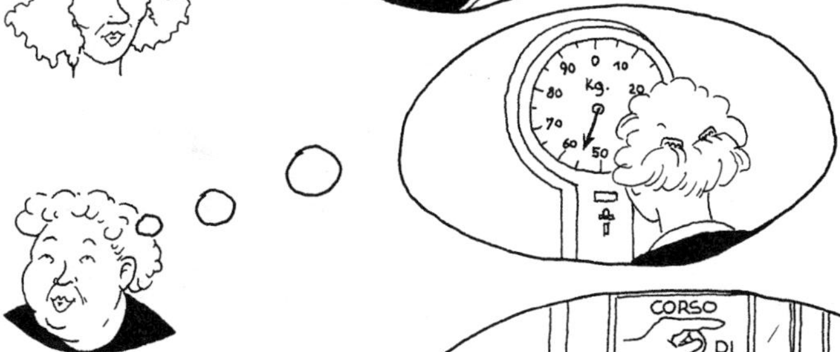

Carlo e Mario

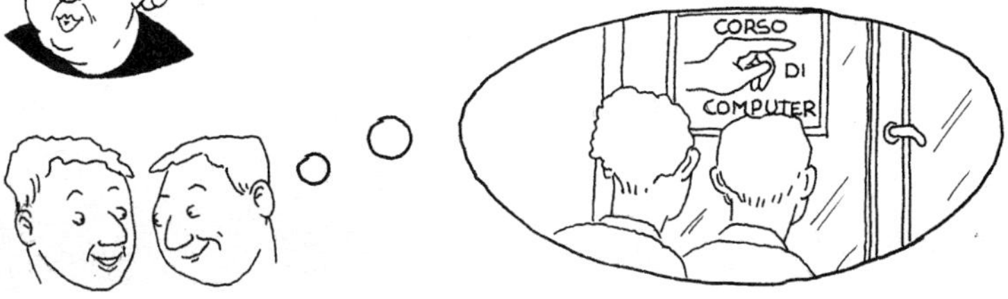

Conoscere l'Italia

L'Italia in vacanza. Tutti al mare

In estate milioni di turisti, italiani e stranieri, affollano le spiagge italiane.

Ancora oggi, per molti italiani, la vacanza estiva vuol dire andare al mare.

Quando ha avuto inizio la moda dei bagni di mare, la mania di prendere il sole per farsi la «tintarella»?

Fino agli anni '50 solamente le famiglie benestanti potevano permettersi una villeggiatura marina. La vacanza al mare è diventata di massa negli anni '60, all'epoca del «boom economico».

Da allora, ai primi di agosto, sulle strade italiane si vedono code chilometriche di vetture dirette ai luoghi di villeggiatura.

Una canzone degli anni sessanta.

Per quest'anno, non cambiare
stessa spiaggia, stesso mare
per poterti rivedere
per restare, per ballare insieme a te.
E come l'anno scorso
sul mare col pattino
vedremo gli ombrelloni
lontano lontano
nessuno ci vedrà, vedrà vedrà...

15

Conoscere l'Italia

I Parchi Nazionali

L'Italia non è un paese molto esteso ma ha una grande varietà di *ambienti naturali*: montagne, mari, pianure, colline, laghi, boschi di vario tipo, vulcani attivi, zone paludose ecc.

Purtroppo è anche un paese molto popolato e ricco d'industrie, così la *natura* corre continuamente gravi pericoli.

Per questo motivo, come in altri paesi del mondo, esistono dei *Parchi Nazionali*, per proteggere gli ambienti naturali, la flora (le piante) e la fauna (gli animali).

Attualmente i *Parchi Nazionali* sono 20. La superficie del territorio nazionale protetto è il 6,6 %.

Stambecchi che vivono nel Parco Nazionale del Gran Paradiso, con le caratteristiche grandi corna inclinate all'indietro.

Viaggio nel paese d'origine

Dopo tre anni Hanif ha deciso di tornare in Pakistan con sua moglie e i suoi figli per passarvi il mese di agosto.

Che cosa deve fare?

Almeno un mese prima di partire deve andare in Questura per chiedere il **visto di reingresso** in Italia.
Hanif compila la domanda e consegna una copia del permesso di soggiorno e una copia del passaporto.

Allegato C

ALLA QUESTURA DI

Io sottoscritto (cognome)......................(nome)..........

nato a....................................il...........

cittadino.......................stato civile...............

dimorante a.........................in via..........n.......

presso..................................tel............,

già autorizzato a soggiornare in Italia sino al............, da

codesta Questura per motivi di (1).........................

....

chiedo che mi venga concesso il visto di reingresso valido sino

al ....per i se-

guenti motivi:...

....

Faccio presente di essere in possesso del seguente documento di

identità personale (straniero): (2)........................

N. ....rilasciato il.................dal........

...........valido sino al..................., di cui allego fo-

tocopia.

....   In fede

_____

---

(1) Specificare il motivo per il quale è stato autorizzato il soggiorno.
(2) Specificare il tipo di documento (straniero) rilasciato dalle proprie Autorità (passaporto, carta di identità, titolo di viaggio, documento di viaggio, lasciapassare etc.).

• Compila il modulo con i tuoi dati.

Per leggere

Praiano, 10 luglio 2000

Cara Federica,
come stai? Come va? Noi stiamo benissimo e ci divertiamo molto.
Le nostre vacanze quest'anno sono meravigliose! Abbiamo già passato una set-
timana in camping in Toscana: eravamo in una pineta sul mare e facevamo
bagni e gite nelle città d'arte vicine. Abbiamo visitato Lucca, Pisa e Siena.
Ora siamo sulla costa amalfitana, sempre con la nostra tenda. Qui il tempo è
sempre bello. Ieri siamo stati a Positano, un paese molto pittoresco a picco sul
mare blu. La sera abbiamo mangiato in un buon ristorante sul mare caro, ma
che buon pesce!
A Positano ho trovato una camera a due letti per voi, alla pensione "Alberti-
na". Vi troverete bene, vedrete un panorama stupendo e mangerete in
modo genuino: pesce fresco in gran quantità! Ti mando il depliant illu-
strativo con il listino prezzi. Se vuoi prenotare, telefona subito perché ci
sono molti turisti ed è difficile trovare posto.
Nei prossimi giorni andremo a Ravello dove visiteremo due antiche ville

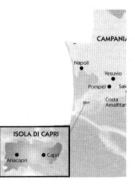

con splendidi giardini e poi ad Amal-
fi dove andremo a vedere il famoso
duomo. Resteremo qui fino al 25
luglio e poi, se avremo ancora soldi,
faremo un salto a Capri. Speriamo.

Simone ti saluta ed io ti abbraccio affettuosamente
Ciao! venite anche voi!
Valentina

a) Rispondi alle domande.

1. Chi scrive? A chi scrive?

2. Dove si trovano i due giovani?

3. In quale regione sono stati prima? Che città hanno visitato?

4. Dove alloggiano?   ☐ in albergo
   ☐ in pensione
   ☐ in camping

5. Perché consigliano ai loro amici la pensione "Albertina"?

6. Dove si trova la pensione consigliata?

7. Dove andranno nei prossimi giorni Valentina e Simone?

8. Perché non sono sicuri di andare a Capri?

Indicativo futuro semplice

I verbi regolari

PASSARE	LEGGERE	PARTIRE
passerò	leggerò	partirò
passerai	leggerai	partirai
passerà	leggerà	partirà
passeremo	leggeremo	partiremo
passerete	leggerete	partirete
passeranno	leggeranno	partiranno

Alcuni verbi irregolari

avere	av-	
essere	sa-	**-rò**
dare	da-	
dire	di-	**-rai**
fare	fa-	
stare	sta-	
		-rà
andare	and-	
dovere	dov-	
potere	pot-	**-remo**
sapere	sap-	
vivere	viv-	
		-rete
bere	ber-	
rimanere	rimar-	
venire	ver-	**-ranno**
volere	vor-	

Verbi che finiscono in −CARE / −GARE

| cercare | cercherò, cercherai, cercherà, cercheremo, cercherete, cercheranno |
| pagare | pagherò, pagherai, pagherà, pagheremo, pagherete, pagheranno |

Verbi che finiscono in −CIARE / −SCIARE / −GIARE

cominciare	comincerò, comincerai, comincerà, cominceremo, comincerete, cominceranno
lasciare	lascerò, lascerai, lascerà, lasceremo, lascerete, lasceranno
mangiare	mangerò, mangerai, mangerà, mangeremo, mangerete, mangeranno

Quanto **costerà?**   Quanto **costeranno?**
Quanto **ci vorrà?**   Quante ore ci **vorranno?**

16 Di che umore sei?

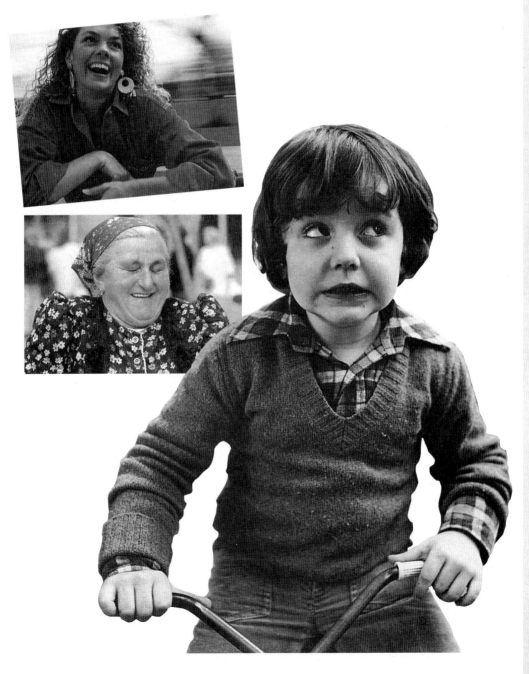

❶ Fare conoscenza

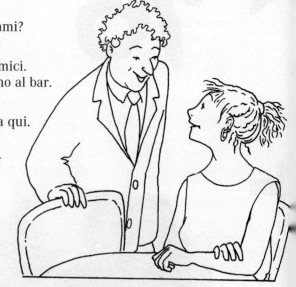

GIOVANNI	Ciao, posso sedermi?
ALICE	Prego. Io sono Alice e tu come ti chiami?
GIOVANNI	Giovanni. Sei qui da sola?
ALICE	No, sono venuta con una coppia di amici. Sono quelli che stanno ballando vicino al bar.
GIOVANNI	Dove abiti?
ALICE	A Poggio, saranno dieci chilometri da qui.
GIOVANNI	Che combinazione! Anch'io abito da quelle parti. Se ti va, posso accompagnarti a casa dopo.
ALICE	Ma..., non so; dopo vediamo.
GIOVANNI	Vuoi bere qualcosa, Alice?
ALICE	Grazie, una spremuta d'arancia.

AGENZIA *Viaggi*

Giovanni, che cosa c'è stamattina?

Giovanni è in ufficio con un collega

COLLEGA	Giovanni, che cosa c'è stamattina? Mi sembri diverso. Sei più allegro del solito. Che cosa ti è successo?
GIOVANNI	Oggi sono di ottimo umore, sabato sera ho conosciuto una ragazza proprio carina. Non vedo l'ora di rivederla.
COLLEGA	L'hai appena vista e ti sei già innamorato! Un vero colpo di fulmine!
GIOVANNI	Devo telefonarle domani sera. La inviterò al cinema e poi a mangiare una pizza. Che ne dici?
COLLEGA	Mi sembra un'ottima idea! Ma adesso, smettila di sognare a occhi aperti e lavora!

Modi di dire.

Un colpo di fulmine.	Ho trovato l'anima gemella.
Al cuore non si comanda.	Ho il batticuore.
Sono al settimo cielo.	È un amore a prima vista.
Sono fatti l'uno per l'altra.	Sogno ad occhi aperti.

❷ Invitare qualcuno

Ti posso invitare al cinema sabato sera?

Volentieri. Dove andiamo?

Mi spiace, non posso. Ho già un impegno.

a) Rispondi alle domande sul testo.

1. Perché Giovanni questa mattina è più allegro del solito?
2. Dove si sono incontrati Alice e Giovanni per la prima volta?
3. Che cosa dice Giovanni a Alice per:
    - sedersi vicino a lei
    - offrirle da bere
    - chiederle dove abita
    - accompagnarla a casa
    - invitarla al cinema
    - rivederla.
4. Che cosa può rispondere Alice per:
    - accettare
    - rifiutare.

b) Che cosa racconta il giorno dopo Alice alla sua amica Carla? Completa il dialogo.

CARLA   Ciao Alice, com'è andata ieri sera?

ALICE   Benissimo. Ho conosciuto un ragazzo proprio simpatico.

CARLA   ....

ALICE   Giovanni.

CARLA   ....

ALICE   È alto, con tanti riccioli, simpatico. Lavora in un'agenzia di viaggi.

CARLA   ....

ALICE   Mi chiamerà domani sera.

CARLA   Pensi di rivederlo sabato prossimo?

ALICE   ....

CARLA   ....

c) Lavora in coppia. Invita un compagno al bar, a teatro... Lui risponde accettando o rifiutando. Poi scambiatevi i ruoli.

❸ Ti posso accompagnare? Posso accompagnarti?

a) Trasforma le frasi come nell'esempio.

(Ti posso confidare un segreto?) – Posso confidarti un segreto?

1. Ti posso offrire qualcosa da bere?
2. Signora Bianchi, Le posso portare la valigia?
3. Direttore, Le posso chiedere un'informazione?
4. Luca, ti posso chiedere un favore?
5. Ragazzi, vi posso offrire qualcosa?
6. Gli dobbiamo restituire il motorino.
7. A che ora ti devo telefonare?
8. A che ora le devo telefonare a Maria?
9. Ti devo dire la verità.
10. Vi devo dire la verità.

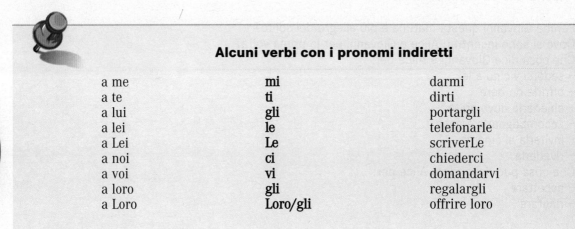

Alcuni verbi con i pronomi indiretti

a me	**mi**	darmi
a te	**ti**	dirti
a lui	**gli**	portargli
a lei	**le**	telefonarle
a Lei	**Le**	scriverLe
a noi	**ci**	chiederci
a voi	**vi**	domandarvi
a loro	**gli**	regalargli
a Loro	**Loro/gli**	offrire loro

b) Lista delle cose da fare prima di partire. Forma delle frasi come negli esempi.

Devo dirvi una cosa importante.
Devo consegnargli questo pacco.

DEVO	**A CHI?**	**CHE COSA?**
consegnare	a Marco	questo pacco.
portare	a loro	questa busta.
spedire	a Maria	il telegramma.
mandare	ai miei familiari	un vaglia
dare	al signor Bianchi	il documento.
inviare	a Lucia	dei fiori.
scrivere	ai miei insegnanti	un biglietto.
prestare	a Giuseppe	la macchina.
restituire	a te	le chiavi

c) Trasforma le frasi con i verbi «dare» e «dire» al passato prossimo e al futuro, come nell'esempio.

(Gli do un bacio) – Gli ho dato un bacio. – Gli darò un bacio.

1. Ti do l'anello. _____ _____
2. Vi diamo appuntamento. _____ _____
3. Ci date i documenti. _____ _____
4. Ti dico la verità. _____ _____
5. Vi diciamo le novità. _____ _____
6. Ci dite un segreto. _____ _____
7. Le dicono una bugia. _____ _____

d) Trasforma le frasi dal presente al passato prossimo, come nell'esempio.

(Devo telefonarle) – Ho dovuto telefonarle.

1. Voglio dirti la verità.
2. Non possiamo scrivervi.
3. Marco deve darti i suoi documenti.
4. Voi dovete telefonare al direttore.

5. Sara non può pagare il mutuo della casa.
6. Loro non vogliono parlarti.
7. Devo mandargli una raccomandata.
8. Non potete chiedergli notizie.

❹ Che cosa regaliamo?

16

a) Inventa delle frasi come nell'esempio.

(A Lucia piacciono i fiori) – Le regaliamo una pianta.

1. A Marco piace il calcio.
2. A mio marito piace leggere.
3. Ai miei amici piace la musica.
4. A voi piacciono i gioielli.

5. A loro piace cucinare.
6. A te piacciono i dolci.
7. Ai bambini piacciono i cartoni animati.
8. A Michela piace lavorare a maglia.

b) Di che cosa è fatto? Abbina gli oggetti ai materiali.

1. una collana
2. una valigia
3. un anello
4. una camicia
5. un maglione
6. una pentola
7. un cavallino
8. un vaso
9. un bauletto
0. un piatto
1. un secchio

– di pelle.
– di pura lana.
1 di perle.
– d'acciaio.
– d'oro e d'argento.
– di legno.
– di plastica.
– di bronzo.
– di cristallo.
– di seta.
– di porcellana.

❺ Mi ami?

Mi ami?
Ma quanto mi ami?

Mi pensi?
Ma quanto mi pensi?

tu saluti	me	→	**mi**	saluti
io saluto	te	→	**ti**	saluto
saluto	lei	→	**la**	saluto
saluto	lui	→	**lo**	saluto
saluto	Lei	→	**La**	saluto
tu saluti	noi	→	**ci**	saluti
io saluto	voi	→	**vi**	saluto
saluto	loro	→	**li**	saluto

a) Completa con i pronomi adatti, come nell'esempio.

Vedi Carlo? Sì, lo vedo quasi ogni giorno.

1. Vedi ancora Lucia? Purtroppo non _____ vedo più.

2. Qualcuno accompagna le ragazze? Sì, _____ accompagno io.

3. Chiami i bambini? Sì, _____ chiamo subito.

4. Mi inviti a teatro? _____ invito con piacere.

5. Ci portate a casa, per favore? Sì, _____ portiamo fra due minuti.

6. Incontri spesso la signora Verdi? _____ vedo in palestra ogni giovedì.

7. Ami ancora Luisa? Sì, _____ amo più di prima.

8. D'accordo, Signora Rossi. Ora _____ saluto

b) Continua come nell'esempio.

(Luisa, io) – Chi invita Luisa? La invito io.

1. Carlo, noi
2. Maria e Sara, io
3. Luca e Marco, lui
4. i signori Rossi, tu
5. Marina, voi
6. i miei colleghi, tu
7. i parenti, mia madre
8. il direttore, io

c) Scrivi il testo al passato prossimo.

Oggi vedo Lucia in centro e l'accompagno a fare spese. La porto in un grande magazzino dove fann dei forti sconti. Forse la convinco a comprare il cappotto rosso che c'è in vetrina da Vestidonna. All sera la invito al cinema e poi la porto in pizzeria. Così la tiro un po' su di corda.

Ieri ho visto Lucia...

❻ La posta del cuore

> Mi sento molto solo. Mia moglie mi ha lasciato due mesi fa e io non riesco a vivere senza di lei.
>
> Antonio - Brescia

> Dopo tre anni di fidanzamento lui si è innamorato della mia migliore amica. Sono disperata.
>
> Luisa - Padova

> Nessuna ragazza si accorge di me. Sono brutto, timido, pieno di problemi. Sono giù di morale e in crisi.
>
> Lino - Cosenza

> Aspetto sempre il principe azzurro e il grande amore. Ho 23 anni e sono delusa e depressa.
>
> Anna - Torino

a) Scrivi come si sente chi è in uno stato d'animo positivo e negativo, come nell'esempio.

felice – triste – depresso – allegro – su di morale – giù di morale – in crisi – sereno – infelice – contento – deluso – solo – tranquillo – preoccupato – pieno di gioia – entusiasta – disperato.

STATO D'ANIMO POSITIVO	STATO D'ANIMO NEGATIVO
felice	*infelice*

Con voi mi sento bene, a mio agio. Mi sembra di conoscervi da tanto tempo.

Con loro mi sento a disagio, preoccupato.

b) In quali situazioni e con chi ti senti a tuo agio? In quali situazioni e con chi ti senti a disagio? Racconta.

❼ Come ti senti?

a) Marco è felice perché... Continua scrivendo altri motivi di tristezza, gioia, felicità...

Marco è felice perché
ha un lavoro che gli piace.
ha incontrato Lucia.
ha una bella famiglia.

1. Maria è triste perché
si sente sola.
è andato male un esame.

2. Said è preoccupato perché
è stato sfrattato.
ci sono problemi sul lavoro.

3. Li Li e Chen adesso sono contenti perché
hanno avuto il permesso di soggiorno.
hanno trovato un appartamento in affitto.

4. Luciana è disperata perché
suo figlio sta male.
suo marito è disoccupato.

Attenzione:

felice	felicità
allegro	allegria
triste	tristezza
preoccupato	preoccupazione
disperato	disperazione
depresso	depressione
arrabbiato	rabbia

b) Guarda le espressioni del viso di queste persone e immagina come si sentono e per quali motivi.

Paolo è preoccupato perché...

Paolo

Sara

Maria e Antonio

Il signor Bianchi

❽ Una coppia mista.

a) Ascolta la storia di Anna e di Tomas e scrivi le parole che mancano.

Anna e Tomas si sono conosciuti due .... fa a Roma.

Anna .... come impiegata in una banca del centro e Tomas .... Legge all'U-niversità. Spesso si trovano a fare uno spuntino nello stesso bar e così si sono incontrati.

Hanno .... a uscire insieme a degli amici il sabato sera; poi hanno cominciato a uscire da soli e hanno scoperto un giorno di essere ....

All'inizio la famiglia di Anna non .... accettare un fidanzato straniero, di un paese e di una religione diversi.

Anche .... di Tomas non erano contenti della scelta del figlio e gli ....
delle lettere piene di consigli e di raccomandazioni.

Ma Anna e Tomas .... a vedersi, ad amarsi, a fare progetti per la loro vita insieme.
Piano piano le famiglie hanno accettato la situazione e la scelta dei figli.

Proprio oggi i due fidanzati hanno firmato i documenti per il matrimonio: si .... in maggio, fra due mesi. Non sanno ancora dove abiteranno, ma, se Tomas troverà un lavoro, staranno a Roma.

b) Che cosa pensi della storia di Anna e di Tomas? Quali sono le difficoltà di un matrimonio misto, secondo te?

c) Un vecchio proverbio italiano dice «Moglie e buoi dei paesi tuoi». Che cosa vuol dire? Che cosa ne pensi?

Altri proverbi italiani

Chi trova un amico trova un tesoro.
Lontano dagli occhi, lontano dal cuore.
Dimmi con chi vai e ti dirò chi sei.
Chi fa da sé fa per tre.

L'unione fa la forza.
Due cuori e una capanna.
Il primo amore non si scorda mai.
Se son rose, fioriranno.

d) Scrivi dei proverbi del tuo paese e spiega il loro significato.

❾ Per me, l'amore è ...

Che cosa pensano dell'amore le ragazze di oggi? Ecco i dati di un'inchiesta fatta fra le ragazze italiane fra i 15 e i 24 anni.

Secondo lei, l'amore è soprattutto...

tenerezza	51,6
compagnia	20,1
passione	12,8
allegria	10,0
avventura	1,8
gelosia	1,5
sesso	0,8
Non sa/non risponde	1,4

a) E per te, che cos'è l'amore?
Commenta le risposte delle ragazze.
Sei d'accordo? Perché?
Non sei d'accordo? Perché?

Se sono rose fioriranno

Se mi amerai ci sposeremo

a) Trasforma le frasi al futuro, come nell'esempio.

Se mi ami, sto con te tutta la vita. – Se mi amerai, starò con te tutta la vita.

1. Se vieni da me, sono contenta.
2. Se mi scrivi, ti rispondo subito.
3. Se i miei amici vogliono, possiamo andare a trovarli.
4. Se Carlo torna in tempo, andiamo al ristorante.
5. Se venite da noi, vi prepariamo la stanza.
6. Se mio fratello viene in Italia, cerco un lavoro per lui.
7. Se abbiamo un bambino, lo chiamiamo Omar; se abbiamo una bambina, la chiamiamo Sara.

b) Completa le frasi come vuoi tu.

1. Se imparo bene l'italiano, _____

2. Se troviamo una casa più grande, _____

3. Se Carla prende la patente, _____

4. Se c'è bel tempo, _____

c) Completa scrivendo la condizione (se...) in queste frasi al futuro.

1. Cambieremo lavoro se _____

2. Porterò in Italia la mia famiglia se _____

3. Said sarà più tranquillo se _____

4. Sara partirà se _____

5. Andremo al mare se _____

Come... dove... usare i servizi

Sposarsi in Italia

Giovanna e Magdi hanno deciso di sposarsi. Hanno già fatto richiesta al loro Comune di residenza.

Che cosa deve fare Magdi?

Magdi deve presentare:
– il "nulla osta" rilasciato dal Consolato o dall'Ambasciata del suo paese di origine
– il passaporto

Dopo il matrimonio, Magdi potrà chiedere la cittadinanza italiana.

Giovanna e Magdi hanno deciso di sposarsi con il rito civile, cioè di sposarsi in Comune.

La maggior parte delle persone in Italia si sposa in chiesa, secondo il rito religioso.
Il matrimonio religioso ha anche valore civile.

Stranieri in Italia e religione (su 1.250.214)

– cattolici	363.000	(29%)
– ortodossi/protestanti	274.000	(21,9%)
– mussulmani	436.0000	(34,9%)
– ebrei	4.000	(0,3%)
– religioni orientali	83.000	(6,6%)
– animisti	18.000	(1,4%)
– altri	65.000	(5,3%)
– non classificati	7.214	(0,5%)

Fonte: Dossier Immigrazione '99 – Caritas

Di che segno sei? La mania dell'oroscopo

Di che segno sei? È una domanda che si sente fare spesso durante le cene fra amici, quando si fanno nuove conoscenze e anche solo per iniziare una conversazione.

La mania dell'oroscopo si diffonde sempre di più e anche chi dice di non crederci, finisce spesso per leggere le previsioni che riguardano il suo segno con la speranza di trovare buone notizie.

Quasi tutte le riviste settimanali e molti quotidiani pubblicano l'oroscopo e vi è anche una linea telefonica che informa sulle previsioni giornaliere, segno per segno.

Questi sono i 12 segni zodiacali.

Segno	Pianeta	Periodo
Ariete	Marte	21 marzo - 20 aprile
Toro	Venere	21 aprile - 21 maggio
Gemelli	Mercurio	22 maggio - 21 giugno
Cancro	Luna	22 giugno - 22 luglio
Leone	Sole	23 luglio - 22 agosto
Vergine	Mercurio	23 agosto - 22 settembre
Bilancia	Venere	23 settembre - 22 ottobre
Scorpione	Marte-Plutone	23 ottobre - 22 novembre
Sagittario	Giove	23 novembre - 21 dicembre
Capricorno	Saturno	22 dicembre - 20 gennaio
Acquario	Saturno-Urano	21 gennaio - 18 febbraio
Pesci	Giove-Nettuno	19 febbraio - 20 marzo

L'OROSCOPO

21 Marzo
20 Aprile

ARIETE

Giove nel vostro segno è in aspetto difficile con Marte: vuol dire che siete perfettamente in grado di superare una piccola difficoltà, che non va sottovalutata. Se si tratta di affetti, e vi è stata una incomprensione con il partner, affrettatevi a farvi perdonare un eventuale sbaglio, per non lasciare che il peso dell'incomprensione aumenti. Nel lavoro affrontate una questione spinosa, certi che riuscirete a risolverla.

22 Dicembre
20 Gennaio

CAPRICORNO

Vi siete quasi abituati alle gioie dell'amore e del lusso offerte graziosamente da Venere in aspetto sollecitante, e rischiate di dimenticare la lezione di Saturno che, in aspetto positivo, vi rende facile la soluzione dei problemi pratici. Sono favorite le transazioni immobiliari, gli acquisti di beni durevoli, le pratiche noiose ma necessarie, e tutto quello che riguarda i problemi che avete finora rinviato.

19 Febbraio
20 Marzo

PESCI

Continua il favore del destino, con Giove e Venere che vi offrono diverse possibilità. L'amore acquista un maggiore spessore, specie per chi sta aspettando il momento del fatidico "sì", che è arrivato: coraggio! Anche nel lavoro e nelle questioni finanziarie l'orizzonte si schiarisce e nuove possibilità si presentano per chi cerca lavoro. Anche per chi invece sogna la pensione, è arrivato il momento magico.

Tra paesi e culture

L'oroscopo cinese

Secondo l'oroscopo cinese, ad ogni anno corrisponde un animale. Vi sono dodici animali che si ripetono ogni dodici anni. Così, il 1999 è stato l'anno della lepre, il 2000 quello del Drago, e così via...

Topo	1900	1912	1924	1936	1948	1960	1972	1984	1996
Bue	1901	1913	1925	1937	1949	1961	1973	1985	1997
Tigre	1902	1914	1926	1938	1950	1962	1974	1986	1998
Lepre	1903	1915	1927	1939	1951	1963	1975	1987	1999
Drago	1904	1916	1928	1940	1952	1964	1976	1988	2000
Serpente	1905	1917	1929	1941	1953	1965	1977	1989	2001
Cavallo	1906	1918	1930	1942	1954	1966	1978	1990	2002
Capra	1907	1919	1931	1943	1955	1967	1979	1991	2003
Scimmia	1908	1920	1932	1944	1956	1968	1980	1992	2004
Gallo	1909	1921	1933	1945	1957	1969	1981	1993	2005
Cane	1910	1922	1934	1946	1958	1970	1982	1994	2006
Cinghiale	1911	1923	1935	1947	1959	1971	1983	1995	2007

16

Come sono stati scelti gli animali dell'oroscopo?

Narra la leggenda che l'imperatore chiamò intorno a sé tutti gli animali per festeggiare il suo compleanno.
Ubbidirono soltanto in dodici: per primo arrivò il topo, poi arrivarono il bue e la tigre; dopo un po' ecco la lepre, il drago e il serpente. Seguirono il cavallo, la capra e la scimmia. Per ultimi giunsero al palazzo il gallo, il cane e il cinghiale. Così l'imperatore assegnò un animale a ciascun anno e cominciò dal primo arrivato: il topo. La sequenza si ripete ogni dodici anni.

Ecco alcune caratteristiche dei nati nell'anno corrispondente:

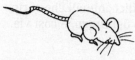

Topo: affascinante, socievole, troppo ambizioso.

Cavallo: amichevole e spiritoso, cambia facilmente di umore.

Bue: lavoratore, leale, ostinato.

Capra: affettuoso e sincero, insicuro.

Tigre: coraggioso, onesto, impulsivo.

Scimmia: astuto e spiritoso, egoista.

Lepre: tranquillo, raffinato, permaloso.

Gallo: buon parlatore, ordinato, pedante.

Drago: sicuro di sé, pieno di fantasia, impaziente.

Cane: fedele e altruista, caparbio.

Serpente: intuitivo, può essere un po' pigro.

Cinghiale: sincero e tollerante, credulone.

Per leggere

Il cielo in una stanza

Quando sei qui con me
questa stanza non ha più pareti
ma alberi
alberi infiniti
quando sei qui vicino a me
questo soffitto viola no, non esiste più.

Io vedo il cielo sopra noi
che restiamo qui
abbandonati come se
non ci fosse più
niente più niente al mondo.

Suona un'armonica
mi sembra un organo
che canta per te e per me.

su nell'immensità del cielo
per te e per me
per te, per me
nel cielo.

musica e parole di G. Paoli

16

a) Completa.

In questa canzone Gino Paoli illustra un momento d'amore, quando _____ con la sua innamorata. La stanza non ha più _____ , ma _____ e al posto del _____ c'è il _____ .

Sente come una dolce musica che _____ per _____ .

b) Rispondi.

Che titolo ha la canzone? _____

Ti è piaciuta la canzone? _____ Perché? _____

Qual è il titolo della canzone del tuo paese che più ti piace?

_____

I PRONOMI DIRETTI E INDIRETTI

Pronomi diretti			Pronomi indiretti	
io	me		a me	mi
tu	te		a te	ti
lui	lo, lui		a lui	gli
lei	la, lei		a lei	le
Lei	La, Lei		a Lei	Le
noi	ci		a noi	ci
voi	vi		a voi	vi
loro	li/le		a loro	gli/loro

Uso dei pronomi diretti e indiretti con i verbi modali.

Ti posso offrire / Posso offrir**ti**
La devo accompagnare / Devo accompagnar**la**
Le ho dovuto dire la verità / Ho dovuto dir**le** la verità
Non **ti** ho potuto telefonare / Non ho potuto telefonar**ti**

INDICATIVO PRESENTE, PASSATO PROSSIMO E FUTURO

Revisione

Uso di SE con i verbi al presente e al futuro

Se ho tempo, passo a salutarti.
Se non piove, vado al mare.
Se avrò il diploma, cercherò un lavoro in banca.
Se avrai le ferie, potrai tornare in Marocco.

17 E la salute, come va?

❶ Ho un raffreddore fortissimo

RITA — Ciao, allora ci vediamo stasera?

GIANNI — Mi dispiace, resto a casa; ho preso un raffreddore fortissimo.

RITA — Ma se l'altro ieri eri un leone...

GIANNI — Beh, oggi invece starnutisco in continuazione, mi lacrimano gli occhi, ho il naso chiuso, la luce mi dà fastidio, la gola mi brucia e ho anche un po' di tosse.

RITA — Sei proprio ridotto male! Hai la febbre?

GIANNI — No, non me la sento.

RITA — Fai bene a stare in casa, andrò io a divertirmi anche per te.

GIANNI — Grazie, bell'amica che sei!

a) Gianni ha un forte raffreddore. Descrivi i sintomi sotto le immagini.

_____

Gianni tossisce

_____

_____

_____

_____

❷ Quanti dottori!

Leggi i consigli che alcuni amici danno a Gianni che ha il raffreddore.

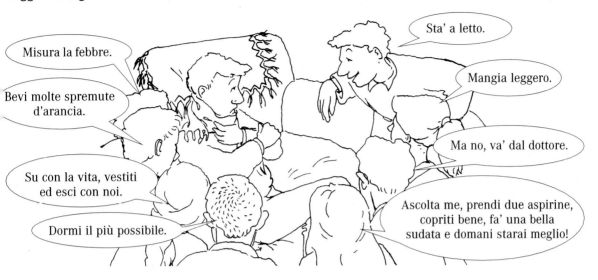

a) Accanto ai verbi all'infinito scrivi la forma verbale che gli amici di Gianni usano per dargli consigli.

misurare	*misura*	prendere	
ascoltare		mettere	
mangiare		bere	
andare		coprirsi	
fare		dormire	
stare		uscire	

b) Che consigli dai a un tuo amico che ha l'influenza?

c) Completa le frasi.

	tu
parlare	par**la**
scrivere	scriv**i**
dormire	dorm**i**
finire	fini**sci**

1. Vuoi rilassarti? (fare) _____ *Fa'* _____ un bel bagno caldo.

2. Sei nervoso, non riesci a dormire? (bere) _____ una camomilla.

3. Attento, fa freddo, (mettere) _____ un vestito pesante.

4. Che caldo in questa stanza! (aprire) _____ la finestra.

5. Le correnti d'aria fanno male! (chiudere) _____ la porta.

6. Non perdere tempo! (finire) _____ il compito.

3

a) Prima di leggere il testo cerca sul dizionario le parole evidenziate.

Il raffreddore è una malattia che colpisce praticamente tutte le persone; qualcuno lo prende anche più volte in un anno. L'inverno e i periodi di passaggio da una stagione all'altra favoriscono i raffreddori. Anche l'aria inquinata delle grandi città contribuisce alla loro diffusione.
I **sintomi** di questo **malanno** sono: starnuti, tosse, lacrimazione degli occhi, naso chiuso. Diversi tipi di **virus** trasmettono il raffreddore da una persona all'altra.

b) Racconta.

Quando ho il raffreddore...

_____
_____
_____
_____
_____
_____
_____

c) Ora trasforma alla seconda persona singolare.

_____
_____
_____
_____
_____
_____
_____

❹ Una visita medica

MEDICO — Che cosa si sente?

PAZIENTE — Da alcuni giorni ho qualche linea di febbre e un po' di tosse.

MEDICO — Vediamo... Si sieda sul lettino... Apra la bocca... Adesso levi la camicia, tossisca, respiri lentamene...

PAZIENTE — C'è qualcosa che non va?

MEDICO — Direi che ha una bella bronchite. Per essere più sicuri occorre fare degli esami.

PAZIENTE — Quali?

MEDICO — Vada a fare una radiografia ai polmoni. Intanto prenda le medicine che le prescrivo.

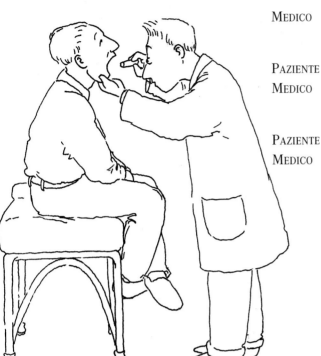

Alcuni esami medici:
- radiografia
- analisi del sangue
- elettrocardiogramma
- ecografia

a) Dopo aver letto il dialogo, sottolinea gli «ordini» che il dottore dà al paziente e riscrivili qui sotto insieme al verbo all'infinito, come nell'esempio:

(si sieda) – sedersi

....

....

Verbi regolari	Verbi irregolari	

Attenzione:

torn**are** ➝ torn**i**   dorm**ire** ➝ dorm**a**

prend**ere** ➝ prend**a**

andare ➝ **vada**	dire ➝ **dica**
fare ➝ **faccia**	bere ➝ **beva**
stare ➝ **stia**	uscire ➝ **esca**

b) Completa queste prescrizioni che un dottore può dare al paziente:

1. (prendere) .... le medicine.
2. (tornare) .... da me fra due settimane.
3. (mangiare) .... in bianco.
4. (restare) .... a letto due giorni.
5. (seguire) .... questa cura.
6. Non (bere) .... alcolici.
7. Non (uscire) .... di casa fino a domenica.
8. Non (fare) .... sforzi.

❺ Le medicine

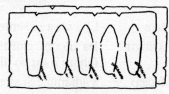

supposte

compresse
effervescenti

collirio

pomata

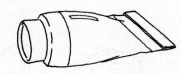

sciroppo

a) Dai delle indicazioni a una persona che ha un problema di salute, usando il «Lei» formale e i verbi:
«prendere» e «mettere».

Ho preso un raffreddore.

Accidenti che tosse!

Ho preso il sole e adesso ho una scottatura sulle spalle.

Ho bisogno di una cura ricostituente.

Mi bruciano sempre gli occhi.

Ho la febbre alta.

Prenda una o due compresse.

_____

_____

_____

_____

b) Consigli utili. Che cosa devo fare per...
Continua come nell'esempio.

dimagrire: (stare)

tu _sta'_

Lei _stia_

a dieta.

dormire: (bere)

una camomilla prima di andare a letto.

rilassarsi: (stendere)

le gambe.

Attenzione	
	tu
fare	**fa'**
dare	**da'**
dire	**di'**
andare	**va'**
stare	**sta'**

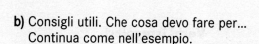

		tu	
stare in forma:	(fare)	Lei	ginnastica regolarmente.

non ingrassare: (camminare)   molto tutti i giorni.

mantenere sani i denti: (lavare)   i denti dopo i pasti.

stare bene di stomaco: (evitare)   di mangiare cibi fritti.

❻ Medici specialisti

a) Ecco un elenco di medici specialisti. Cerca la traduzione nella tua lingua sul dizionario.

Ginecologo	Dentista	Otorino (Otorinolaringoiatra)
Pediatra	Dermatologo	Oculista
Ortopedico	Cardiologo	Neurologo

b) Da quale specialista vado?
Dai le indicazioni come nell'esempio.

Il mio bambino è malato.	Vada (va') dal pediatra.
Ho qualche problema agli occhi.	
Mi fanno male i denti.	
Sono caduto e sento dolore al piede sinistro	
Ho delle strane macchie sulla pelle delle gambe.	
Ho problemi al cuore.	
Sento molto male dall'orecchio destro.	

❼ Mantenersi in forma

Se vuoi sentirti in forma devi condurre una vita sana. Ecco alcuni consigli:

- pratica regolarmente un'attività sportiva
- cammina molto
- non bere alcolici
- non fumare
- dormi almeno sette ore per notte
- non stare sempre seduto
- segui una dieta equilibrata
- non mangiare troppo

a) Dopo avere letto i consigli sottolinea quelli in forma negativa.

b) Sei d'accordo con questi consigli? Qui sotto ne puoi scrivere altri e confrontarli con quelli dei tuoi compagni.

Consigli positivi   Consigli negativi

....

....

....

....

c) Scegli il consiglio o l'ordine più adatto per completare le frasi.

1. Stai dimagrendo,   *3* non bere acqua ghiacciata.
2. Sei troppo stanco,   – non fumare più.
3. Sei troppo sudato,   – non andare in piscina oggi.
4. Hai sempre la tosse,   – non andare al lavoro.
5. Se non stai bene,   – non saltare i pasti.

Mangia!
Sei magro.

Non mangiare!
Sei grasso.

d) Scrivi al negativo i seguenti ordini.

Va' dal dottore.   Ascolta i tuoi amici.   Mangia in fretta.

....

Bevi il caffè.   Entra.   Fa' ginnastica

....

e) Scrivi in forma positiva i seguenti ordini.

Non ascoltare i dottori! ....   Non correre! ....

Non prendere medicine! ....   Non parlare! ....

Non uscire con gli amici! ....   Non stare a letto! ....

Non cucinare gli spaghetti! .... Non dire cosa devo fare! ....

f) Metti in forma negativa, come nell'esempio.

(Signor Rossi, prendere, quelle medicine) – Signor Rossi, non prenda quelle medicine.

1. Signora Maria, (fare) la dieta. ....

2. Signor Aziz, (leggere) quel giornale. ....

3. Signora Ines, (ascoltare) quella musica. ....

4. Signor Bianchi, (stare) lì fermo. ....

5. Signor Chen, (tornare) prima delle sei. ....

6. Signor Paolo, (fumare) più. ....

❽ Il corpo umano

1. la testa
2. la nuca
3. il collo
4. la spalla
5. il busto
6. la schiena
7. il petto
8. la pancia

9. il braccio*
10. il gomito
11. la mano
12. il dito*
13. il fianco
14. la gamba
15. il ginocchio*
16. il piede

Attenzione!
I nomi con l'asterisco (*)
fanno il plurale in questo modo:
le braccia, le dita, le ginocchia.

a) Impara le parti del corpo umano. A turno ogni studente della classe dà ordini ai compagni, usando uno dei seguenti verbi:

alzare	chinare	piegare
girare	toccare	afferrare
portare	mettere	divaricare

Esempi: Alzate la mano destra.
Girate la testa a sinistra.

b) Completa il cruciverba e scopri la parola in verticale.

1. Scrivi la parte del corpo indicata nel disegno col numero 4
2. Servono per sentire
3. Servono per vedere
4. Proteggono l'occhio
5. Serve per camminare
6. Servono per piegare le gambe
7. Nella mano ce ne sono cinque

Attenzione!
Non hai ancora fatto l'esame che il medico ti ha prescritto?   **Fallo!**
Non ti senti bene?   **Dillo!**
Non è il tuo collirio! **Dallo** a Sergio!

❾ La ginnastica fa bene alla salute

Non è necessario andare in palestra per fare ginnastica. Esiste anche la ginnastica «da camera», tutti possono eseguire gli esercizi; l'importante è farli correttamente.

Esercizi per la schiena, le spalle e il collo

a) Guarda le illustrazioni e da' gli ordini.

(rilassarsi)

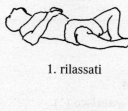

1. rilassati

(piegare una gamba, poi l'altra)

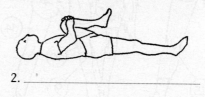

2. _____

(far aderire la schiena)

3. _____

(sollevare la testa)

4. _____

(ruotare il busto)

5. _____

(alzare le gambe)

6. _____

(stendere le braccia e le gambe)

7. _____

(avvicinare le ginocchia alla fronte)

8. _____

c) Leggi gli ordini dell'istruttore in palestra.
Gli allievi eseguono correttamente? Scrivi «sì» oppure «no» nelle caselle.

alzati ☐

siediti ☐

stenditi sul dorso ☐

afferra il piede destro ☐
con la mano sinistra

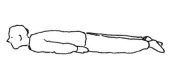

stendetevi a pancia in giù ☐

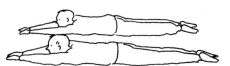

allungatevi più che potete ☐

inginocchiatevi ☐

alzatevi ☐

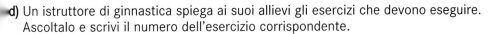

d) Un istruttore di ginnastica spiega ai suoi allievi gli esercizi che devono eseguire.
Ascoltalo e scrivi il numero dell'esercizio corrispondente.

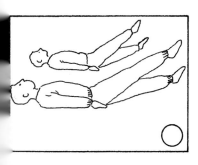

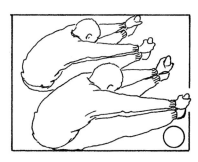

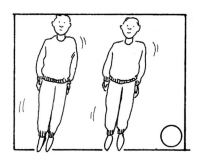

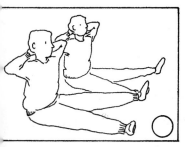

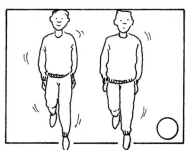

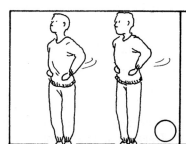

❿ Dentro il corpo umano

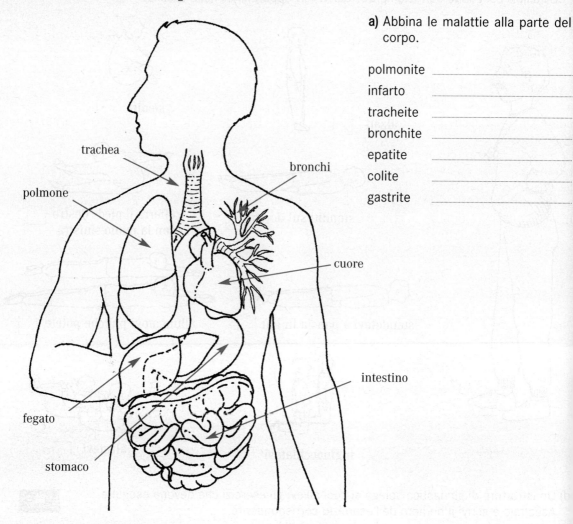

trachea

polmone

bronchi

cuore

intestino

fegato

stomaco

a) Abbina le malattie alla parte del corpo.

polmonite ....

infarto ....

tracheite ....

bronchite ....

epatite ....

colite ....

gastrite ....

⓫ Modi di dire

C'è chi spesso ha **un buco nello stomaco**.

Alcuni soffrono, poverini, perché hanno il **cuore infranto**.

A chi guarda troppo, **gli occhi vanno fuori dalle orbite**.

Se fai un lavoro molto faticoso, alla sera avrai le **ossa rotte**.

Qualcuno invece soffre per la **schiena a pezzi**.

Ci sono persone con **sangue freddo** e altre che **hanno fegato**.

C'è chi **ha naso** e chi **è in gamba**.

Molti **sono in vena** un giorno, ma il giorno seguente no.

a) Con l'aiuto del tuo insegnante e del dizionario trova il significato delle espressioni evidenziate.
Nella tua lingua ci sono espressioni simili? Prova a tradurle in italiano.

Conoscere l'Italia

Gli italiani e la salute

I dati Istat dicono che gli italiani si sentono in buona salute: ben il 76% è contento del proprio stato di benessere fisico.

Gli italiani sono un popolo longevo: vivono di più rispetto alla media europea.

L'Italia ha anche un altro primato in Europa: è il paese con il più alto numero di medici.

Le cause principali di mortalità sono le malattie cardio-circolatorie e i tumori. Ma le cure mediche sono sempre più efficaci, soprattutto se la diagnosi della malattia viene fatta per tempo.

In questi ultimi tempi c'è anche più attenzione alla prevenzione (controlli, esami...) e alla cura di sé: alimentazione, ginnastica, qualità della vita...

Cosa faccio se mi ammalo?

Tutti gli stranieri che hanno il permesso di soggiorno devono iscriversi al SERVIZIO SANITARIO NAZIONALE.
Quando si iscrivono ricevono la **tessera sanitaria** dove è scritto il nome del medico di base.
Con la tessera sanitaria si può:
– andare in ospedale per problemi urgenti (pronto soccorso)
– andare in ospedale per infortuni sul lavoro
– andare dai medici specialisti (si paga il ticket)
– fare esami e analisi mediche.

Che cosa devo fare per avere la tessera sanitaria?

Per fare la tessera sanitaria:
– vado alla ASL (Azienda Saniataria Locale) della zona dove abito
– devo portare: – il permesso di soggiorno
                  – il codice fiscale
                  – la busta paga o la dichiarazione del datore di lavoro
                  – il passaporto
                  – (il tesserino rosa, se sono disoccupato)
– compilo il modulo (autocertificazione) con la mia residenza o domicilio
– scelgo il medico di base

Dopo qualche giorno la tessera sanitaria è pronta.

• Qual è l'indirizzo della ASL (Azienda Sanitaria Locale) della zona dove abiti?
  Cerca sull'elenco telefonico.

Per leggere

La malattia

Giovanni Drogo, adesso sì, è cambiato.

Ha cinquataquattro anni. Fino a poco tempo fa non era molto mutato, lo si poteva dire ancor giovane.

Poi ha cominciato a dimagrire, il volto si è fatto di un triste color giallo, i muscoli si sono afflosciati*. Disturbi di fegato, diceva il dottore.

Ma le medicine del dottore non ebbero effetto, Giovanni al mattino si svegliava con una grande stanchezza che lo prendeva alla nuca*. Seduto nel suo ufficio non vedeva l'ora che la sera arrivasse, per potersi gettare su una poltrona o sul letto.

Disturbi di fegato, aggravati da esaurimento generale. Era una cosa passeggera, frequente a quell'età – diceva il medico – un po' lunghetta, forse, ma senza alcun pericolo di complicazioni.

«Stai meglio di cera*» – gli dicevano quasi ogni giorno i colleghi, ma in verità Drogo non sentiva il minimo miglioramento.

Erano sì scomparsi i mal di testa e i disturbi dei primi tempi; nessuna precisa sofferenza lo tormentava. Le energie, però, si facevano sempre più fioche*.

adattato da D. Buzzati
Il deserto dei Tartari

* si sono afflosciati = sono diventati molli e cadenti

* nuca = testa

* cera = aspetto

* fioche = deboli

a) Con l'aiuto dell'insegnante e del dizionario cerca il significato delle parole: disturbi, esaurimento, complicazioni, sofferenza.

b) Rispondi alle domande.

1. Di chi si parla? ....

2. Quanti anni ha il malato? ....

3. Come è cambiato con la malattia? ....

....

4. Che disturbi ha? Come si sente? ....

....

5. Dopo le cure migliora? ....

....

IMPERATIVO
per dare ordini, consigli, indicazioni, prescrizioni

	RESPIRARE	PRENDERE	DORMIRE/FINIRE
tu	respira	prendi	dormi / finisci
Lei	respiri	prenda	dorma / finisca
voi	respirate	prendete	dormite / finite
Loro	respirino	prendano	dormano / finiscano

Attenzione!

L'imperativo negativo con il «tu» si forma così:

	non respirare	non prendere	non dormire (finire)

Alcuni verbi irregolari:

	tu	**Lei**
fare	fa'	faccia
stare	sta'	stia
andare	va'	vada
dare	da'	dia
avere	abbi	abbia
essere	sii	sia
togliere	togli	tolga
venire	vieni	venga
uscire	esci	esca
dire	di'	dica

	voi	**Loro**
fare	fate	facciano
stare	state	stiano
andare	andate	vadano
dare	date	diano
avere	abbiate	abbiano
essere	siate	siano
togliere	togliate	tolgano
venire	venite	vengano
uscire	uscite	escano
dire	dite	dicano

18 Farsi un'opinione

❶ Che cosa leggiamo?

a) Guarda le immagini della pagina a fianco. Vi sono alcuni esempi della stampa italiana: giornali quotidiani, riviste di vario tipo, giornalini a fumetti, giornali di annunci economici.

1) Che cosa sono? Scegli la definizione giusta e formula la frase come nell'esempio.

I quotidiani sono *pubblicazioni* che escono tutti i giorni e riportano notizie di tutti i tipi.

quotidiani	contengono richieste di acquisto, vendita, affitto di case e proposte di lavoro.
riviste	escono periodicamente (settimanalmente, mensilmente).
giornalini a fumetti	escono tutti i giorni e riportano notizie di tutti i tipi.
giornali di annunci economici	raccontano storie illustrate.

2) Chi sono? Scegli la definizione giusta e formula la frase secondo la struttura riportata sotto.

giornalisti		vendono le pubblicazioni a stampa.
giornalai		stampano le pubblicazioni.
tipografi	sono *persone* **che**	scrivono articoli sui giornali.
lettori		fanno servizi fotografici.
fotografi		leggono libri e giornali.

I giornalisti sono persone **che** scrivono articoli sui giornali.

18

b) Guarda le immagini della pagina precedente. Sai completare la tabella?

quotidiani	*La Repubblica*
riviste	
fumetti	
giornali di annunci economici	

c) Quali sono i giornali più diffusi nel tuo paese? Hanno molti lettori?
Di solito leggi un quotidiano? Quale?

②

Decine di quotidiani escono ogni giorno nelle edicole italiane. La maggior parte sono giornali locali. I quotidiani nazionali diffusi in tutta l'Italia sono pochissimi: Il *Corriere della Sera, La Repubblica* e qualche altro. Tutti vendono solitamente meno di un milione di copie al giorno.

In altri paesi più o meno grandi come l'Italia, per esempio la Gran Bretagna, vi sono quotidiani che raggiungono una tiratura anche di alcuni milioni.

Insomma pare che gli italiani non siano grandi lettori di giornali. Perché? Ecco alcune opinioni:

Penso che per essere informati sia sufficiente guardare la televisione.

Credo che i giornalisti scrivano in modo troppo difficile per molti italiani.

A me pare che comprare un giornale tutti i giorni costi troppo.

Penso che nei giornali si parli troppo di politica.

a) Confronta le frasi.

– Gli italiani non sono grandi lettori.
Pare che gli italiani non **siano** grandi lettori.

– I giornalisti italiani scrivono in modo troppo difficile.
Penso che i giornalisti italiani **scrivano** in modo troppo difficile.

– *la Repubblica* vende circa ottocentomila copie al giorno.
Mi sembra che *la Repubblica* **venda** circa ottocentomila copie al giorno.

Per esprimere idee non certe «al cento per cento» o opinioni personali si possono usare le seguenti forme:

Pensare (penso, pensiamo...)
Credere (credo, crede...)
Parere (pare)
Sembrare (sembra)

+ che + verbo al modo **congiuntivo**

b) Chi parla? Scrivi il numero corrispondente nelle caselle.

> Penso che in Italia la vita **costi** di più che nel mio paese.
> ①

> Credo proprio che Lei **abbia** una forte bronchite.
> ②

> Ragazzi, penso che **siate** molto migliorati in matematica
> ③

> Pare che il tempo **stia** cambiando e che **ritorni** il freddo, in particolare al Nord.
> ④

> Sembra che tutti i treni **arrivino** in ritardo di almeno mezz'ora.
> ⑤

☐ alcuni passeggeri alla stazione
☐ un medico
☐ un cittadino straniero
☐ un meteorologo
☐ un insegnante

Congiuntivo presente

Essere	Avere
sia	abbia
sia	abbia
sia	abbia
siamo	abbiamo
siate	abbiate
siano	abbiano

c) Trasforma i verbi «essere» e «avere» al congiuntivo, come negli esempi.

(Alem ha voglia di tornare in Eritrea) – Mi sembra che Alem abbia voglia di tornare in Eritrea.

1. Tu hai ragione.
2. Voi avete torto.
3. I miei amici hanno poco tempo libero.

(Lin Jun è contenta del suo lavoro) – Mi pare che Lin Jun sia contenta del suo lavoro.

4. Voi siete d'accordo con me.
5. Gli italiani sono rumorosi.
6. Tu sei un po' stanco.

d) Formula delle opinioni come nell'esempio:

(voi ascoltare, poco i consigli dell'insegnante) – Mi sembra che voi ascoltiate poco i consigli dell'insegnante.

1. (Ahmed parlare) abbastanza bene l'italiano.
2. (tu studiare) a sufficienza.
3. (gli italiani gesticolare) molto quando parlano.
4. (Maria mangiare) troppa pasta.
5. (tu leggere) poco.
6. (molti bambini vedere) la televisione per troppe ore al giorno.
7. (Dolores prendere) cinque caffè ogni giorno.
8. (tu dormire) poche ore per notte, meno del necessario.
9. (Aziza non partire) più.
10. (voi preferire) andare al cinema piuttosto che in discoteca.

Congiuntivo presente

Parlare	Leggere	Dormire
parli	legga	dorma
parli	legga	dorma
parli	legga	dorma
parliamo	leggiamo	dormiamo
parliate	leggiate	dormiate
parlino	leggano	dormano

3

Mio figlio Mario è proprio un bravo ragazzo!

Io sono un bravo ragazzo.

Attenzione!
La signora Rosa pensa **che** suo figlio Mario sia un bravo ragazzo.
Mario pensa **di** essere un bravo ragazzo.

a) E tu come pensi di essere? Scrivi qualità e difetti.

Io penso di essere...

b) Formula delle frasi come nell'esempio.

Suni pensa di studiare moltissimo.
Mohamed pensa di non parlare ancora bene.
Wang pensa di far venire qui suo figlio.

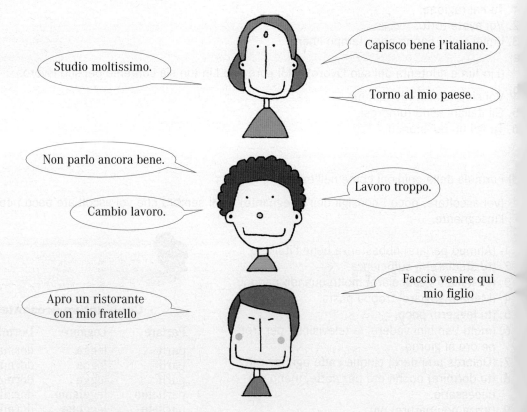

Studio moltissimo.

Capisco bene l'italiano.

Torno al mio paese.

Non parlo ancora bene.

Lavoro troppo.

Cambio lavoro.

Faccio venire qui mio figlio

Apro un ristorante con mio fratello

La televisione

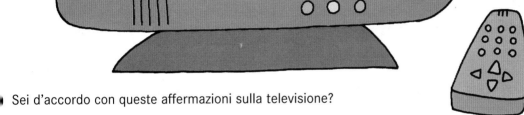

- La TV porta il mondo in casa.
- Crea confusione nella testa della gente
- Molti programmi televisivi sono istruttivi.
- Ci sono troppi film violenti in TV; i bambini così si abituano alla violenza
- La TV informa e diverte
- I bambini imparano molto dalla TV
- La TV ci dà notizie in tempi rapidi
- È una compagnia soprattutto per gli anziani
- In TV c'è troppa pubblicità

18

Sei d'accordo con queste affermazioni sulla televisione?

Riformula le affermazioni precedenti usando l'espressione «mi sembra» oppure «non mi sembra», come nell'esempio.
Mi sembra (non mi sembra) che la TV porti il mondo in casa.

Gli Italiani sono amanti della televisione?

...are proprio che sia così. Leggi il breve articolo sulle abitudini televisive degli abitanti di Milano ...he all'ora di cena guardano uno dei tanti telegiornali (*tiggì*).

Tutti a tavola, c'è il tiggì

All'ora di cena la televisione è ormai l'inseparabile compagna delle famiglie milanesi

In quasi il 70% delle cene familiari, quindi, sono i telegiornali ad accompagnare le portate: quella TV sempre accesa nel 12,8 per cento delle tavole impedisce addirittura qualsiasi tipo di conversazione. Ma c'è anche chi al piccolo schermo si ribella. Non sono poi così poche, una su tre più o meno, le famiglie che la sera preferiscono le chiacchiere dal vivo a quelle in ventiquattro pollici, meglio se in compagnia di amici e parenti.

(dal *Corriere della Sera*).

Che ne pensi dell'abitudine di tenere acceso il televisore anche mentre si sta mangiando?
Parlane con i tuoi compagni.

❻ Che cosa hanno detto in televisione?

Allora, signor ministro, aumenterà il prezzo della benzina?

No, per ora non aumenterà.

| Alla televisione il ministro | ha dichiarato
ha affermato
ha detto | che per ora la benzina non aumenter |

a) Impara a riferire ciò che altri hanno detto o scritto.

18

1. «Nel mio prossimo film farò la parte di un marito abbandonato dalla moglie».

   Il famoso attore ha dichiarato che nel suo pro_ simo film farà la parte di un marito abbandon_ to dalla moglie.

2. «Il mio governo non pensa di aumentare le tasse».

   Il capo del governo ha dichiarato che il su_ governo non pensa di aumentare le tasse.

3. «Sono molto contento che il mio recente disco sia piaciuto».

   Il celebre cantante ha detto che _____

4. «Abbiamo perso perché mancavano due dei nostri migliori giocatori».

   L'allenatore della squadra perdente ha afferm_ to che hanno perso perché mancavano due d_ loro migliori giocatori.

5. «Stamattina all'alba io e i miei uomini abbia- mo arrestato il famoso capomafia Padrino».

   Il capo della polizia _____

6. «Chiusura delle scuole il giorno 8 giugno».

   Sul giornale c'era scritto che _____

b) Riferisci le frasi come nell'esempio.

(Il giornale, scrivere, domani, scioperare, i conduttori dei treni) – Il giornale ha scritto che domani scioperanno i conduttori dei treni.

1. La TV (dire) il Milan (cambiare) allenatore.
2. Tutti i giornali (scrivere) l'anno scorso la disoccupazione (aumentare).
3. Il Presidente della Repubblica (dichiarare) il prossimo mese (fare) una visita di stato in Germania.
4. Alla radio (loro dire) gli affitti delle case (diminuire) leggermente l'anno scorso.
5. Sul giornale (io leggere) domani (esserci) lo sciopero dei mezzi di trasporto urbano.

❼ Tanti programmi

Quando alla sera ci sediamo finalmente in poltrona davanti al televisore possiamo scegliere fra una quantità di diversi programmi su diversi canali.

In Italia i canali sono molti ma solo alcuni hanno una diffusione nazionale. Fra i più seguiti dagli spettatori vi sono i canali della RAI che sono pubblici, Canale 5 e Italia 1 che invece sono privati.

La programmazione è molto varia:

- film e telefilm
- notiziari o telegiornali
- programmi di varietà
- programmi sportivi e culturali
- documentari
- cartoni animati
- dibattiti...

a) Lavora in coppia. Prima rispondi tu, poi rivolgi la domanda al tuo compagno.

Guardi la TV di solito? Che programmi preferisci?

❽ Scegli il tuo programma

Le ore della TV

RAIUNO

PRIMA SERATA

20.00 ● TELEGIORNALE *[69291]*
20.35 IN BOCCA AL LUPO! *[6183076]*

20.50 ● CALCIO: La partita del cuore 1999
Nazionale Cantanti-Nazionale Pilori
[32281417]

APPUNTAMENTO AL CINEMA

23.10 ● TG 1 *[1129927]*
23.15 PORTA A PORTA *[3055163]*
0.15 ● TG 1 - Notte *[823583]*
0.35 STAMPA OGGI *[10706274]*
0.40 AGENDA *[8992380]*
- CHE TEMPO FA
0.30 RAI EDUCATIONAL
- IL GRILLO
1.10 MEDIA/MENTE
1.15 SOTTOVOCE *[4278651]*
1.40 COLOMBA SOLITARIA Telefilm
"Hannah" *[6585057]*
2.25 INTRIGHI INTERNAZIONALI Telefilm
"Allarme batteriologico" *[70710570]*
3.30 ● TG 1 - Notte *[4845748]*
4.00 CI PENSIAMO LUNEDÌ
Con Renzo Montagnani, Alida Chelli,
Ric Regia Romolo Siena *[55965699]*

RAIDUE

20.00 LOTTO ALLE OTTO *[989]*
Conduce Massimo Giletti *[49328]*
20.30 ● TG 2 - 20,30

20.50 L'ISPETTORE DERRICK Telefilm
"La ballerina" "Il primo della classe"
Con H. Tappert, F. Wepper *[49936340]*

23.05 SERATA TOP
Di Michele Bovi *[4881521]*
23.55 ● TG 2 - Notte *[2329415]*
0.30 OGGI AL PARLAMENTO *[5981835]*
0.40 ● DONNE IN ATTESA Film
Regia Ingmar Bergman
Con Anita Bjork,
Eva Dahlbeck,
Mai Britt-Nilsson
(Commedia, 1952) *[6953075]*
2.05 METEO 2 *[90523854]*
2.10 APPUNTAMENTO
AL CINEMA *[90515835]*
2.15 LAVORORA (Replica) *[7616019]*
2.25 SANREMO COMPILATION *[2280835]*
2.50 CONSORZIO NETTUNO
DIPLOMI UNIVERSITARI
A DISTANZA *[51028038]*

Canale 5

20.00 ● TG 5 *[8144]*
20.30 STRISCIA LA NOTIZIA
"La voce dell'inavvertenza"
Con Gerry Scotti, Gene Gnocchi *[7415]*

21.00 ● SCHEGGE DI PAURA Film 1ª Visione
TV, Regia G.Hoblit Con R.Gere, L.Linney,
T.Linney (Drammatico,1996)*[69841811]*

23.35 ● TG 5 - NOTIZIE
DELLA GUERRA *[7187569]*
23.45 MAURIZIO COSTANZO SHOW
Conduce Maurizio Costanzo
Con la partecipazione di Franco Bracardi
1.00 Regia Paolo Pietrangeli *[8813231]*
1.30 ● TG 5 - Notte *[5179274]*
STRISCIA LA NOTIZIA
"La voce dell'inavvertenza"
Con Gerry Scotti,
Gene Gnocchi (Replica) *[5172361]*
2.00 HILL STREET GIORNO E NOTTE
Telefilm "L'uomo dinamite" *[10979741]*
3.00 VIVERE BENE (Replica) *[7464926]*
4.15 ● TG 5 *[2845854]*
4.45 VERISSIMO
TUTTI I COLORI DELLA CRONACA
(Replica) *[2886380]*
5.30 ● TG 5 *[4487283 5]*

LUNEDÌ 24

a) Completa la tabella.

Sei interessato	Canale TV	Ora del programma	Titolo del programma
a una partita di calcio			
ad avere notizie dal mondo			
all'attualità politica			
a un programma di intrattenimento			
al cinema (telefilm)			
alle previsioni del tempo			

❾ Litigi in famiglia

Se la famiglia è numerosa e in casa c'è un solo apparecchio televisivo, possono esserci discussioni e litigi per impadronirsi del telecomando e cercare il programma preferito.

a) Ascolta il dialogo registrato per rispondere alle seguenti domande.

1. Chi sono i personaggi?
2. Che ore sono all'incirca?
3. Quali programmi vogliono vedere i due personaggi?
4. Chi la spunta alla fine?
5. Di quale altro apparecchio si parla oltre al televisore?

❿ Che film vediamo stasera?

a) Scegli il film che preferisci vedere. Prima collega il simbolo alla descrizione.

1. Avventura   – situazioni che fanno ridere e a lieto fine

2. Bellico/di guerra   – situazioni misteriose e delitti

3. Commedia   *1* film di movimento e di inseguimenti

4. Drammatico   – racconta storie tristi

5. Fantascienza   – la polizia insegue i criminali

6. Giallo   – storie del futuro e del possibile

7. Musicale   – amore e passione

8. Poliziesco   – i protagonisti ballano e cantano

9. Sentimentale   – racconta fatti di guerra

10. Storico   – storie di cow boy e di indiani

11. Western   – fatti reali successi nel passato

18

⑪ Telefonino: che mania!

Hai un telefonino?
Allora sei italiano…

Il boom dei telefonini è un fenomeno mondiale: l'uomo del 2000 col suo cellulare può comunicare sempre con il resto del mondo. In questi anni in Italia c'è stata una grandissima diffusione dei cellulari, una volta usati soprattutto per il lavoro e gli affari. Già nel 1997 si superavano i 10 milioni di telefonini e il cellulare era un mezzo di comunicazione per tutti, sempre più diffuso. Nel 1999 gli italiani che avevano un telefonino erano 21,5 milioni, cifra record in Europa e terza nel mondo dopo Usa e Giappone. Nel 2000 in Italia c'è un telefonino ogni due abitanti. Anche i giovanissimi sono diventati fanatici del telefonino e lo usano per comunicare con i familiari e gli amici o anche per inviare messaggi d'amore.

Secondo Bill Gates, l'inventore della Microsoft, il successo dei telefonini in Italia dipende dal piacere di dialogare degli italiani.

Ci sono però i problemi da «trillo continuo»: chi disturba con il suo cellulare al cinema, in treno, al ristorante o usa il telefonino in aereo o alla guida dell'automobile.

a) Rispondi alle domande.

1. Quali sono i paesi del mondo dove i cellulari sono più diffusi?
2. Perché in Italia il cellulare è molto usato?
3. Esprimi la tua opinione sul cellulare: lo ritieni utile? In quali occasioni?
   (Usa le espressioni: Penso che …. Mi sembra che …. A mio parere …)
4. C'è però chi lo usa disturbando gli altri. Puoi fare degli esempi ?
5. Leggi "Il galateo del cellulare" e rispondi: dove è vietato l'uso del telefonino?

Il galateo del cellulare

AEREO	TRENO	BAR E RISTORANTI	OSPEDALE	SCUOLA
VIETATO Il telefonino è vietato per legge perché interferisce con la strumentazione di bordo	**TOLLERATO** Nessun divieto preciso al momento	**TOLLERATO** Non esiste una normativa precisa	**VIETATO** Divieto di utilizzo nelle sale operatorie e nelle zone contrassegnate da cartelli perché interferiscono con le strumentazioni diagnostiche	**VIETATO** Una circolare ministeriale vieta l'uso in aula per alunni e docenti.

Conoscere l'Italia

Gli italiani e la televisione

In Italia una minoranza di persone legge libri, compra il giornale tutti i giorni, va spesso al cinema o a teatro, vede mostre e visita i musei. Aumentano le persone che usano il computer; coloro che utilizzano Internet erano quattrocentomila nel 1996 e nel 1999 hanno superato il milione e mezzo. Ma la maggioranza degli italiani si informa con il telegiornale e passa la serata guardando la televisione, che diventa l'unico svago a buon mercato per tante famiglie. Gli spettatori televisivi sono in continua crescita: la televisione è per molti italiani la fonte di informazione e di passatempo preferita.

Nel 1996 gli spettatori televisivi erano 46,4 milioni, nel 1998 sono diventati 47 milioni (dati Censis).

Sono sempre più numerosi gli italiani che guardano la televisione per quasi due ore al giorno e aumentano anche i telespettatori che la vedono fino a notte tarda.

cresce il popolo dei televideodipendenti

Il boom del cinema

Calano i lettori di libri e giornali, aumentano gli spettatori al cinema e soprattutto il consumo di nuove tecnologie

La tv fuoriorario

I dati di ascolto televisivo sono aumentati di quasi il 20 per cento nella fascia oraria dopo le 22.30 fino a tarda notte

I CONSUMATORI DI TV E MEDIA

MULTIMEDIALI "CONSUMATORI" DI TUTTI I "MEDIA"

34,6%
33,7%

I TELEDIPENDENTI

32%   40,2%

1997
1998

18

In posta

Che cosa si fa alla posta?

Alla posta posso fare diverse operazioni:
- comprare i francobolli
- spedire un pacco
- fare un vaglia postale
- pagare le bollette della luce, del gas...
- spedire una lettera raccomandata...

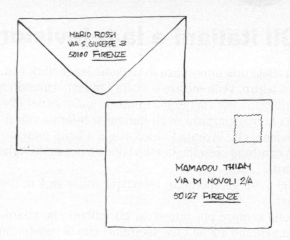

MARIO ROSSI
VIA S. GIUSEPPE 3
50100 FIRENZE

MAMADOU THIAM
VIA DI NOVOLI 2/A
50127 FIRENZE

• Chi è il mittente di questa lettera?
  Chi è il destinatario?

Mittente (chi spedisce) ....
Destinatario (chi riceve) ....

• Scrivi un telegramma di auguri a un amico che si sposa.
  Compila il modulo.

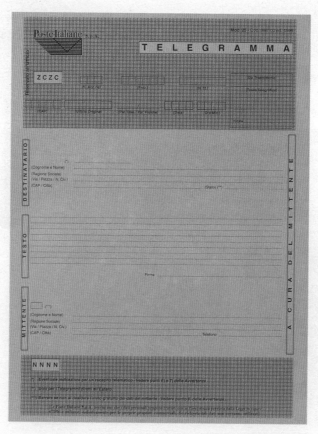

18

Per leggere

I giornali, i manifesti, la televisione e la radio fanno tanta pubblicità per convincere la genete a comprare un prodotto, vedere uno spettacolo, o fare una vacanza o un viaggio.

La pubblicità

Conoscete quel signore
di via Passadilà?
È impazzito per colpa
della pubblicità.
Passeggiando per le strade
leggeva ogni manifesto:
"Con PUM bucato rapido!"
"PIM PAM lava più presto!"
"Un formaggino atomico?
BRIC BRAC! Orsù provatelo!"
"Il re dei formaggini
è BRUC. Tosto* assaggiatelo!"

* subito

Adesso per guarirlo
gli hanno fatto, all'ospedale,
un manifesto apposta
di misura eccezionale,
e sopra ci sta scritto:
"COMPRATE SOLAMENTE
LE COSE CHE VI SERVONO
E VI PIACCIONO VERAMENTE"
Tre o quattro volte al giorno
lo mostrano al malato:
lui lo sa già a memoria
ma chissà se l'ha imparato.

G. Rodari

a) Rispondi alle domande.

1. Il signor Passadilà che cosa comprerà dopo la cura all'ospedale?
2. Qual era la sua malattia?

18

Osserva questo manifesto. Non si tratta di una pubblicità commerciale ma di un manifesto che comunica un messaggio sociale. Qui il lettore non è invitato a comprare, ma a tenere dei comportamenti corretti nel vivere insieme agli altri.

b) Indica se la frase è vera o falsa.

Il lettore è invitato:	Vero	Falso
1. a parlare	☐	☐
2. ad ascoltare	☐	☐
3. a capire i problemi degli altri	☐	☐
4. a rispettare chi non la pensa come lui	☐	☐

IL CONGIUNTIVO PRESENTE

PARLARE	VEDERE	DORMIRE	FINIRE*
parli	veda	dorma	finisca
parli	veda	dorma	finisca
parli	veda	dorma	finisca
parliamo	vediamo	dormiamo	finiamo
parliate	vediate	dormiate	finiate
parlino	vedano	dormano	finiscano

* come anche capire, preferire, tossire, starnutire, guarire...

ESSERE	AVERE
sia	abbia
sia	abbia
sia	abbia
siamo	abbiamo
siate	abbiate
siano	abbiano

Altri verbi irregolari:

Andare	vada	vada	vada	andiamo	andiate,	vadano
Venire	venga	venga	venga	veniamo	veniate	vengano
Dire	dica	dica	dica	diciamo	diciate	dicano
Dovere	debba	debba	debba	dobbiamo	dobbiate	debbano
Uscire	esca	esca	esca	usciamo	usciate	escano
Riuscire	riesca	riesca	riesca	riusciamo	riusciate	riescano
Fare	faccia	faccia	faccia	facciamo	facciate	facciano
Dare	dia	dia	dia	diamo	diate	diano
Stare	stia	stia	stia	stiamo	stiate	stiano
Potere	possa	possa	possa	possiamo	possiate	possano
Volere	voglia	voglia	voglia	vogliamo	vogliate	vogliano
Dire	dica	dica	dica	diciamo	diciate	dicano

18

19 Vorrei... Non vorrei... (speranze, desideri, possibilità)

❶ Chi esprime queste speranze?

a) Abbina le immagini alle frasi corrispondenti, come nell'esempio.

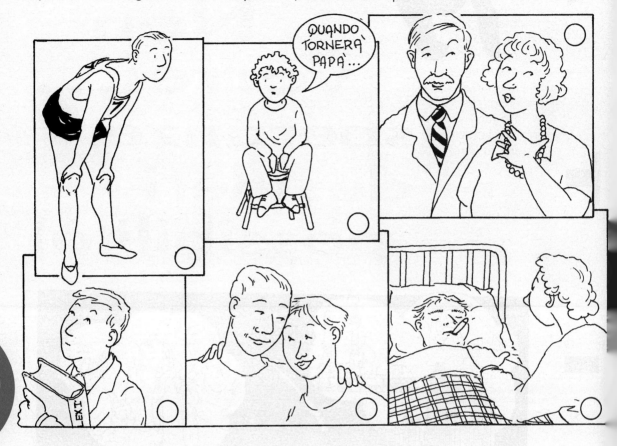

1. Speriamo di sposarci prima della fine dell'anno.
2. Mio papà lavora all'estero, spero che torni presto!
3. Spero di vincere la gara.
4. Speriamo che i nostri figli da grandi trovino un buon lavoro.
5. Spero che mio marito guarisca presto e bene da questa malattia.
6. Spero di superare l'esame.

b) «Finché c'è vita c'è speranza» è un proverbio italiano che invita ad avere sempre speranza per il futuro. Nella tua lingua c'è qualche proverbio o modo di dire sulla speranza? Scrivine alcuni.

_____

_____

Attenzione!

sperare + di + infinito   spero **di stare** bene

sperare + che + congiuntivo   Spero **che tu stia** bene.

c) Forma delle frasi con il verbo «sperare» prima con l'infinito, poi con il congiuntivo, come negli esempi.

(io / io cambiare lavoro) – Io spero di cambiare lavoro.
(noi la situazione economica, migliorare) – Speriamo che la situazione economica migliori.

1. (io) / io (ritornare) presto al mio paese.
2. L'insegnante / gli studenti (imparare) bene l'italiano.
3. Ahmed / Ahmed (avere) presto il permesso di soggiorno.
4. Noi / noi (trovare) una casa in affitto.
5. (io) / i miei familiari (stare) bene.
6. (io) / quest'anno (essere) migliore di quello passato.
7. (noi) / il tempo (diventare) bello.
8. Tutti i genitori / i propri figli (avere) una vita felice.
9. Che cosa (tu) / tu (fare) nella vita.

d) Scrivi alcune tue speranze.

....
....
....

e) Ecco dei brani di lettere diverse. Completa con i seguenti verbi al congiuntivo presente o all'infinito:

avere, stare, potere, venire, succedere, restare, riuscire.

Spero che tu .... bene e che la tua famiglia .... a superare gli attuali momenti di difficoltà.

Mi auguro che non .... niente di spiacevole prima delle vacanze così che voi .... venirci a trovare l'estate prossima.

Mi sono trovato bene nella tua famiglia.
Spero di .... la possibilità di tornare ancora da voi un giorno.

Caro papà,
bisogna proprio che tu .... a casa nostra qui a Milano. I tuoi nipoti ti aspettano con impazienza e sperano che tu .... qui a lungo.

❷ Cade una stella, esprimi un desiderio!

Nelle calde notti d'estate è possibile talvolta osservare qualche stella cadente che passa velocissima nel cielo. Si dice che se in quell'attimo si esprime un desiderio esso si realizzerà senz'altro.

«(tu) *Vorresti* visitare la Cina?».
«Mia figlia *vorrebbe* un cane, ma la nostra casa è troppo piccola».
«Noi *vorremmo* imparare a giocare a tennis».
«Voi, *vorreste* andare a ballare?».
«Karim e Aziz *vorrebbero* avere un lavoro meno faticoso».

a) Lavora in coppia. Fai delle domande al tuo compagno: Vorresti...?
Vorreste...?

Poi scambiatevi i ruoli.

b) Completa.

Io mangerei un panino, e tu cosa mangeresti?

1. Io visiterei l'America, e tu che paese .... ?
2. Io leggerei un libro, e tu cosa .... ?
3. Io dormirei sempre 10 ore, e tu per quante ore .... ?
4. Noi abiteremmo volentieri in Germania, e voi dove .... ?
5. Noi giocheremmo a pallone, e voi a cosa .... ?
6. Noi prenderemmo una birra fresca, e voi che bevanda .... ?
7. Noi partiremmo domattina presto, e voi quando .... ?

c) Trasforma le frasi al plurale.

(Gianni vorrebbe un caffè) – Gianni e Maria vorrebbero un caffè.

1. Luigi cambierebbe lavoro.
2. Stasera Alex starebbe a casa.
3. Alem uscirebbe con gli amici.
4. Mio figlio partirebbe subito.
5. Carla verrebbe al mare con me.
6. Aziz andrebbe in Marocco per un mese.

Problemi di famiglia: quando desideri e progetti sono diversi

Tutti gli anni la stessa storia! Quando arriva il momento di decidere per le vacanze, in famiglia scoppia la guerra, non siamo mai d'accordo.
Io, il capofamiglia, sono amante della montagna; ci abiterei tutto l'anno e perciò passerei quei pochi giorni di ferie sulle Dolomiti. Mia moglie invece farebbe volentieri dei viaggi all'estero. Ogni anno visiterebbe un paese diverso; insomma andrebbe qua e là in giro per il mondo.
I nostri due figli invece sono d'accordo fra loro, passerebbero tutte le loro vacanze su una spiaggia in riva al mare e non si sposterebbero di là fino all'ultimo minuto dell'ultimo giorno.
Allora parliamo e litighiamo, ma alla fine bisogna pur decidere!

a) Sapresti indovinare che vacanza farà questa famiglia? Nel testo sottolinea i verbi al condizionale presente.

Il condizionale presente

camminare	raccogliere	partire
camminerei	raccoglierei	partirei
cammineresti	raccoglieresti	partiresti
camminerebbe	raccoglierebbe	partirebbe
cammineremmo	raccoglieremmo	partiremmo
camminereste	raccogliereste	partiresti
camminerebbero	raccoglierebbero	partirebbero

b) Che cosa desiderano? Completa con i verbi al condizionale presente.

capofamiglia

In montagna io _____ moltissimo,
_____ i funghi nei boschi
e _____ aria pulita e fresca.

- camminare
- raccogliere
- respirare

La moglie

- partire
- visitare
- comprare

Quest'anno mia moglie _____ per la Cina.
_____ la grande muraglia e altri antichi monumenti. _____ vestiti di seta che là costano poco.

figli

Al mare noi _____ le vacanze
con i nostri amici; _____ bagni e tuffi in
continuazione e _____
castelli di sabbia. _____ un mondo!

- passare
- fare
- costruire
- divertirsi

④ Giocare con la fortuna

Lo sapevi che in Italia c'è una vera e propria passione per i giochi della fortuna?
Ogni anno milioni di persone partecipano a **Lotterie Nazionali**, **Totocalcio**, **Enalotto**, **Superenalotto**, **Totip** e **Lotto**. Sperano così di vincere e di realizzare sogni e desideri con il denaro dei premi.

1) Cagliari-Juventus	(0-1)	2
2) Cremonese-Reggiana	(1-1)	X
3) Napoli-Milan	(1-0)	1
4) Roma-Lecce	(3-0)	1
5) Sampdoria-Foggia	(6-0)	1
6) Udinese-Piacenza	(2-2)	X
7) Cesena-Ancona	(0-0)	X
8) Fiorentina-Bari	(0-0)	X
9) Palermo-Brescia	(2-2)	X
10) Pisa-Ravenna	(0-0)	X
11) Verona-Modena	(0-0)	X
12) Spezia-Prato	(0-0)	X
13) Novara-Crevalcore	(2-1)	1

■ **Quote – Ai «13» (147) vanno lire 96.828.000; ai «12» (4524) vanno lire 3.146.000. Il montepremi è stato di 28.467.598.044 lire.**

Totocalcio: i risultati e i premi di una domenica.

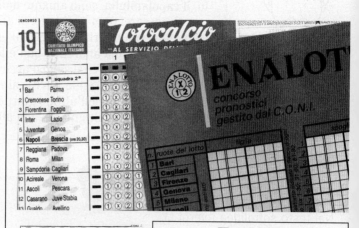

ENALOTTO

❶ BARI	88	2
❷ CAGLIARI	23	1
❸ FIRENZE	12	1
❹ GENOVA	12	1
❺ MILANO	83	2
❻ NAPOLI	66	2
❼ PALERMO	26	1
❽ ROMA	34	X
❾ TORINO	90	2
❿ VENEZIA	12	1
⓫ NAPOLI 2ª	44	X
⓬ ROMA 2ª	32	X

Enalotto

222	1X2	12X	1XX

Montepremi
L. 1.417.373.020

Le quote
Ai «12»	L. 80.992.000
Agli «11»	L. 1.687.000
Ai «12»	L. 147.000

a) Rispondi alle domande.

1. Qual è il primo premio della lotteria Italia?
2. Quando è l'estrazione della lotteria?
3. Quanto costa un biglietto della lotteria?
4. Nella schedina del Totocalcio ci sono i risultati delle partite di quale sport?
5. Quanto hanno vinto i giocatori che hanno fatto 13 al Totocalcio?
6. E quelli che hanno fatto 12 all'Enalotto?
7. In quale città è particolarmente diffuso il gioco del lotto?

⑤ Se voi vinceste alla lotteria che cosa fareste?

Se io **vincessi** partirei subito per un viaggio attorno al mondo!

Se noi **vincessimo** compreremmo un bell'appartamento e metteremmo in banca i soldi rimanenti.

Se loro **vincessero** aiuterebbero i loro parenti al paese.

Se tu **vincessi** tanti soldi non sapresti che fare... Ci dovresti pensare molto bene.

Magda ha detto che se lei **vincesse** smetterebbe subito di lavorare.

a) Se tu vincessi due miliardi alla lotteria, che cosa faresti?

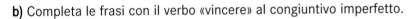

b) Completa le frasi con il verbo «vincere» al congiuntivo imperfetto.

1. Se tu .... molti soldi al Totocalcio cosa faresti?

2. Se Maria .... alla lotteria, sarebbe molto contenta.

3. Che cosa fareste se .... 100 milioni?

4. Se i miei amici .... al Lotto, sarebbe la prima volta in vita loro.

c) Trasforma le affermazioni al congiuntivo e al condizionale, come nell'esempio.
(Sono il capo del governo e cerco di risolvere il problema della disoccupazione) – Se fossi il capo del governo cercherei di risolvere il problema della disoccupazione.

1. Sono ancora un bambino e non lavoro.

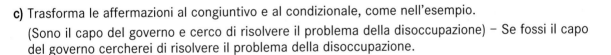

2. Tu sei un vero amico e mi aiuti.

3. Maria è pronta e possiamo partire.

4. Siamo cittadini italiani e abbiamo meno problemi degli stranieri.

5. Siete gentili e mi date una mano a finire il mio lavoro.

6. Gli studenti sono attenti in classe e imparano molto.

Congiuntivo imperfetto
Essere
fossi
fossi
fosse
fossimo
foste
fossero

Congiuntivo imperfetto

mangiare	avere	finire
mangiassi	avessi	finissi
mangiassi	avessi	finissi
mangiasse	avesse	finisse
mangiassimo	avessimo	finissimo
mangiaste	aveste	finiste
mangiassero	avessero	finissero

d) Completa le frasi con il verbo al congiuntivo imperfetto.

1. Potresti dimagrire se (seguire) _____ una dieta.

2. Non saresti così magro se (mangiare) _____ di più.

3. Impareresti più in fretta se (studiare) _____ con maggior impegno.

4. I cittadini sarebbero più contenti se (pagare) _____ meno tasse.

5. Giochereste al Lotto se (sognare) _____ i numeri.

6. Apriremmo un nostro ristorante se (avere) _____ un po' di soldi.

7. Saremmo più contenti se (potere) _____ trovare una casa meno cara.

8. Magdi e Aziza sarebbero veramente felici se i loro genitori (venire) _____ in Italia.

Alcuni verbi irregolari
al congiuntivo e all'imperfetto

fare	dire	dare	stare
facessi	dicessi	dessi	stessi

e) Completa le frasi.

1. Ti comprerei la macchina, se tu (fare) _____ la patente.

2. Verrei da te, se (stare) _____ meglio.

3. Sareste più tranquilli, se (dire) _____ la verità.

4. Sarebbe meglio per loro, se mi (dare) _____ retta.

5. Impareremmo bene l'italiano, se (stare) _____ tanto tempo in Italia.

6. Guadagnerebbe di più, se (fare) _____ un altro lavoro.

6

a) Ascolta la cassetta varie volte. Quale dei seguenti personaggi potrebbe dirle o pensarle? Scrivi il numero della frase nella casella del personaggio corrispondente.

☐ dei bambini in casa.

☐ un signore molto anziano.

☐ una donna incinta.

☐ un vigile.

☐ una persona che ha comprato il biglietto di una lotteria.

☐ un ragazzo di sedici anni.

❼ Fortuna – Sfortuna

a) Sei d'accordo con le seguenti affermazioni? Discutine con i tuoi compagni.

- Ci sono persone che nascono fortunate.
- Ogni persona costruisce da sé la propria fortuna.
- Non esiste la fortuna, c'è solo il caso.
- Ci sono oggetti che possono portare fortuna o proteggere dalla sfortuna (per esempio cornetti, ferri di cavallo e amuleti vari).
- Ci sono azioni o cose che portano sfortuna, come rompere uno specchio, rovesciare il sale ecc.

❽ Una storia cinese

Ecco una storia cinese molto curiosa. Non c'è il titolo. Leggila e cerca di capirne il significato, poi trova un titolo e confrontalo con quelli scelti dai tuoi compagni.

Un contadino di nome Se Ong aveva un cavallo. Una mattina, come al solito, Se Ong lo <u>fece</u> uscire dalla stalla e lo <u>lasciò</u> libero attorno alla casa. Ma, mentre il contadino era occupato in alcuni suoi lavori, il cavallo se ne andò e non tornò più.
Quando a sera Se Ong si accorse che l'animale mancava, si disperò tanto da mettersi a piangere di rabbia.
Ma tre giorni dopo il cavallo tornò alla fattoria insieme a un altro cavallo. Stavolta Se Ong si rallegrò per il guadagno imprevisto.
Allora suo figlio, un giovane vivace e curioso, andò nella stalla a vedere il nuovo cavallo e cercò di montarlo. Ma il cavallo era selvaggio, si imbizzarrì e fece cadere il giovane che si ruppe una gamba.
Di nuovo Se Ong si mise a piangere a calde lacrime per lo sfortunato incidente successo al figlio che era il suo unico aiuto nel lavoro dei campi.
Proprio il giorno dopo il governo ordinò che tutti i giovani del paese si presentassero al comando dell'esercito e partissero soldati perché era cominciata la guerra.
Durante la battaglia tutti i giovani del villaggio di Se Ong morirono, ma non suo figlio che era rimasto a casa a causa della gamba rotta.
Allora Se Ong pensò allo scampato pericolo e fu di nuovo contento.

La storia che hai appena letto è narrata al passato, si usa un tempo verbale che si chiama **passato remoto**.
È un tempo che nell'italiano parlato si usa raramente ma che si può trovare invece nelle fiabe, nei testi storici e nelle narrazioni. Come nella storia cinese che hai letto.

Impariamo a riconoscere il passato remoto:
sottolinea nella storia i verbi al passato remoto e poi scrivili all'infinito, come negli esempi:

fece	→ *fare*	si accorse	*accorgersi*
lasciò		si disperò	
andò		si rallegrò	
tornò			

Gratta e vinci

«Gratta e vinci» è una lotteria istantanea. I biglietti si comprano dal tabaccaio o nelle edicole, costano duemila lire. Si gratta via la vernicetta per scoprire che cosa c'è sotto: si vince se si trovano una o più immagini uguali. I premi vanno da duemila lire a 100 milioni a seconda del numero delle immagini disegnate sul biglietto. La novità è che le vincite fino a 50.000 lire vengono pagate subito dal tabaccaio che ha venduto il biglietto.

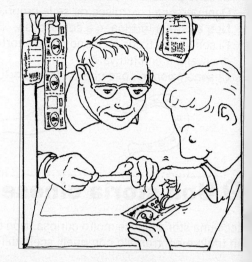

"Gratta e vinci" che passione
I tabaccai: "Più biglietti o scioperiamo"

Perché questa nuova lotteria ha un successo così grande? Ecco il parere di uno psicologo

Già, come mai questa euforia? «Perché c'è voglia di gioco – dice lo psicologo Fulvio Carbone – e non importa se non si vince molto. La gente compra «Gratta e vinci» perché si sente un po' protagonista, perché il premio è immediato, perché si diverte. È una piccola emozione. Se vinci diecimila lire al mattino, vai a lavorare anche più contento, no?»

Un gioco tradizionale: il LOTTO

È un gioco molto diffuso specialmente in alcune città, per esempio Napoli. Durante la settimana i giocatori «puntano» (cioè indicano sulla schedina) dei numeri, al massimo cinque, sulle ruote di diverse città italiane. Al sabato c'è l'estrazione dei numeri vincenti. Ci sono giocatori «scientifici» che seguono di settimana in settimana l'uscita dei numeri e puntano calcolando le probabilità. Ma il modo più tradizionale e popolare è quello di puntare i numeri visti o sentiti durante i sogni notturni. Non è necessario sognare direttamente i numeri; infatti a cose, persone, animali corrispondono dei numeri: 16 il sedere, 47 il morto che parla, 51 la fattoria, 78 la donnina allegra, 19 le risate, 77 le gambe delle donne, 90 la paura...

Lotto					
Bari	73	26	55	68	84
Cagliari	68	6	82	71	51
Firenze	87	54	9	40	30
Genova	5	47	19	15	43
Milano	45	29	61	41	47
Napoli	69	35	72	52	89
Palermo	5	71	14	68	28
Roma	61	49	29	16	28
Torino	59	29	82	58	45
Venezia	16	66	18	48	90

Lotto: i numeri sorteggiati in un sabato qualsiasi.

Diventare cittadini italiani

La cittadinanza italiana dà al cittadino straniero gli stessi diritti e gli stessi doveri civili e politici del cittadino italiano.

Chi può chiedere la cittadinanza?

– lo straniero che ha "ascendenti" italiani e che risiede in Italia da almeno tre anni
– lo straniero maggiorenne adottato da un cittadino italiano, che risiede in Italia da almeno cinque anni
– lo straniero che ha prestato servizio, anche all'estero, per almeno cinque anni alle dipendenze dello Stato
– l'apolide che risiede in Italia da almeno cinque anni
– lo straniero che risiede legalmente in Italia da almeno 10 anni
– lo/la straniero/a che ha sposato un italiano/un'italiana.

• Hai mai pensato di chiedere un giorno la cittadinanza italiana?
  Che cosa cambierebbe nella tua vita?

19

Tra paesi e culture

Giochi dal mondo

Un gioco popolare in paesi diversi è "La scala e il serpente". Assomiglia al "gioco dell'oca"; vince il giocatore che raggiunge per primo la casella n° 100.

Ma attenzione: quando si finisce nella casella dove c'è la testa del serpente si scende giù fino alla casella della sua coda. Se si arriva nella casella dove inizia la scala, si sale invece fino al gradino più alto! Il serpente rappresenta infatti il male e la scala, invece, è il simbolo del bene.

Ecco lo schema del gioco.

• Quali sono i giochi più popolari nel tuo paese? Racconta.
  Insegna un gioco ai tuoi compagni di classe.

Per leggere

Fraternità e amicizia

Io non vorrei udire mai
piangere nessuno,
perché ogni dolore
fa male al cuore, aperto
per consolare
ogni fratello triste.
Io vorrei su tutte le bocche
scorgere il sorriso,
in tutte le pupille*,
la sincerità,

sentire in tutti i cuori
la speranza,
in ogni mano la fraternità**.
Io vorrei avere
ogni fratello amico,
compagno
nella gioia e nel dolore
e amare con lo stesso cuore
la vita,
dura, eppure così bella.

G. Colli

* gli occhi
** l'amicizia

a) Completa.

La poesia invita tutti a volersi _____, a trattare gli altri come fratelli e _____ .

L'autore non vorrebbe mai sentire _____ nessuno, ma vedere il sorriso su tutte le _____

e la _____ negli occhi di tutti. Se ogni uomo è vicino agli altri nella gioia e nel _____ ,

la vita è più bella.

Espressioni e verbi che reggono il congiuntivo

sperare pensare che credere	è bene che è meglio	parere che sembrare	bisogna che occorre

CONGIUNTIVO IMPERFETTO

Verbi regolari

Lavorare	Perdere	Uscire
lavor**assi**	perd**essi**	usc**issi**
lavor**assi**	perd**essi**	usc**issi**
lavor**asse**	perd**esse**	usc**isse**
lavor**assimo**	perd**essimo**	usc**issimo**
lavor**aste**	perd**este**	usc**iste**
lavor**assero**	perd**essero**	usc**issero**

Verbi irregolari

essere	⟶	fossi...
dire	⟶	dicessi...
dare	⟶	dessi...
fare	⟶	facessi...

CONDIZIONALE PRESENTE

Verbi regolari

Cambiare	Leggere	Partire
cambi**erei**	legg**erei**	part**irei**
cambi**eresti**	legg**eresti**	part**iresti**
cambi**erebbe**	legg**erebbe**	part**irebbe**
cambi**eremmo**	legg**eremmo**	part**iremmo**
cambi**ereste**	legg**ereste**	part**ireste**
cambi**erebbero**	legg**erebbero**	part**irebbero**

Attenzione! I verbi che finiscono in -ciare e giare (baciare, mangiare ecc.) cambiano in -cerei e -gerei (bacerei, mangerei). I verbi che finiscono in -care e -gare (giocare, pagare ecc.) prendono la lettera «h»; -cherei, -gherei (giocherei, pagherei ecc.).

Verbi irregolari

avere	av-	
essere	sa-	**-rei**
andare	and-	
dare	da-	**-resti**
fare	fa-	
stare	sta-	
		-rebbe
bere	ber-	
dovere	dov-	
potere	pot-	**-remmo**
rimanere	rimar-	
sapere	sap-	
vivere	viv-	**-reste**
volere	vor-	
venire	ver-	**-rebbero**

Verbi che finiscono in –CIARE / –SCIARE / –GIARE

cominciare	cominc**erei**...
lasciare	lasc**erei**...
mangiare	mang**erei**...

Verbi che finiscono in –CARE / –GARE

cercare	cerc**herei**...
giocare	gioc**herei**...
pagare	pag**herei**...

Alcuni VERBI IRREGOLARI (nei tempi più usati)

Prima coniugazione

Andare *Indic. pres.*: vado, vai, va, andiamo, andate, vanno
Futuro: andrò, andrai, andrà, andremo, andrete, andranno

Dare *Indic. pres.*: do, dai, dà, diamo, date, danno

Stare *Indic. pres.*: sto, stai, sta, stiamo, state, stanno

Seconda coniugazione

Bere *Indic. pres.*: bevo, bevi, beve, beviamo, bevete, bevono
Futuro: berrò, berrai, berrà, berremo, berrete, berranno
Participio pass.: bevuto

Cadere *Futuro*: cadrò, cadrai, cadrà, cadremo, cadrete, cadranno

Cogliere *Indic. pres.*: colgo, cogli, coglie, cogliamo, cogliete, colgono
Participio pass.: colto

Cuocere *Indic. pres.*: cuocio, cuoci, cuoce, cuociamo, cuocete, cuociono
Participio pass.: cotto

Dire (*Questo verbo appartiene alla sec. coniug., perché deriva dal latino "dicere"*)
Indic. pres.: dico, dici, dice, diciamo, dite, dicono
Participio pass.: detto

Dovere *Indic. pres.*: devo, devi, deve, dobbiamo, dovete, devono
Futuro: dovrò, dovrai, dovrà, dovremo, dovrete, dovranno
Condiz.: dovrei, dovresti, dovrebbe, dovremmo, dovreste, dovrebbero

Fare (*Questo verbo appartiene alla sec. coniug., perché deriva dal latino "facere"*)
Indic. pres.: faccio, fai, fa, facciamo, fate, fanno
Participio pass.: fatto

Potere *Indic. pres.*: posso, puoi, può, possiamo, potete, possono
Futuro: potrò, potrai, potrà, potremo, potrete, potranno
Condiz.: potrei, potresti, potrebbe, potremmo, potreste, potrebbero

Rimanere *Indic. pres.*: rimango, rimani, rimane, rimaniamo, rimanete, rimangono
Futuro: rimarrò, rimarrai, rimarrà, rimarremo, rimarrete, rimarranno
Participio pass.: rimasto

Sapere *Indic. pres.*: so, sai, sa, sappiamo, sapete, sanno
Futuro: saprò, saprai, saprà, sapremo, saprete, sapranno

Tacere *Indic. pres.*: taccio, taci, tace, taciamo, tacete, tacciono
Participio pass.: taciuto

Vedere *Futuro*: vedrò, vedrai, vedrà, vedremo, vedrete, vedranno
Participio pass.: visto

Vivere *Futuro*: vivrò, vivrai, vivrà, vivremo, vivrete, vivranno
Participio pass.: vissuto

Volere *Indic. pres.*: voglio, vuoi, vuole, vogliamo, volete, vogliono
Futuro: vorrò, vorrai, vorrà, vorremo, vorrete, vorranno
Condiz.: vorrei, vorresti, vorrebbe, vorremmo, vorreste, vorrebbero

Terza coniugazione

Salire *Indic. pres.*: salgo, sali, sale, saliamo, salite, salgono

Uscire *Indic. pres.*: esco, esci, esce, usciamo, uscite, escono

Venire *Indic. pres.*: vengo, vieni, viene, veniamo, venite, vengono
Futuro: verrò, verrai, verrà, verremo, verrete, verranno
Participio pass.: venuto

Verbi ausiliari: essere e avere

Essere *Indic. pres.*: sono, sei, è, siamo, siete, sono
Indic. imp.: ero, eri, era, eravamo, eravate, erano
Futuro: sarò, sarai, sarà, saremo, sarete, saranno
Participio pass.: stato

Avere *Indic. pres.*: ho, hai, ha, abbiamo, avete, hanno
Futuro: avrò, avrai, avrà, avremo, avrete, avranno

19

QUADRO RIASSUNTIVO DEI PARTICIPI PASSATI DI ALCUNI VERBI IRREGOLARI

appendere	**appeso**	offrire	**offerto**
chiedere	**chiesto**	piangere	**pianto**
conoscere	**conosciuto**	prendere	**preso**
decidere	**deciso**	promettere	**promesso**
leggere	**letto**	ridere	**riso**
mettere	**messo**	rimpiangere	**rimpianto**
morire	**morto**	scrivere	**scritto**
muovere	**mosso**	spingere	**spinto**
nascere	**nato**	vincere	**vinto**

Indice alfabetico

Indice